GOLDMANN

Buch

Der zwölfjährige Rauhhaardackel Julius verbringt ein halbes Jahr zwangsweise bei Sohn und Schwiegertochter seines Frauchens. Dort lernt er Tessy, eine zweijährige Langhaardackelhündin, kennen. Die Unterschiede könnten nicht größer sein: Julius ist weise und schon ein wenig abgeklärt, außerdem hängt er an der guten alten Zeit; Tessy dagegen ist frech, verwöhnt, verspielt und gibt sich fortschrittlich. Trotzdem entwickelt sich zwischen den beiden nach und nach eine echte Hundeliebe.

Wie Julius die Welt der Hunde und der Menschen sieht, schreibt er regelmäßig an sein Frauchen. Zu den Themen seiner Briefe zählen: das Leben auf dem Lande, das neue Scheidungsrecht, Bundestagsdebatten, Handwerker, moderne Lyriker, Schlankheitskuren, Bestsellerautoren, Trimm-dich-Pfade – denn über das alles gibt es auch vom Hundestandpunkt aus viel zu sagen.

Autorin

Susanne Scheibler, geboren in Stralsund, lebt heute in Köln. Ihren ersten Roman schrieb sie im Alter von zwanzig Jahren. Bekannt geworden ist sie vor allem durch ihre großen historischen Romane.

Von Susanne Scheibler sind außerdem
als Goldmann-Taschenbücher lieferbar:

Ewig fließen die Wasser des Nil. Roman (6754)
Im Zeichen der Sonne. Roman (6663)
Tanja. Roman (8937)
Tanja – Geliebte und Rebellin. Roman (8471)
Tanja und die Zarin. Roman (8970)
Der Herzchirurg. Roman (9160)
Zauberhafte Isabelle. Roman (9261)

In Kürze wird erscheinen:
… und wasche meine Hände in Unschuld.
Roman (9639/April '90)

SUSANNE SCHEIBLER

Vier Pfoten hat das Glück

Memoiren eines Dackels

GOLDMANN VERLAG

Der Goldmann Verlag
ist ein Unternehmen der Verlagsgruppe Bertelsmann

Made in Germany · 3/90 · Sonderausgabe

Der Band erschien erstmalig 1970 unter dem Titel:
Ist das nicht ein Hundeleben?
Umschlaggestaltung: Design Team München
Umschlagfoto: Mauritius
Satz: Fotosatz Glücker, Würzburg
Druck: Elsnerdruck, Berlin
Verlagsnummer: 66856
SK · Herstellung: Sebastian Strohmaier/Voi
ISBN 3-442-06856-8

I

Mein liebes Frauchen!
Kann ein Hund der Hund von einem anderen Hund sein? Tessy behauptet es. Sie sagt, sie sei der Hund von Sabine und Michael und ich ihr Hund.

Ich glaube, Du kennst Tessy noch gar nicht. Wahrscheinlich wird Michael Dir von ihr erzählt haben, aber das war bestimmt gräßlich übertrieben. Dein Sohn ist nämlich dermaßen vernarrt in Tessy, daß ihn seine Frau schon damit aufzieht. Ich bin nun schon über eine Woche hier und komme aus dem Staunen gar nicht heraus, was Tessy alles darf. Jedenfalls bei Michael.

Sie kann ihn verbellen, wenn er versucht, ihr etwas zu verbieten. Sie darf beim Essen auf einem Stuhl am Tisch sitzen und betteln. Sie liegt auf der Fensterbank und schimpft alle Leute auf der Straße aus. Sie klaut die Handtücher aus dem Bad und zerrt sie durch die ganze Wohnung. Sie stiehlt Michael das Taschentuch aus der Hosentasche und wickelt ihre Knochen darin ein – und zu gehorchen braucht sie auch nur ganz wenig.

Sabine ist ein bißchen strenger mit ihr, deswegen sagt Tessy auch, sie sei der Meuteführer, aber Michael ihr, Tessys, Kumpel.

Also sieht so die Rangordnung aus: Erst kommt Sabine, dann kommen Tessy und Michael und zuletzt ich, Dein guter alter Julius. Ich frage Dich nun, liebes Frauchen, muß ein Dackel von zwölf Jahren sich das gefallen lassen?

Zwischen Dir und mir hat es so etwas nie gegeben. Da war von Anfang an alles klar. Du warst mein Frauchen, und ich war Dein Hund. Du hast mir beigebracht, was ein guter Hund darf und was nicht, und ich habe Dir gehorcht – wenn ich wollte.

Wenn ich nicht wollte, habe ich mein melancholischstes Faltengesicht aufgesetzt, Du hast mich einen dickfelligen Köter geschimpft, und dann haben wir einen Kompromiß geschlossen. Der sah dann so aus, daß die Sache im Sande verlief.

Ach ja – und ganz früher, als ich jünger war und einen rosa Bauch und eine Menge Falten mehr hatte, war noch Michael bei uns.

Michael war immer sehr lieb, so ein Mittelding zwischen Herrchen und Kumpel, aber inzwischen ist er doch älter geworden, und ich finde, ein grünes Ding wie Tessy sollte nicht so respektlos von ihm reden. Schließlich ist er jetzt ein Herr Doktor Bernhold und verheiratet.

Aber ich will Dir ausführlicher über Tessy berichten.

Also, sie ist auch ein Dackel, allerdings Langhaar, hat sehr schöne krumme Beine, rote Haare und ist viel kleiner als ich. Wenn sie um mich herumstreicht (und das tut sie oft), wackelt sie schrecklich mit dem Hintern.

Aber bei Tessy bedeutet das nicht wie bei jeder anständigen Hündin, daß sie flirten will, nein! Wenn Tessy mit der Rückseite schlenkert, führt sie was im Schilde. Entweder will sie dann an meinen Futternapf oder in mein Körbchen, oder sie springt mir auf den Rücken und kratzt mich ganz furchtbar. So, wie ich kratze, wenn ich im Garten ein frisches Mauseloch finde.

Für Mauselöcher interessiert sich Tessy gar nicht. Auch nicht für Fuchs- oder Hasenspuren. Sie sagt, sie sei kein Gebrauchshund, und sie dächte nicht daran, sich die Pfoten schmutzig zu machen.

Hast Du so was schon gehört? Diese jungen Hunde heutzutage ...

Tessy ist nämlich noch sehr jung, gerade zwei Jahre alt. Aber glaub ja nicht, daß sie deswegen Respekt vor dem Alter hat.

»Traue keinem über fünf«, ist ein Schlagwort von ihr. Und als ich ihr erwiderte, daß sie schließlich auch mal fünf Jahre alt werden würde, meinte sie, daß das etwas ganz anderes sei, weil sie einer anderen Generation angehöre.

Wir zum Beispiel hätten uns kritiklos von dem Wort »pfui« unterjochen lassen. Dabei sei es ein ganz willkürlich angewendeter Begriff, von der Herrchenrasse erfunden, um Hunde zu unselbständigen, knechtischen Wesen zu erziehen.

»Pfui ist eine Pauschalverdammung, die wir nicht mehr hinnehmen«, sagt Tessy. »Wir verlangen Differenzierungen, damit unsere individuellen Entfaltungsmöglichkeiten nicht manipuliert werden.«

Du siehst, liebes Frauchen, Tessy kennt unheimlich viele Fremdwörter, die ich nicht alle verstehe. Deshalb fragte ich sie auch, was sie mit Differenzierungen meine, und das hat sie mir so erklärt:

»Es gibt Leute, die schreien schon ›pfui‹, wenn ein Hund mal schnuppert. Andere tun das erst, wenn er sich in einer schmutzigen Pfütze wälzt, oder bei Sachbeschädigungen wie dem Anknabbern von Teppichen und Stuhlbeinen. Oder bei Mundraub oder beim Zubeißen in Waden und Hosenböden. Hier in der Nachbarschaft ist ein Kind, das kreischt sogar schon ›pfui‹, wenn ich nur ein bißchen Nachlaufen mit ihm spiele. Verstehst du das?«

»Natürlich«, sagte ich. »Pfui ist eben alles, was den Menschen nicht gefällt, und wir müssen uns danach richten. Wo kommt man hin, wenn man seiner Obrigkeit nicht gehorcht!«

Daraufhin hat mich Tessy einen reaktionären Trottel geschimpft, der die ihm auferlegten Verhaltenszwänge liebe, statt sie abzustreifen. Und weil ich genauso geschwollen daherreden wollte wie sie, habe ich Tessy eine progressive Gans genannt und bin auf den Balkon in die Sonne gegangen.

Daß mir ein Wort wie progressiv überhaupt eingefallen ist, hat mich mächtig stolz gemacht. Ich hatte es gerade am Vorabend in der Fernsehsendung »Aspekte« gehört.

Übrigens war dies mein erster richtiger Krach mit Tessy. Sie war noch den ganzen Nachmittag über beleidigt, aber das war mir wurst.

Du siehst, liebes Frauchen, es ist nicht ganz leicht mit Tessy. Aber eines muß man ihr lassen: Sie riecht gut. Das habe ich schon gemerkt, als Michael mich bei Dir abgeholt hat. Sein ganzes Auto riecht nämlich nach Tessy, und das hat mich ein bißchen über den Abschiedsschmerz von Dir hinweggetröstet.

Ist es wirklich wahr, daß ich ein halbes Jahr bei Michael, Sabine und Tessy bleiben soll? Michael hat es mir erzählt, als wir wegfuhren. Da hat er mir den Rücken geklopft und gesagt: »So, alter Junge, jetzt bleibst du für die nächsten sechs Monate bei uns in Düsseldorf. So lange ist dein Frauchen nämlich in England. Wegen der Quarantänebestimmungen kannst du nicht mit. Aber ich denke, daß es dir bei uns gefallen wird.«

Es gefällt mir auch wirklich ganz gut, schon weil Michael hier ist. Und gegen Sabine kann ich auch nichts sagen. Manchmal setzt sie sich zu mir auf den Boden und schmust mit mir. Ich glaube, sie hat es gern, wenn ich meinen Kopf in ihre Hand drücke. Und einen Schlecker darf ich ihr auch geben.

Doch meist taucht dann Tessy von irgendwoher auf, drängelt sich dazwischen, und ich muß zusehen, daß ich mich verkrümele. Sonst fängt sie wieder das Kratzen an.

Sie läßt mir wirklich wenig Ruhe, aber sie riecht fabelhaft. Zweimal ist sie auch schon zu mir ins Körbchen gekommen. Nur so, ohne mich zu ärgern, und hat sich zusammengerollt und getan, als ob sie schliefe.

Aber sie hat nicht geschlafen, denn als ich ihr ganz vorsichtig an die Ohren gekommen bin, hat sie gesagt: »Nase weg, du Lustgreis. Vielleicht war es in deiner Jugend ›in‹, wenn sich alte Knaben junge Freundinnen anlachten. Heutzutage gilt das als dekadent.«

Trotzdem ist sie noch eine ganze Weile im Körbchen geblieben, und das fand ich sehr nett.

So, für heute will ich Schluß machen. Ich schreibe Dir wieder, wenn es etwas Wichtiges zu erzählen gibt.

Bis dahin viele Grüße, mein liebes Frauchen,
von Deinem Julius.

2

Mein liebes Frauchen!
Diesen Brief bekommst Du nicht aus Düsseldorf, denn Michael, Sabine, Tessy und ich sind verreist – in ein Dorf am Niederrhein. Es heißt Hinterwiesen, und Michael und Sabine haben dort ein Bauernhaus gekauft.

Sie sagen zwar, daß es ziemlich alt und verkommen ist und daß sie noch jahrelang mit dem Umbau zu tun hätten, aber ich fand es hier auf Anhieb Spitze. Später gefiel es mir weniger; warum, wirst Du gleich erfahren. (Spitze ist übrigens ein Ausdruck von Tessy. Sie hat ihn in einem Fernsehquiz aufgeschnappt und benutzt ihn seitdem dauernd.)

Abends sehen wir meist fern, weil es draußen regnet. Ich schlafe oft darüber ein, und Sabine sagt dann, es ginge den Hunden wie den Menschen, bei *dem* Programm.

Mit dem Fernsehprogramm ist es komisch. Alle Leute schimpfen darauf, trotzdem sitzen die meisten Abend für Abend vor dem Bildschirm. Ob sie immer noch hoffen, zwischendurch mal eine gute Sendung zu erwischen?

Tessy meint, alle, die mit dem Programm unzufrieden sind, sollten ihren Fernseher für ein Vierteljahr abmelden und in den Keller stellen. Das hätte eine Menge Auswirkungen – nicht nur auf die Programmacher. Beispielsweise würden viel mehr Leute abends mit ihren Hunden oder Kindern spielen. Und vielleicht würden sich manche auch mehr Hunde oder Kinder anschaffen.

Es ist ja alles eine Frage der Zeit.

Ich finde, die Menschen haben viel zu wenig Zeit. Oder sie nehmen sich keine. Dauernd müssen sie was zu tun haben, sogar am Wochenende. Es tut mir sehr leid, Dir das schreiben zu müssen, aber Dein Sohn und Deine Schwiegertochter bilden darin keine Ausnahme.

Da haben sie sich nun ein Haus gekauft, um am Wochenende oder in ein paar Urlaubstagen wie jetzt im Grünen zu sein – und was tun sie? Sie bauen um.

Dabei wäre das meiner Meinung nach gar nicht nötig. Aber Sabine findet die Zimmer zu klein und will aus dem angebauten Stall ein großes Wohnzimmer machen. Daran soll sich eine Terrasse anschließen. Und einen Garten will sie auch anlegen, wo sich jetzt ein wundervoller Hofraum befindet, mit einer Kastanie in der Mitte und lauter Huflattich, Löwenzahn und Brennesseln drumherum.

Mir gefällt der Hofraum besser. Man weiß ja, wie das ist mit einem Garten. Da darf man nur auf den Wegen laufen, auf dem Rasen darf man kein Bein heben und in den Beeten nicht kratzen. Für Hunde ist das gar nichts. Aber uns fragt ja keiner.

Liebes Frauchen, weißt Du, was ein Schwarzarbeiter ist? Ich weiß es jetzt. Michael und Sabine haben nämlich einen engagiert. Er heißt Herr Wetzke und stammt aus dem Nachbardorf.

Vorgestern abend war er hier, und Michael hat ihm erklärt, was er tun soll. Eine Tür zum Stall durchbrechen, im Stall Fensterlöcher schlagen und das große Stalltor zumauern. Dafür wird dann am anderen Ende eine Terrassentür angebracht.

»Dann müssen wir natürlich noch eine Balkendecke ziehen, Herr Wetzke, und Fußboden verlegen«, hat Michael gesagt. »Und hier soll der offene Kamin hin. Es gibt jetzt ganz fabelhafte Modelle in Fertigbauweise zu kaufen.«

Herr Wetzke hatte einen Zollstock mit, und Michael mußte alles aufschreiben, was er für den Umbau brauchte. Zement, Kalk, Sand, Rotband, Steine und Hölzer zum Verschalen. Wegen der Türen und Fensterrahmen wollte Herr Wetzke einem Vetter Bescheid sagen, der Schreiner ist. Aber die Baumaterialien müßte Michael besorgen.

Dein Sohn hat immer nur genickt. »Mach ich, Herr Wetzke, mach ich. Gleich morgen haben Sie die Sachen da. Sie fangen doch um acht an?«

»Lieber wäre mir um sieben. Dann schaffe ich mehr.«

Das war der Punkt, wo Sabine leise aufseufzte. Sie steht nämlich nicht gern früh auf. Das hat sie Herrn Wetzke auch sagen wollen, aber Michael hat sie mit einem beschwörenden Ausdruck angesehen und den Kopf geschüttelt. Da hat sie den Mund gehalten.

Hinterher hat der Schwarzarbeiter Bier und Korn gekriegt. Michael hat ihm immer wieder nachgeschenkt, und darum ist es ein sehr langer Abend geworden.

Tessy und ich haben Sabine schon angemerkt, daß sie wütend war, und richtig, hat Michael, nachdem Herr Wetzke endlich weggefahren ist, von Sabine ein paar warme Worte zu hören gekriegt.

Wenn sie schon um sechs Uhr aufstehen müßte, wollte sie wenigstens vor Mitternacht schlafen gehen. Sie hätte ja nichts dagegen, Herrn Wetzke etwas zu trinken anzubieten, aber ihn gleich mit einer ganzen Flasche Korn zu traktieren, ginge doch zu weit. Schließlich würde er für seine Arbeit bezahlt.

Michael hat heftig widersprochen.

»Wir müssen froh sein, daß Herr Wetzke überhaupt kommt. Deshalb muß man ihn ein bißchen hofieren. Was glaubst du, was los ist, wenn ihm die Arbeit hier nicht mehr paßt und er alles stehen und liegen läßt. Dann können wir eine Firma beauftragen, und das kostet das Fünffache. Außerdem war es Deine Idee, den Stall ausbauen zu lassen. Dafür mußt du schon ein paar Opfer bringen.«

Am nächsten Morgen hat uns also der Wecker um sechs Uhr wachgeklingelt. Aber wer um sieben nicht kam, war Herr Wetzke. Er tauchte erst um zehn nach neun auf und sagte, daß ihm das Bier und der Korn gar nicht bekommen seien.

»Meine Frau hat gemeint, daß ich im Bett bleiben soll. Aber ich wollte Sie nicht im Stich lassen.«

Sabine und Michael waren vorher mächtig aufgebracht gewesen, vor allem, weil sie beide noch müde waren. Aber jetzt nickten sie nur noch und erwiderten, daß das wahnsinnig nett, ja geradezu rührend von Herrn Wetzke sei. Sabine bot sich sogar an, ihm ein Katerfrühstück zu machen – mit gepfeffertem Tomatensaft und sauren Heringen.

»Lieber wäre mir ein Bier«, hatte Herr Wetzke gesagt. »Und vielleicht ein Körnchen dazu. Es heißt ja, daß man morgens mit dem anfangen soll, womit man abends aufgehört hat.«

Er hat beides bekommen.

Angefangen zu arbeiten hat er gegen zehn. Da waren auch schon die Baumaterialien geliefert worden, die Michael morgens um halb acht bestellt hatte. Zwei Lastwagen haben Sand und Steine einfach in die Einfahrt gekippt, daneben das Bauholz und die Zement- und Kalksäcke.

Michael hat den halben Tag gebraucht, um alles an die Seite zu räumen, sonst hätte er mit dem Wagen gar nicht mehr wegfahren können.

Inzwischen hat Herr Wetzke mit dem Preßlufthammer die Tür gebrochen. Ich bin froh, liebes Frauchen, daß ich schon ein bißchen schlecht höre, sonst hätte ich den Krach gar nicht ausgehalten. Er war fürchterlich.

Tessy hat sich nach oben ins Schlafzimmer verzogen und ist unter Sabines Bettdecke gekrochen. Sie ist bis zum Mittagessen nicht mehr zum Vorschein gekommen, worüber ich doch recht erleichtert war.

Ich schrieb Dir ja schon, daß Tessy anstrengend ist. Herrn Wetzkes Preßlufthammer und Tessy – das wäre mir entschieden zuviel geworden.

Sabine hat dann die Steine und das Geröll, das Herr Wetzke aus der Wand gehämmert hat, mit einer Karre nach draußen gefahren. Eigentlich sollte Michael das tun, aber der war noch mit dem Wegräumen des Baumaterials beschäftigt.

Am Nachmittag kam der Schreiner, um die Tür einzusetzen. Aber das konnte er noch nicht, weil Herr Wetzke erst die Mauern verfugen und Estrich auf den Boden streichen mußte.

Die beiden hatten deswegen eine ziemlich lautstarke Meinungsverschiedenheit. Ich habe nur die Hälfte verstanden, weil sie niederrheinisches Platt redeten. Aber soviel war sicher: Herr Wetzke behauptete, seinen Vetter erst für übermorgen bestellt zu haben, und der Vetter bestritt das.

Das ging so lange hin und her, bis Sabine eingriff. Sie war ziemlich nervös – wahrscheinlich, weil Herr Wetzke gar nicht mehr arbeitete, sondern sich nur noch mit seinem Vetter zankte. Und Herr Wetzke bekommt doch Stundenlohn ...

»Aber meine Herren«, sagte Sabine und lachte. Ich fand, daß es ziemlich unnatürlich klang. »Die ganze Sache war eben ein Mißverständnis. Natürlich muß der Zement – oder was immer Sie, Herr Wetzke, da angerührt haben, erst trocknen, bevor Herr Sievert den Türrahmen und die Tür anbringen kann. Also kommen Sie morgen wieder, und die Angelegenheit ist ausgestanden.«

Herr Sievert ist kein Schwarzarbeiter. Deshalb hat er auch weder Bier noch Korn gekriegt, sondern nur eine Tasse Kaffee, die Sabine gerade aufgebrüht hatte.

Ein Schwarzarbeiter ist also etwas Besonderes.

Er kann bei der Arbeit trinken, soviel er will. Er kann zu spät kommen, und alle freuen sich, wenn er endlich da ist. Er kriegt das beste Essen (zwei Schnitzel zu Mittag und hinterher jede Menge Eis), und die Leute, die ihn bezahlen, sind seine Handlanger.

Sabine hat Steine gekarrt, Michael mußte den Speis anrühren und Herrn Wetzke alles anschleppen, was er brauchte.

Das war ganz schön anstrengend, und am Abend hat Dein Sohn Blasen an den Händen gehabt und behauptet, daß sein Kreuz durchgebrochen sei.

Um sechs hat Herr Wetzke noch mal Würstchen mit Kartoffelsalat gekriegt. Aber glaub ja nicht, daß er Tessy und mir auch nur einen Wurstzipfel abgegeben hätte. Dabei haben wir die ganze Zeit neben ihm gesessen und auf seinen Mund gestiert.

Tessy hat sogar Männchen gemacht, aber Herr Wetzke hat nur gesagt: »Wat will denn dä liebe Jung?« und weitergekaut. Woraus Du erkennst, daß er – obwohl er etwas Besonderes ist – von Hunden keine Ahnung hat. Tessy sieht man doch schon am Gesicht an, daß sie ein Mädchen ist – vom Bauch ganz zu schweigen.

Sie war auch ziemlich beleidigt, deshalb ist sie hinterher über den frisch aufgetragenen Estrich getappt. Dort sind jetzt Tessys Pfotenabdrücke für immer zu sehen.

Herr Wetzke war schwer aufgebracht, aber Michael hat gesagt: »Machen Sie sich nichts draus, mein Lieber, später kommt da sowieso Teppichboden drüber.« Er nimmt Tessy ja immer in Schutz.

Sabine hat ihr hinterher die Pfoten gebadet, was eine ziemlich eklige Prozedur war, und seitdem kann Tessy Schwarzarbeiter nicht mehr leiden.

Sie sagt, es sei ausnahmsweise mal richtig von der Regierung, daß sie gegen solche Leute schärfere Maßnahmen angekündigt habe. Nur würde leider zwischen einer Regierungsankündigung und der tatsächlichen Ausführung immer unheimlich viel Zeit vergehen. Deshalb müßte man damit rechnen, daß Herr Wetzke Michael und Sabine noch monatelang ungestraft herumkommandieren und fässerweise Bier und Würstchen konsumieren darf.

Dabei hat er schon einen mächtigen Bauch. Beim Essen hat er erzählt, daß er früher auf dem Bau gearbeitet hat.

»Die Firma hat pleite gemacht, und seitdem gehe ich stempeln.«

Tessy und ich wußten nicht, was das ist – stempeln gehen. Aber wahrscheinlich ist es etwas sehr Nahrhaftes, denn Herr Wetzke hat, wie er behauptet, seitdem zwanzig Pfund zugenommen. Und soviel Geld wie jetzt – durch die Schwarzarbeit und das Stempeln – hätte er auch noch nie verdient.

Heute früh ist er übrigens um sieben hier gewesen, und das gab erst mal ein tolles Durcheinander, weil Michael und Sabine noch schliefen. Niemand hatte erwartet, daß Herr Wetzke pünktlich sein würde.

Dafür ist dann der Schreiner nicht gekommen, und weil es seit heute nacht draußen regnet, zieht es ganz scheußlich durch das offene Türloch. Herr Wetzke sagt, daß man sich auf Handwerker eben nie verlassen könne.

Jetzt will ich aber schließen, denn ich bin todmüde von all

dem Hämmern, Klopfen und dem Beobachten der Bauarbeiten. Es ist schlimm für einen alten Hund, wenn er tagsüber um seine Nickerchen gebracht wird.

Also gute Nacht, liebes Frauchen, und viele, viele Schlecker von Deinem Julius.

3

Mein liebes Frauchen!
Wir sind immer noch in Hinterwiesen; es hat zu regnen aufgehört, und das Wetter ist sehr schön. Sabine hat mit Tessy und mir gestern einen langen Spaziergang gemacht, während Michael damit beschäftigt war, eine Regalwand für die Abstellkammer zusammenzubauen.

Zunächst sind wir durchs Dorf gegangen. Das war sehr aufregend, weil in jedem zweiten Haus ein Hund ist, und alle haben zu bellen angefangen, als wir vorbeikamen.

Auf dem Dorfplatz, wo die Haltestelle für den Postbus ist, haben wir uns dann gegenseitig beschnuppert, während Sabine sich mit Frau Hellwig unterhielt.

Frau Hellwig verwaltet die Poststelle; deswegen ist auch ein Briefkasten an ihrer Haustür. Außerdem trägt sie für drei Dörfer die Post aus. Das bedeutet, daß Frau Hellwig so ziemlich alles weiß, was in der näheren Umgebung vor sich geht. Sie kennt alle Leute, und was sie nicht aus den Postkarten, Telegrammen oder den Telefongesprächen, die bei ihr geführt werden, erfährt, das erfragt sie einfach.

Deshalb hat sie sich auch lange mit Sabine unterhalten. Was Michael von Beruf wäre, wo er arbeite, was sie für das Haus bezahlt hätten und wo Du, liebes Frauchen, wärst.

»Meine Schwiegermutter besucht eine Kusine in England«, hat Sabine gesagt. »Außerdem macht sie eine Studienreise. Sie sammelt Material für ein kunstgeschichtliches Buch über die Baudenkmäler der Tudorzeit.«

»Wie interessant!« hat Frau Hellwig geantwortet, aber man merkte ihr an, daß sie Bücherschreiben – noch dazu über Tudor-schlösser und -kirchen – für etwas sehr Sinnloses hält.

Wahrscheinlich liest sie nur die Postkarten, die sie austrägt.

Hinterher hat sie Sabine noch eine Menge über die Dorfbewohner erzählt, was Tessy zu der Feststellung veranlaßte, Frau Hellwig sei eine Ratsche. Aber im Grunde könnten Frauen wie sie gar nichts für ihre Klatschsucht. Es sei eine Ersatzbefriedigung.

»Ersatzbefriedigung? Wofür bitte?« erkundigte ich mich.

»Weil sie nicht emanzipiert ist. Weil sie nicht gelernt hat, ihre Frustrationen abzustreifen und sich selbst zu verwirklichen.«

»Ach, und woher willst du das wissen?«

»Das erkläre ich dir ein anderes Mal«, hat Tessy mich abfahren lassen, weil drei Hunde um sie herumscharwenzelt sind. Und ob emanzipiert oder nicht – sie hat sich dabei genauso aufgeführt wie jede andere Hündin, die mir in meinem langen Leben begegnet ist. Man hätte es mit ihren Worten ein »überaltertes Verhaltensmodell« nennen können.

Am liebsten hätte ich Tessy damit aufgezogen. Aber damit hätte ich sie nur wütend gemacht, und das wollte ich vermeiden. Außerdem fand ich es ganz hübsch, daß sie sich plötzlich genauso benahm, wie ihre Mutter, Großmutter und Urgroßmutter es getan hätten.

Offenbar ist, wenn es ums Gefallen geht, Schluß mit der Emanzipation – jedenfalls bei Tessy. Ich fände es auch schade, wenn sie eine richtige Emanze wäre.

Ich erinnere mich an Frau Schlehmeyer, von der Du das immer behauptest. Frau Schlehmeyer legt es, glaube ich, darauf an, niemandem zu gefallen, weil sie das als weibliche Schwäche ansieht. Und weil sie Männer nicht leiden kann (oder ist es umgekehrt?), kopiert sie sie. Zumindest kopiert sie das, was sie den Männern zur Last legt.

Sie ist sehr dominierend, finde ich, beinahe schon patriarchalisch. Sie raucht wie ein Mann, sie trinkt wie ein Mann, obwohl das bei Männern ihrer Meinung nach Ausdruck charakterlicher Labilität ist, und das einzige, was sie mit Männern nicht gemein hat – sie ist kein bißchen eitel.

Wahrscheinlich geht sie deshalb nie zum Friseur und zieht sich so unvorteilhaft an. Aber ob das ein Zeichen von Emanzipation ist ...?

Tessy behauptet, daß ich stockkonservativ in meinen Ansichten bin – der typische Ze-de-uh-Anhänger. Wohingegen sie für die Es-pe-deh und die Grünen schwärmt. Aber ich kann mir nicht vorstellen, daß diese beiden Parteien die nette Geschichte mit dem Apfel und der Verführung in Grund und Boden verdammen. Warum auch? So was ist ein paar tausend Jahre alt und bewährt.

Vielleicht würden die Grünen motzen, wenn Adam und Eva damals durch Currywurst oder Hamburger mit Pommes frites verführt worden wären (aus Cadmium-verseuchten Kartoffeln, versteht sich, und östrogenhaltigem Fleisch) –, aber gegen einen paradiesisch-ökologisch angebauten Apfel, garantiert ungespritzt, können sie doch eigentlich nichts einzuwenden haben, oder?

Aber Verführung hin, Emanzipation her – Tessy jedenfalls versteht sich ganz toll aufs Kokettieren, das habe ich gemerkt. Und da geht es den Menschen wie den Hunden: Wir fallen allemal gern auf das Zurschaustellen weiblicher Reize herein. Die Emanzen sagen zwar, das sei eine Degradierung der Frau zum männlichen Lustobjekt, aber ich vermute, daß die meisten Politiker – auch von der Es-pe-deh und den Grünen – gar nichts dagegen haben. Jedenfalls inoffiziell. Warum, bitte schön, gäbe es sonst in Bonn so viele Nachtlokale mit Striptease? Und von den Grünen soll ja sogar einer mal einer Bundestagsabgeordneten an den Busen gefaßt haben ...

Wahrscheinlich wirst Du jetzt sagen, ich solle meine Nase nicht in Angelegenheiten stecken, die mich nichts angehen. Das will ich auch gar nicht. Aber wenn man mit Tessy zusammen ist, bleibt es gar nicht aus, daß man über gewisse Dinge nachdenkt. Sie provoziert das.

Irgendwie hat Sabine es dann geschafft, sich von Frau Hellwig loszueisen, und wir sind durch den Wald gewandert, der gleich hinter dem Dorf anfängt.

Du weißt ja, wie gern ich im Wald spazierenlaufe. Tessy hat es zuerst auch gefallen, und wir haben unheimlich viele Spuren gemeinsam beschnuppert und abgebrochene Äste vor uns hergeschleppt. Aber nach einer halben Stunde hat Tessy behauptet, die Pfoten täten ihr weh.

Da sieht man wieder einmal, was für eine verweichlichte Generation das ist! Kein bißchen sportlich gestählt. Offen gestanden habe ich meine steifen Knochen auch gespürt, aber ich hätte mir lieber die Zunge abgebissen, als das zuzugeben.

Statt dessen habe ich Tessy erzählt, wie fit ich in ihrem Alter war, und das hat sie ziemlich kleinlaut gemacht. Wetten, daß sie mich mindestens drei Tage lang nicht mehr »alter Knacker« tituliert?

Auf dem Rückweg hat Tessy dann Streit mit einer Hündin aus dem Dorf gekriegt. Lottchen heißt sie, und sie ist die einzige Hundedame von ganz Hinterwiesen. Deshalb hat sie auch eine Menge zu sagen.

Irgend jemand muß ihr während unseres Spaziergangs gesteckt haben, daß sie Konkurrenz bekommen hat, und so kam es, daß sie vor der Bushaltestelle auf Tessy wartete.

Lottchen war mächtig aufgebracht und ist gleich auf Tessy losgefahren. Ein paar Hunde aus der Nachbarschaft waren auch wieder da, aber Du weißt ja, daß es ein ungeschriebenes Gesetz ist, sich in solche Streitigkeiten nicht einzumischen. Deshalb haben wir alle nur zugesehen.

»Komm her!« hat Lottchen geschimpft. »Komm nur her, du rothaarige Stadtpflanze. Du willst mir meinen Rang streitig machen? Das wollen wir doch sehen!«

Und dann haben sie sich gebissen.

Es hat nicht lange gedauert, nur bis Sabine uns eingeholt hatte. Sie wollte zwischen die beiden Kampfhähne gehen, aber da war sowieso schon alles entschieden.

Tessy hat nur anstandshalber ein paar Bisse zurückgegeben und sich gleich darauf auf den Rücken geworfen zum Zeichen, daß Lottchen gewonnen hätte. Als Sabine Tessy auf den Arm nehmen wollte, hatte Lottchen schon von ihr abgelassen und nur noch schrecklich gekläfft.

Zum Schein hat Tessy zurückgekläfft, aber es waren nur Verbalinjurien, um nicht das Gesicht zu verlieren, und Lottchen ist mit stolz erhobenem Stummelschwanz abgezogen. Die anderen Hunde sind ihr gefolgt, wie sich das gehört, nachdem sie ihren Machtanspruch erfolgreich verteidigt hatte.

Zu Hause hat Tessy dann gesagt, sie hätte mühelos aus Lottchen Hackfleisch machen können, aber sie lege gar keinen Wert darauf, in Hinterwiesen den Ton anzugeben. Ich hielt es für unklug, ihr zu widersprechen ...

Im übrigen kann man aus dem Beispiel von Lottchen und Tessy viel lernen. Es ist schade, daß die Politiker es nicht genauso handhaben, wenn der eine seinen Posten behalten und ein anderer ihn für sich beanspruchen will.

Aber Politiker haben es leider lieber, wenn sich ihre Anhänger prügeln. Ich finde das unfair, denn von denen haben die wenigsten etwas davon, wenn ihr Führer eine Wahl, einen Krieg oder einen Putsch gewinnt.

Auch wäre ein Kampf zwischen zwei Politikern viel schneller erledigt; er kostet nichts, und die Leute wüßten hinterher gleich, woran sie sind. Und vor allem ist es nur recht und billig, daß derjenige sein Fell hinhält, der die Macht ergreifen will. Vielleicht würden sich dann auch weniger Leute an die Regierung drängeln.

Aber ich will nicht abschweifen, sondern erzählen, was zu Hause los war, als wir von unserem Spaziergang zurückkamen.

Michael wollte doch das Regal im Abstellraum aufbauen, und bevor wir gingen, meinte er, daß er allerhöchstens zwei Stunden dafür brauche.

Er hatte das Regal in einem Laden für Heimwerker gekauft. Es bestand aus lauter kleinen und großen Paketen und einer Bauanleitung. Der Verkäufer hat gesagt, es sei eine kinderleichte Angelegenheit.

Liebes Frauchen, ich habe Deinen Sohn selten so aufgeregt gesehen. Er hatte alle Regalteile auf dem Küchenfußboden ausgebreitet und die beigefügten Schrauben, Nägel und Dübel in die Obstschale getan, die sonst im Wohnzimmer auf der Anrichte steht.

Das war das erste, was Sabine mißfiel. »Die schöne Schale«, sagte sie. »Wenn die nun kaputtgeht! Also wirklich, Michael, warum hast du denn keinen Aschenbecher genommen?«

»Weil ich den zum Rauchen brauche«, antwortete Michael. »Und warum, bitte schön, soll die Schale kaputtgehen? Von den paar Schrauben doch nicht.«

»Aber sie ist zu schade«, beharrte Sabine. Zu diesem Zeitpunkt hatte sie noch nicht begriffen, wie dünn Michaels Nervenkostüm bereits war. Nur Tessy hatte es sofort gemerkt und darauf verzichtet, ihn zur Begrüßung anzuspringen. Statt dessen hatte sie sich gleich ins Wohnzimmer auf die Couch verzogen.

»Eine handgemalte Obstschale! Also, Michael, manchmal bist du wirklich dermaßen gleichgültig und unüberlegt ...« Sabine ging zum Küchenschrank und wollte die untere Tür aufmachen. Ein paar aufeinandergeschichtete Bretter lagen ihr im Weg, die sie mit dem Fuß zur Seite schob.

In diesem Moment brüllte Michael: »Was tust du da, zum Teufel! Laß gefälligst die Bretter liegen. Ich habe eine Stunde gebraucht, um sie zu sortieren. Auf dieser verflixten Bauanleitung sind sie alle numeriert, nur in Wirklichkeit nicht. Da muß man raten.«

Er sprang auf und fuchtelte Sabine mit einem Stück Papier vor der Nase herum. »Hier, sieh dir das an! Daraus wird doch kein Mensch schlau!«

»Sofort«, sagte Sabine unbeeindruckt. »Ich will dir nur erst eine alte Schüssel für die Schrauben geben.«

»Mach mich nicht wahnsinnig! Die Schrauben bleiben, wo sie sind! Ich plage mich hier herum, und du hast nichts als deine blöde Obstschale im Kopf.«

Langsam wurde auch Sabine wütend. »Das ist keine blöde Obstschale. Die habe ich von Katja Schierberg zum Geburtstag bekommen. Aber für dich sind ja nur deine Sachen wichtig. Weißt du noch, wie du dich aufgeregt hast, als mir dein Fotoapparat heruntergefallen ist?«

»Der ging dabei ja auch kaputt. Eine Kamera für über tausend Mark.«

»Die Reparatur hat aber nur vierzig Mark neunzig gekostet. Und überhaupt ...«

In diesem Augenblick, liebes Frauchen, habe ich mich ebenfalls ins Wohnzimmer verzogen.

Ich will ja nichts gegen Frauen sagen – und schon gar nichts gegen Sabine. Aber wenn sie mit »und überhaupt« anfängt, gibt es meist eine sehr lange Diskussion. Frauen haben, glaube ich, eine Art Register im Hirn. Da speichern sie alles, was sie mal geärgert hat, und holen es je nach Bedarf wieder hervor, ob es nun ein paar Wochen oder zehn Jahre zurückliegt.

Tessy döste auf der Couch und blinzelte mich mit einem Auge an. »Die beiden hatten auch schon bessere Nerven. Das kommt alles von dem blöden Umbau.«

Diesmal hatte sie sicherlich recht.

In der Küche haben Michael und Sabine noch eine Weile gestritten. Dann knallte die Tür, und Sabine ist die Treppe hinaufgelaufen. Sie hat sich im Badezimmer die Haare gewaschen, während sich Michael weiter mit der Regalwand abmühte.

Ich hörte ihn dauernd vor sich hin murmeln, und weil mir das unheimlich war, bin ich nach einer Viertelstunde in die Küche zurückgeschlichen.

Diesmal lag Dein Sohn auf dem Fußboden und hatte zwei lange Leisten nebeneinandergeschoben.

»Das muß die Rückwand sein.« Er zog die Bauanleitung heran und studierte sie mit gerunzelter Stirn. »Rückwand mittels Leiste drei zusammenstecken und die umlaufende Nut an dem Regal einschieben«, las er halblaut, dann fing er an zu lachen. Es klang, ich muß es leider sagen, ziemlich hysterisch.

»Das ist gut. Das ist sogar sehr gut! In die umlaufende Nut am Regal einschieben ... Aber wo ist, bitte schön, das Regal? Ich sehe nur lauter Bretter. Also fangen wir noch mal von vorn an. In den oberen genuteten Boden a Dübel einschlagen und mit rechtem und linkem Teil c verschrauben ... Großer Gott, wenn ich nur wüßte, was ein genuteter Boden a ist.«

Er stand auf und begann verzweifelt, zwischen den Holzteilen zu suchen. Er stellte ein paar im Viereck gegeneinander, tauschte sie wieder aus, weil die Längen nicht stimmten, und verschraubte schließlich zwei größere Bretter mit einem dritten.

»Das könnte richtig sein«, sagte er befriedigt und trat auf die Obstschale. Sie zerbrach in drei Teile.

»Auch das noch!« stöhnte Michael und schnitt sich in den Finger, als er die Scherben aufhob.

In diesem Augenblick kam Sabine aus dem Bad. Sie hatte ein Handtuch um den Kopf gewickelt und sah natürlich sofort, was passiert war. Aber ehe sie noch einen Kommentar geben konnte, sagte Michael anklagend: »Das hast du davon! Du hast mich so nervös gemacht, daß ich tatsächlich die Schale zerbrochen habe. In diesem Haus weiß man ja nicht mehr, wo einem der Kopf steht.«

»Oh«, machte Sabine. Und dann noch einmal: »Oh!« Es klang schrecklich wütend, aber Michael ließ sie wieder nicht zu Wort kommen.

Er lutschte an seinem blutenden Finger und brüllte: »Und damit du es weißt, ich habe es satt! Es war deine Idee, eine Regalwand in der Abstellkammer zu haben. Also sieh zu, wie du sie zusammenbaust.«

Damit war er aus der Tür, und ich muß sagen, daß ich ihn in diesem Augenblick sehr bewundert habe. Wenn ich es doch auch mal fertigbrächte, mich Tessy gegenüber so zu behaupten!

Übrigens schaffte Sabine es tatsächlich, etwas zusammenzubauen, das der Rohfassung eines Regals glich. Nur als sie es aufstellen wollte, war die eine Seite kürzer als die andere, und die Einlegeböden paßten nicht hinein.

Inzwischen war es Mittag geworden, und ich hatte Hunger. Aber Sabine achtete überhaupt nicht darauf, daß ich mich neben den Kühlschrank gesetzt hatte und sie unverwandt anstierte.

Darin sind die Menschen komisch. Wenn sie irgend etwas Wichtiges zu tun haben, vergessen sie das Essen. Für mich gehört essen zu den wichtigsten Dingen überhaupt. Deswegen könnte mir gar nicht passieren, es zu vergessen – schon gar nicht wegen einer Regalwand mit einer Bauanleitung, die niemand versteht.

Als Michael nach einer Stunde zurückkam, wollte Sabine das Regal gerade wieder auseinandernehmen. Es war ihr peinlich, daß er sie dabei erwischte.

»Die Bauanleitung muß falsch sein«, sagte sie. »Ich habe mich Punkt für Punkt daran gehalten, und das ist dabei herausgekommen. Man wird dir in diesem Heimwerkershop die falsche Anleitung mitgegeben haben. Anders kann ich es mir nicht erklären.«

Michael grinste, aber Sabine sah es nicht, weil sie zwischen den Brettern nach der Anleitung suchte.

»Hier, vergleich doch mal. In den oberen genuteten Boden Dübel a einschlagen und mit rechtem und linkem ...«

»Hör auf«, unterbrach Michael sie. »Das weiß ich selbst.«

»Ja, aber du bist über den Anfang nicht hinausgekommen. Oder hast du schon die Fußleiste fünf eingesetzt, den unteren Boden sechs eingeschraubt und den verschraubbaren Mittelboden angebracht? Danach habe ich das Regal auf den Kopf gestellt, wie es verlangt wird, und geprüft, ob die Unterkante Rückwand mit Unterkante Boden sechs bündig abschließt.«

»Ja und? Hat sie das getan?« erkundigte sich Dein Sohn interessiert.

Sabine nickte heftig. »Vollkommen bündig. Nur jetzt stimmt es nicht mehr ... Ich meine, es ist nicht mehr bündig. Die Einlegeböden passen nicht, und ein bißchen schief ist es auch.«

Michael studierte wieder die Bauanleitung. »Wahrscheinlich liegt es daran, daß die Steckleiste drei nicht parallel zu dem oberen Boden eins steht ...«

»Natürlich steht sie das. Sieh doch!«

»Aber das ist nicht die Steckleiste drei. Das ist die Fußleiste fünf, in die du Holzdübel hättest einschlagen müssen.«

Sabines Stimme fing schon wieder an zu vibrieren. »Ach, und woher weißt du, daß das die Fußleiste fünf ist? Ich sage dir, es ist die Steckleiste drei. Das hier ist die Fußleiste fünf!«

»Nein, das ist ein einsteckbarer Bodenträger!«

»Sei doch nicht so rechthaberisch. Oder willst du behaupten, daß du jemals zuvor in deinem Leben einen einsteckbaren Bodenträger gesehen hast.«

»Massenhaft!«

Ich dachte schon, daß sie gleich wieder streiten würden, aber im nächsten Augenblick fing Michael plötzlich furchtbar an zu lachen, und Sabine lachte mit.

Ich war sehr erleichtert darüber, denn Krach in der Familie ist für einen Hund etwas Entsetzliches. Man weiß gar nicht, zu wem man halten soll.

Michael schlug dann vor, Herrn Sievert zu holen. Du erinnerst dich, das ist der Schreiner, der inzwischen auch die Tür eingesetzt hat. Sie klemmt ein bißchen, aber er hat versprochen, sie noch abzuhobeln. Nur wann, hat er nicht gesagt.

Aber wenn er jetzt die Regalwand zusammenbaut, bringt er vielleicht seinen Hobel mit. Wünschenswert wäre es, denn die Tür macht beim Öffnen und Schließen ein Geräusch, daß sich mir jedesmal die Haare sträuben.

Sabine hat mit Herrn Sievert telefoniert, während Michael die Küche aufräumte.

Tessy hatte inzwischen ausgeschlafen und wollte mich überreden, die Bauanleitung zu zerreißen.

»Bauanleitungen sind Zündstoff für Streitigkeiten, das hast du doch gemerkt, Julius. Also ist es besser, sie zu vernichten.«

Ich habe mich trotzdem nicht getraut, deshalb hat Tessy es allein getan. Als Michael es bemerkte, hatte sie schon lauter kleine Schnipsel gemacht.

Erst wollte Dein Sohn mit ihr schimpfen, aber dann hat er wieder nur gelacht – wie meist, wenn Tessy Unfug anstellt. »Macht nichts«, hat er gesagt. »Herr Sievert wird schon ohne zurechtkommen. Und wenn nicht – ich kann die Bauanleitung inzwischen auswendig.«

Das stimmte, denn in der Nacht hat er sogar im Traum darüber geredet. »Regalteile a, b und c hochkant auf ebener Fläche aufstellen«, hat er gemurmelt. »Verschraubbaren Mittelboden mit Rückenleiste vier verbinden und dübeln ... dübeln ... dübeln ...«

Es bleibt noch zu berichten, daß Herr Sievert heute morgen die Regalwand in der Abstellkammer aufgestellt hat. Nur seinen Hobel hatte er wieder vergessen. Deshalb kreischt die Tür immer noch.

Aber Herr Sievert hat versprochen, sie ganz bestimmt zu richten. Ob ich das noch erlebe?

Für heute will ich schließen und bin mit ganz vielen Bussis für Dich, liebes Frauchen,
Dein alter Julius.

4

Mein liebes Frauchen!
Diesen Brief bekommst du schon wieder aus Düsseldorf, weil Michael in die Redaktion zurückmußte. Tessy sagt, jetzt führen wir nur noch an den Wochenenden nach Hinterwiesen. Mir tut das leid, denn es hat mir, abgesehen von dem Lärm, den Herr Wetzke gemacht hat und wahrscheinlich auch in Zukunft machen wird, dort gut gefallen, jedenfalls besser als in der Stadt.

In solch einem Dorf muß man nicht lange suchen, wenn man einen Baum oder ein Stück Wiese braucht, um gewisse Bedürfnisse zu erledigen. Auch regt sich niemand darüber auf, wenn man es tut.

In der Stadt gibt es viele Leute, die das Umweltverschmutzung nennen. (Das ist auch so ein modernes Wort, das man in meiner Jugend nicht kannte. Da hieß das ganz einfach »Schweinerei«.)

Aber egal, wie man so etwas bezeichnet, ich finde es ungerecht. Große Menschen haben Toiletten und kleine ein Töpfchen. Und was haben wir, bitte schön?

Irgendwo muß man ja sein Geschäft verrichten können. Einem anständigen Hund macht es sowieso keine Freude, das auf der Straße zu tun. Er bevorzugt ein Gebüsch. Aber wo findet man das in der Stadt?

Die Umweltschützer sagen: Wir kämpfen um jeden Baum. Ich würde das unterstützen, wenn man uns Hunden nicht gleichzeitig die Benutzung von Bäumen verwehrte.

Neulich stand in der Zeitung, daß Hundebesitzer ihre Hunde mit einer Plastiktüte und einer Schaufel Gassi führen sollten. Findest Du nicht auch, daß das zu weit geht?

Tessy jedenfalls ist völlig dagegen. Sie sagt, dann würde man nächstens noch verlangen, daß auch ein Wassereimer mitgeschleppt wird. Außerdem würdest Du für mich und Michael für sie Hundesteuer bezahlen. Dafür müßten der Staat oder die Gemeinden eine Gegenleistung erbringen – in Gestalt von Straßenkehrern. Einfach abkassieren und nichts dafür tun, sei unmoralisch.

Nun habe ich das Gefühl, daß der Staat sehr viel Steuern kassiert, ohne das Richtige dafür zu tun – wenn man von den vielen Verordnungen absieht, die keiner mehr versteht und die den Leuten nur das Leben sauer machen. Die Beamten, die das ausknobeln, sind sicherlich unheimlich fleißig, aber sie kosten auch eine Menge Geld. Wenn ich mir vorstelle, wie viele Straßenkehrer man davon bezahlen könnte!

Im Augenblick ist Tessy übrigens sehr nett zu mir. Sie findet, das Zusammensein mit ihr hätte mir gut getan. Ich sei dynamischer und flexibler geworden, nicht mehr so ein sturer alter Hund wie vorher.

Vielleicht hat sie recht. Auf jeden Fall mache ich mir neuerdings unheimlich viele Gedanken über Dinge, die mich früher kaum beschäftigt haben. Und hinterher diskutiere ich mit Tessy darüber.

Wir sind zwar oft geteilter Meinung, was Tessy als Generationskonflikt bezeichnet, aber daraus siehst Du, daß sie doch wesentlich milder in ihrem Urteil geworden ist. Noch vor einem Monat hätte sie mich einen beknackten Opa geschimpft.

Eines allerdings schockiert mich immer noch sehr an Tessy, und das ist ihr freizügiges Gerede über Sex.

Ich bin gewiß nicht prüde, liebes Frauchen, aber daß ein so junges Geschöpf, das noch nie einen Hund gehabt hat, über solche Dinge wie über Knochenknabbern redet, das will mir nicht in meinen Hundeschädel.

Wenn ich Tessy nicht kennen würde, könnte ich meinen, sie sei eine von den Hündinnen, zu denen man zweimal im Jahr schleicht, weil man genau weiß, daß man da keine Verpflichtungen eingeht.

Solche Damen sind ja sehr bequem. Man braucht vorher keine

besonderen Anstrengungen zu machen, keine langen Vorreden zu halten, und alles bleibt hübsch unverbindlich, sowohl der Dame als auch dem Nachwuchs gegenüber.

Aber die anständigen Hündinnen meiner Jugendzeit sind doch in der Anschauung erzogen worden, daß man »es« über sich ergehen lassen müsse, um hinterher die Freuden der Mutterschaft zu genießen. Und daß es Sache des jeweiligen Herrchens oder Frauchens ist, den passenden Kindesvater auszusuchen.

Wenn ich bedenke, welchen Prüfungen man sich vorher unterziehen muß! Ob man schön und gesund genug ist, ohne äußerliche Fehler, ob man besondere Fähigkeiten als Jagd-, Spür- oder Wachhund mitbringt und ob man einen einwandfreien Charakter hat, den man seinen Kindern vererben kann.

Entschuldige, aber manchmal denke ich, daß es für manche Menschen gar nicht schlecht wäre, solche Prüfungen ebenfalls einzuführen, bevor sie sich vermehren dürfen. Aber als ich neulich mit Tessy darüber sprach, hat sie mich einen verkappten Faschisten genannt, der eine Herrenrasse züchten wolle, um alle übrigen Individuen in ihrer persönlichen Entfaltungsfreiheit zu hemmen und schließlich zu unterjochen.

Dabei habe ich doch nur an den Nachwuchs gedacht und wieviel besser es wäre, wenn der in allen Fällen vernünftige und nette Eltern hätte.

Aber mit Tessy kann man über so etwas nicht reden. Sie ist nämlich für die freie Liebe. Und das mit zwei Jahren!

Sie sagt, wenn ihr ein Hund gefiele, würde sie mit ihm schlafen, egal, ob Sabine und Michael das paßte oder nicht. Und sie würde sich auch nicht scheuen, von sich aus den ersten Schritt zu tun. Schließlich sei sie gleichberechtigt.

Nur Kinder wolle sie nicht sofort haben. Aber dagegen gäbe es ja bei jedem Tierarzt Spritzen.

Sie drückte das noch ganz anders aus. Es ist so eine Art Slogan, und mir sträuben sich beim Niederschreiben die Haare, so entsetzlich klingt er, finde ich: »Mein Bauch gehört mir.«

Ich denke, dieser Satz spricht für sich, so daß ich mir jeden weiteren Kommentar dazu sparen kann.

Ich habe Tessy allerdings klarzumachen versucht, wie schön es ist, Kinder zu haben, worauf sie mir erklärte: »Die Machart ist vielleicht nicht übel – aber das, was hinterherkommt, um so mehr, jedenfalls für eine Frau. Die Männer haben sowieso nur das Vergnügen dabei. Ich aber, ich müßte mir meine Figur ruinieren, ich müßte die Kleinen zur Welt bringen, säugen und erziehen ... Und überhaupt finde ich es verantwortungslos, noch mehr Hunde in eine Welt zu setzen, in der es immer mehr Autos und immer weniger Wiesen und Wälder gibt. Der Gesetzgeber soll erst mal mehr Lebensqualität für Hunde schaffen, bevor man uns zu Gebärmaschinen degradiert.«

So, wie Tessy das sagt, klingt es natürlich fürchterlich radikal, aber bei letzterem mußte ich ihr in etwa recht geben. Trotzdem habe ich geantwortet, daß es nun einmal von der Natur so eingerichtet sei, daß die Frauen die Kinder bekämen – doch da hat sie mich ganz hitzig unterbrochen:

»Ja, aber nur, wenn sie wollen. Sonst nicht mehr. Doch das bedeutet Gott sei Dank noch lange nicht, daß wir nun auf Sex verzichten müßten. Ich jedenfalls habe keine Lust, eine verklemmte alte Jungfer zu werden. Ich werde die Rolle, in die man uns gepreßt hat, abstreifen und mich meines Körpers und seiner Bedürfnisse nicht schämen.«

Sie sah sehr niedlich in diesem Augenblick aus, und ich dachte mir: Wenn sie nur nicht so ernüchternd reden wollte. Als Mann möchte man doch das Gefühl haben, eine Eroberung zu machen, und nicht, eine rein körperliche Freiübung zu absolvieren. Und ein bißchen was fürs Herz gehört auch dazu.

Als ich ihr das sagte, hat sie die Nase gerümpft. »Quatsch! Komm mir nicht mit Liebe und so. Sex ist eine Frage der vermehrten Adrenalinausschüttung. Bei dir zum Beispiel ist sie jetzt vermehrt, das sehe ich dir an. Wahrscheinlich hättest du gar nichts dagegen, mich zu vernaschen. Aber daß du mich liebst, wirst du beim besten Willen nicht behaupten können. Wir zanken uns doch dauernd, und tief innerlich bist du in deiner bourgeoisen Hundeseele bestimmt über mich geschockt. Trotzdem würde dich das nicht hindern, etwas mit mir anzufangen.«

Ich konnte nur nach Luft schnappen. »Also Tessy, du bist so desillusionierend wie eine Wurstattrappe. Unter diesen Umständen würde ich nie ...«

»Lüg nicht, du würdest! Und vielleicht hätten wir sogar eine Menge Spaß miteinander, wenn sich meine Adrenalinausschüttung bei deinem Anblick auch vermehrte. Tut sie aber nicht.«

Und damit strich sie hüftschwenkend an mir vorbei und sprang auf ihren Lieblingsplatz auf dem Fensterbrett. »Pech gehabt, Alterchen.«

Ich sage Dir, liebes Frauchen, Tessy ist eine Lolita! Man wird sehr auf sie aufpassen müssen, falls sie ihr konfuses Gerede von freier Liebe und so eines Tages in die Tat umsetzt. Hoffentlich wissen das Michael und Sabine.

Noch ist ja alles Theorie bei Tessy, und sicherlich schwatzt sie das meiste davon nur nach, weil es gerade »in« ist. Sie stammt doch aus einer anständigen Familie, hat einen bemerkenswerten Stammbaum mit lauter honetten Ahnen und ist durchaus behütet aufgewachsen.

Aber sie ist rothaarig, und Du weißt ja, was man diesen Frauen nachsagt ...

Jetzt denkst Du sicher, ich wollte Tessy schlecht machen. Aber das ist nicht der Fall. Ich habe nur Sorge um sie, weil sie noch so jung ist. Und abgesehen von ihren verrückten Ideen ist sie wirklich ganz reizend, so frech und fröhlich.

Ihr Hauptfehler ist, daß sie so verzogen ist. Aber, um gerecht zu sein, dafür kann sie nichts.

Es gibt ja auch viele Eltern, die ihre Kinder verziehen und meinen, ihnen damit einen Gefallen zu tun. Dabei schaden sie ihnen nur. Wenn ein Kind alles darf, muß es schon einen sehr guten Charakter haben, um nicht auf dumme Gedanken zu kommen. Und da geht es den Hunden wie den Menschen.

Aber daß Tessy sagt, ich liebte sie nicht, weil wir uns dauernd zanken, hat mich doch getroffen. Es stimmt zwar, daß wir selten in unseren Ansichten übereinstimmen, aber dann zankt sie mit mir und nicht ich mit ihr.

Das ist der Vorteil, wenn man älter wird: Man wird gelassener und regt sich nicht mehr über alles so auf.

Manchmal amüsiert es mich direkt zu sehen, wie Tessy sich ereifert, aber das darf ich mir nicht anmerken lassen, sonst wird sie noch wütender.

Gestern zum Beispiel wollte sie partout die Hitparade im Fernsehen sehen, aber Sabine und Michael hatten das dritte Programm eingeschaltet.

Sonst liegt Tessy während einer Fernsehsendung meist bei Sabine im Sessel. Aber diesmal war sie so unleidlich, daß Dein Sohn und Deine Schwiegertochter fortwährend gestört wurden.

Tessy hopste von einem zum andern, bellte, zerrte an Michaels Pulloverärmel, biß ihn in die Seite, wo er ein paar kleine Fettpolster angesetzt hat, die Tessy respektloserweise seinen Rettungsring nennt, schleppte ihren Ball an und wollte ihn in der Berberbrücke vergraben – kurz und gut, zum Fernsehen blieben keine fünf Minuten Ruhe.

Sabine schlug vor, Tessy auszusperren, aber da hat Dein Sohn wie üblich protestiert und sich weiter von ihr drangsalieren lassen.

Ich habe Tessy mangelnde Toleranz vorgeworfen. Schließlich könne sie nicht verlangen, daß das Fernsehprogramm nur nach ihrem Geschmack ausgewählt würde, aber da bin ich schön bei ihr angekommen.

Toleranz sei etwas, das zuerst die Älteren gegen die Jüngeren üben müßten und Herrchen gegen die Hunde, weil die sowieso unterprivilegiert seien. Einen kleinen Hund auszusperren sei keine Kunst. Es sei vielmehr roh und primitiv.

Und überhaupt – wie solle ein Heranwachsender Toleranz erlernen, wenn er nicht zunächst einmal selbst tolerant behandelt würde?

Derartige Halbweisheiten sind typisch für Tessy. Sie hat damit nie ganz unrecht, und das macht es so schwer, ihr zu widersprechen. Deshalb habe ich es auch gar nicht erst versucht, sondern mich in mein Körbchen zu einem Nickerchen zurückgezogen.

Wenn Du mich fragst – ich war ganz froh, daß Michael und Sabine nicht die Hitparade eingeschaltet haben, denn trotz meiner leichten Schwerhörigkeit zerren die modernen Schlager an meinen Nerven.

Man erschrickt so oft beim Zuhören.

Früher haben die Leute meist allein gesungen – ich vermute, weil sie es besser konnten. Heute müssen sie zu mehreren auftreten, damit es nicht so auffällt, daß sie eigentlich gar keine Stimme haben, jedenfalls keine schöne.

Außerdem kann ein einzelner Mensch gar nicht so viel Krach machen wie diese Popgruppen. (Tessy sagt, Pop wäre eine Abkürzung von poppig, weil alle so hübsch bunt angezogen sind.)

Ich allerdings finde sie ziemlich seltsam gekleidet.

Da gibt es Männer mit zusammengeknoteten Stirnbändern, Pelzmützen mitten im Sommer oder einem türkischen Fez. Sie haben ausgefranste Hemden an, die fast bis zum Knie reichen, und nackte Füße.

Andere tragen weiße Anzüge, die über und über mit glitzernden Steinen bestickt sind, riesige Ledergürtel, die fast wie ein Schnürleibchen aussehen, und zwischen den Bärten schimmern Brustkreuze und Amulette.

Die Mädchen haben oftmals Hosen an. Manchmal sind sie auch vom Kinn bis zur Brustspitze in weite, wallende Gewänder gehüllt, so daß man leider gar nichts von ihrer Figur sieht.

Andere dafür zeigen viel nackten Bauch, den sie ab und zu mit einer Gitarre verdecken, haben nur eine Art Dreiecktuch um den Oberkörper gewickelt und eine lange Stoffbahn von den Hüften abwärts.

Apropos Hüften – damit wackeln und rollen sie alle gewaltig. Manchmal krümmen sie sich auch, als ob sie Bauchweh hätten, oder stampfen auf den Boden, als wären sie furchtbar wütend.

Meist beginnt zuerst einer allein ganz leise zu singen, und ich denke: Ach, du lieber Gott, der Ärmste ist erkältet und völlig heiser. Er hält sich das Mikrofon so dicht vor den Mund, als ob er es verschlucken wolle, und bringt trotzdem kaum einen Ton heraus.

Die anderen Gruppenmitglieder zupfen dann nur ein paar Gitarrenakkorde, schnipsen mit den Fingern oder singen unverständliches Zeug wie »Rocky-snocky-tocky« oder »He-je-je« oder »Ring-ding-ding«!

Aber dann fängt der Vorsänger plötzlich an zu schreien, als hätte man ihm furchtbar auf den Zeh getreten. Das passiert so unvermittelt, daß ich jedesmal zusammenzucke, obwohl ich mich inzwischen eigentlich daran gewöhnt haben müßte.

Die anderen schreien a tempo mit, schütteln in ohnmächtigem Zorn die Fäuste, machen wilde Sprünge und gehen mit ihren Musikinstrumenten um, als wollten sie sie zerschlagen.

Tessy sagt, das sei Ausdruck ihrer musikalischen Besessenheit.

Das mag ja sein, aber trotzdem finde ich »Jetzt geh ich ins Maxim«, von Johannes Heesters gesungen, schöner. Außerdem liebe ich das Elegante.

Wenn Tessy und ich Menschen wären, würde ich sie sicherlich nicht in einen Diskoschuppen, aber auf den Wiener Opernball einladen – mit einer Gardenie im Knopfloch. Wenn man dort miteinander tanzt, hält man sich in den Armen, und das gefällt mir besser, als sich voreinander zu schütteln, wie es heutzutage in den Diskotheken Mode ist.

Übrigens habe ich neulich gehört, daß lange Haare bei Männern »out« sind. Das finde ich gut.

Nicht, daß ich prinzipiell etwas gegen lange Haare hätte – sie erscheinen mir nur schrecklich unbequem, besonders bei Popsängern. Sie geraten doch jedesmal so unheimlich ins Schwitzen bei ihren künstlerischen Darbietungen.

Tessy hat mir erklärt, daß die Frisur zu ihrem Immitsch gehört, aber da haben langhaarige Hunde es doch besser. Sie werden getrimmt oder geschoren, wenn ihnen heiß ist.

Nun muß ich aber meinen Brief beenden. Es ist schon spät, und Tessy kommt gerannt, um mir zu sagen, daß Michael mit uns Gassi gehen will. Danach legen wir uns alle schlafen.

Also gute Nacht, mein liebes Frauchen, und vergiß in diesem schrecklich weit entfernten England nicht ganz
Deinen alten, treuen Julius.

5

Mein liebes Frauchen!
Ich habe einen schrecklich aufreibenden Tag hinter mir, weil Michael Tessy und mich in die Redaktion von »Blickpunkt der Frau« mitgenommen hat.

Sabine mußte nämlich zum Arzt und wollte anschließend Gardinenstoffe für das Haus in Hinterwiesen kaufen. Sie meinte, dann wären Tessy und ich zu lange allein.

Tessy war schon öfter in der Redaktion. Sie ist auch gleich zu Fräulein Lütjenbrink gelaufen, weil sie wußte, daß es dort Kekse gibt.

Fräulein Lütjenbrink – zuständig für Leserbriefe und Kochrezepte – ist ziemlich dick. Sie hat kleine Patschhändchen mit vielen Ringen und einen silbergrauen Pudelkopf. Tessy sagt, es wäre eine Perücke, die sie ihr beim Herumtoben einmal heruntergerissen hätte. Darunter hätte Fräulein Lütjenbrink allerdings auch einen silbergrauen Pudelkopf, nur nicht in so adretten Locken.

Die Sache mit der Perücke hat sie Tessy anscheinend nicht übelgenommen, denn sie jubelte sofort, als wir in der Tür auftauchten: »Ja, da ist ja mein süßer kleiner Racker! Und einen Freund hat sie auch mitgebracht, wie ent-zük-kend!«

Dann hat sie uns beiden Kekse geschenkt.

Eine Redaktion besteht aus lauter kleinen Glaskästen, in denen die Leute sitzen und die Zeitung machen. So heißt das nämlich in der Fachsprache.

Meist arbeiten sie zu zweit in solch einem Glaskasten, nur Michael und der Chefredakteur haben jeder einen für sich.

Michael ist, wie Du weißt, Roman- und Serienchef, deshalb

muß er viel lesen und braucht Ruhe.

Der Chefredakteur hat nie Ruhe, sondern wird dauernd von jemandem gestört. Deshalb wäre es eine Zumutung, einen zweiten Mitarbeiter in sein Büro zu setzen – der käme nämlich nicht zum Arbeiten.

Der Chefredakteur – er heißt Herr Halberstein – hat einen Ledersessel mit breiten Armlehnen und den größten Schreibtisch in der Redaktion. Den braucht er auch, weil die Platte mit Manuskripten, Bildern, Briefen, Telefonen und allem möglichen Krimskrams so vollgepackt ist, daß der bedauernswerte Herr Halberstein ununterbrochen etwas sucht.

Als wir kamen, stöberte er gerade nach einer schlecht geschriebenen Reportage von Frau Müller-Küppers über König Konstantin von Griechenland.

Frau Müller-Küppers war bei ihm. Da sich Michaels Büro nebenan befindet und außerdem noch eine gläserne Verbindungstür hat, konnten wir alles mithören und sehen.

Herr Halberstein war ganz schön geladen, aber Frau Müller-Küppers offenbar nicht so beeindruckt, wie sie sollte. Sie ist ein intellektueller Typ mit dunkelgetönter Brille und einem glatten Pagenkopf. Den schmächtigen Herrn Halberstein überragte sie um mindestens fünfzehn Zentimeter.

»Sie haben den Trend unseres Blattes offenbar immer noch nicht begriffen«, sagte Herr Halberstein, während er die Stapel auf seinem Schreibtisch durchwühlte. »Allein die Überschrift ... Verdammt, wo ist das Ding denn nur! Ach, hier! ›Wie ein König sich das Exil versüßt!‹«

Anklagend wedelte er mit ein paar Schreibmaschinenseiten vor Frau Müller-Küppers' Nase herum.

»Das ist doch kein Thema für ›Blickpunkt der Frau‹. Wir bringen Schicksale, die zu Tränen rühren! Das Außergewöhnliche, das, wovon Agathe Hasenohr nur zu träumen wagt und was sie nie erlebt. Verstehen Sie? Sie müssen sich in Agathe Hasenohr hineinversetzen – was sage ich, Sie müssen sie lieben. Dann erst können Sie schreiben, was ihr ans Herz greift.«

Ich wollte von Tessy wissen, wer denn Agathe Hasenohr sei,

weil ich den Namen noch nie gehört hatte, aber sie schüttelte nur den Kopf.

Drinnen bei Herrn Halberstein erwiderte Frau Müller-Küppers: »Aber das steht doch alles in dem Artikel.«

»Unsinn!« schnaubte Herr Halberstein. »Da stehen lauter miese Sachen drin von Eheschwierigkeiten, angeblichen ›ständigen Begleiterinnen‹ des Königs und nächtlichem Dolce vita.«

»Ja und? Wenn es doch wahr ist ...«

»Wahr, wahr! Kommen Sie mir bloß nicht damit. Es gibt viele Wahrheiten. Für unser Blatt muß das anders aufgezäumt werden. Machen Sie sich mal ein paar Notizen. Schlagzeile: Ruhelos irrt ein König durch die Nacht. Darunter in halbfett: Konstantin von Griechenland ist ein gebrochener Mann. Ein König ohne Krone. Ein Mensch ohne Heimat. Seit Jahren kämpft er um Vergessen. Die Frau an seiner Seite kämpft mit ihm – und leidet mit ihm. Aber die Wunden der Vergangenheit wollen nicht heilen.«

Herr Halberstein holte tief Atem.

»So, und nun weiter im Text. Schreiben Sie, daß der König jeden Abend im Radio den Wetterbericht aus Athen hört. Aus Heimweh! Schreiben Sie, daß die Königin mit den Kindern währenddessen das Nachtgebet auf griechisch spricht. Und eine Ehekrise? Quatsch. Anne-Marie von Griechenland ermuntert ihren Gemahl, manchmal ein wenig aus sich herauszugehen, etwas zu unternehmen, damit er sich nicht in seinem Kummer vergräbt. Sie selbst möchte wie jede gute Mutter die Kinder nicht allein lassen, deshalb bleibt sie daheim.«

»Aber das stimmt doch nicht«, wandte Frau Müller-Küppers ein. »Die Kinder werden vom Personal betreut.«

»Sagen Sie!« donnerte Herr Halberstein. »Und wie soll Agathe Hasenohr das unter einen Hut bringen? Eine Frau, die abends mit ihren Kindern griechische Nachtgebete spricht und sie anschließend der Obhut bezahlter Dienstboten überläßt, um sich zu amüsieren – das paßt nicht zusammen. Wir müssen den Leserinnen klarmachen, daß die Königin ganz in ihren Mutterpflichten aufgeht, daß sie sich aber gleichzeitig der Liebe ihres

Gatten so sicher ist, daß er ruhig mal einen Abend in Damengesellschaft verbringen kann. Ein Schuft, wer Schlechtes dabei denkt! Die Königin bekommt täglich einen Strauß weißer Rosen aus Athen von ihm, eigens eingeflogen. Und die stellt sie dann in ihrem Salon neben die Silberschachtel, in der sich griechische Erde befindet – das einzige, was das Königspaar seinerzeit bei seiner Abreise ins Exil mitgenommen hat.«

»Guter Gott«, sagte Frau Müller-Küppers erschüttert. »Das glaubt uns doch kein Mensch.«

»Nicht? Ich sage Ihnen, über solch einem Bericht werden die Frauen ihren Kuchen im Herd verbrennen lassen. Außerdem – woher wollen Sie wissen, ob der König nicht jeden Abend den Athener Wetterbericht hört, um zu erfahren, ob in Griechenland die Sonne scheint, und ob die Königin nicht mit ihren Kindern zur Nacht betet – in der Heimatsprache? Es wäre doch menschlich. Und menschlich müssen wir sein, Frau Müller-Küppers. Das erwarten unsere Leser von uns, und darauf haben sie ein Anrecht.«

Ich muß sagen, liebes Frauchen, ich war sehr beeindruckt von Herrn Halberstein, wie er so mir nichts, dir nichts einen Artikel aus dem Ärmel schüttelte.

Zwar interessiere ich mich nicht besonders für Könige und Königinnen, aber schließlich ist »Blickpunkt der Frau« ja auch keine Hundezeitschrift.

Und die Sache mit der griechischen Erde fand ich geradezu rührend. Sollten wir einmal umziehen, möchte ich auch ein bißchen Erde aus unserem Vorgarten mitnehmen. Vielleicht von den Tulpenbeeten, in denen ich immer so gerne kratze.

Tessy allerdings rümpfte die Nase.

»Dieser Halberstein ist verkitscht, deshalb macht er auch eine verkitschte Zeitung. Besser wäre es, den Leuten einen gesellschaftskritischen Spiegel vorzuhalten. Phhh, wie kann man in der heutigen Zeit abgedankte Könige verherrlichen?«

»Aber wenn manche das gern lesen?« fragte ich zaghaft. »Wir leben doch in einer Demokratie. Da hat meines Wissens jeder das Recht, sich nach seinem Geschmack zu informieren oder zu unterhalten.«

»Es gibt gute und schlechte Geschmäcker«, entgegnete Tessy kühl. »Die schlechten darf man nicht unterstützen.«

»Aha. Und wer bestimmt, was schlecht ist?«

»Na, ganz einfach. Die Leute mit dem guten Geschmack.«

»Hör mal, Tessy«, sagte ich. »Das ist doch alles relativ. Du zum Beispiel siehst im Fernsehen die Hitparade gern. Anderen geht sie auf die Nerven. Wer hat nun recht mit seiner Beurteilung?«

»Ich natürlich«, erwiderte Tessy und sprang auf den Besuchersessel, wo sie sich zusammenrollte.

Du siehst, liebes Frauchen, man kann mit Tessy nicht sachlich diskutieren. Deshalb ließ ich es auch bleiben und wollte gerade unter Michaels Schreibtisch ein Nickerchen machen, als die Tür zum Büro aufging und der Verleger hereinkam.

Ein Verleger ist, wie Du weißt, der Boß eines Verlages.

Mit verlegen allerdings im Sinne von verschusseln und nicht mehr wiederfinden hat seine Tätigkeit nichts zu tun. Herr Rombach verlegt die Zeitschrift »Blickpunkt der Frau«, und das bedeutet, daß er alle Rechnungen und Gehälter bezahlt und seine Unkosten hinterher von den Käufern zurückholt.

Und ein bißchen darüber, denn schließlich will er ja leben.

Natürlich war Herr Rombach etwas erstaunt, zwei Dackel in Michaels Büro vorzufinden. Aber glücklicherweise war Tessy gleich bei seinem Eintritt vom Besuchersessel heruntergesprungen, um ihn zu beschnuppern.

Habe ich Dir schon erzählt, daß sie immer eine unwahrscheinliche Show abzieht, wenn sie jemanden kennenlernt? Dann springt sie an ihm hoch, wedelt mit dem Schwanz, macht Männchen und bitte-bitte und ist erst zufrieden, wenn sie genügend Komplimente eingeheimst hat.

Ich finde ihr Benehmen ein bißchen albern und habe ihr schon oft erklärt, daß ein guter Hund freundlich, aber vornehm-zurückhaltend sein soll, doch sie sagt, sie pfiffe auf vornehme Zurückhaltung, wenn sie anders mehr Erfolg hätte.

Nun, das hat sie unbestritten; selbst der Verleger kraulte ihr den Kopf und meinte halb geschmeichelt, halb fassungslos: »Na, du magst mich wohl?«

Und Michael ging (natürlich!) auf Tessys Zirkus ein und erwiderte: »Das ist ganz offensichtlich. Sonst führt sie sich nie so bei Fremden auf.«

Woraus Du siehst, daß Dein Sohn völlig unter Tessys Einfluß steht.

Ich blieb abwartend und mit leichtem Schwanzwedeln im Hintergrund und erntete ein freundliches Verlegerlächeln, aber dann kam Herr Rombach zur Sache.

»Was ich sagen wollte, Doktor Bernhold – diese neue Serie über berühmte Ballettgruppen, das ist nichts. Wer hat überhaupt die Idee dafür gehabt?«

»Sie, Herr Rombach«, sagte Michael nach einem kurzen Zögern.

Der Verleger musterte ihn mit einem durchdringenden Blick. »So? Tatsächlich?«

»Ich kann Ihnen das Protokoll der Redaktionssitzung heraussuchen lassen. Es war irgendwann im letzten Winter.«

»Hm ...« Herr Rombach setzte sich auf die Schreibtischkante. »Das Thema ist ja auch nicht schlecht. Nur hätte es jemand anders schreiben müssen, nicht die Dingsda ... Wie heißt sie noch gleich?«

»Karin Hornberger.«

»Ganz recht. Die ist zu antiquiert, nicht flott genug.«

»Verzeihung, Chef, aber Frau Hornberger war ebenfalls Ihr Vorschlag.«

»Ja – und? Ich bin allenfalls ein primus inter pares, mein lieber Bernhold. Ich gebe Anregungen, aber das heißt noch lange nicht, daß sie stur befolgt werden müssen. Verantwortlicher Serienchef sind Sie, nicht ich. Wie viele Folgen sind denn noch geplant?«

»Insgesamt zwölf.«

»Das sind zu viele. Kürzen Sie auf sechs oder acht und zahlen Sie der Hornberger meinetwegen ein Ausfallhonorar. Und danach bringen Sie was Vernünftiges. Große Katastrophen zum Beispiel, aufgehängt an einem besonders faszinierenden Einzelschicksal. Der Trend muß natürlich positiv sein. Menschen in Todesgefahr, die danach ihr Leben geändert haben. Zerbrochene Ehen, die wieder in Ordnung kamen. Jemand, der, das Ende vor Augen, seine große Liebe fand. Ein anderer, der sich anschließend eine Südseeinsel kauft und ein völlig zurückgezogenes, naturverbundenes Dasein führt. Das Leben ist voller großer Geschichten, man muß sie nur aufsammeln. Und schreiben muß das natürlich der Ferber. Der kann so was. Rufen Sie ihn an und bestellen Sie ihm einen schönen Gruß von mir.«

In der Tür blieb Herr Rombach noch einmal stehen.

»Übrigens kommt doch heute der Havasy ins Haus.«

Michael nickte. »Ja, wir wollen über seinen neuen Roman sprechen, der im Herbst startet.«

»Sehr schön. Ein Mann wie Havasy hebt jede Auflage. Nur sehen Sie zu, daß er nicht wieder über Österreich-Ungarn und die Zigeuner schreibt. Das Thema hatten wir schon dreimal von ihm. Er soll mal ganz was Neues machen.«

»Das wird schwierig sein, fürchte ich. Erstens, weil Herr Havasy so beschäftigt ist, daß er kaum die Zeit hat, sich mit einem neuen Milieu ausführlich zu beschäftigen. Und zweitens, weil er mit diesen Pußta-Romanen seine größten Erfolge hatte. Er meint, die Leute erwarten das von ihm.«

»Dann machen Sie ihm klar, daß er damit auf die Dauer nur seinen Namen ruiniert. Wenn es erst mal heißt, der Havasy schreibt immer nur dasselbe, ist er passé. Arbeiten Sie mit ihm. Zwingen Sie ihn, sich für einen anderen Stoff zu erwärmen. Aber natürlich mit aller gebotenen Vorsicht. Der Mann ist schließlich ein Star. Wir können es uns nicht leisten, ihn zu verärgern.«

Damit ging Herr Rombach.

Tessy und ich fanden, daß er zwar ein sehr freundlicher Mensch ist, aber mit ihm zu arbeiten scheint nicht immer ganz einfach. Man weiß ja nicht, woran man ist, wenn er etwas anordnet und hinterher sagt, so streng hätte man es nicht zu befolgen brauchen.

Vielleicht geht es Michael mit der Katastrophen-Serie genauso wie mit der Ballettgruppe?

Tessy meint, das würde alles anders und viel einfacher, wenn erst die redaktionelle Mitbestimmung eingeführt würde. Dann hätte einer allein gar nichts zu sagen, sondern alles würde gemeinsam beschlossen.

Ich stelle mir das allerdings noch schwieriger vor. Denn das habe ich an diesem einen Tag in der Redaktion schon gelernt: Dort hält sich jeder für den Besten und das, was er schreibt, für das Wichtigste.

Also würden alle aufeinander herumhacken, und es gäbe endlose Streitereien, ohne daß man einen Entschluß faßte. Da ist ein Verleger doch bei weitem das kleinere Übel, finde ich.

Außer Frau Müller-Küppers und Fräulein Lütjenbrink gibt es noch fünf weitere Redakteure. Für Medizin und Aktuelles, für Show und Mode, für Reisen und Tips, für das Fernsehprogramm und die Witze, für Rätsel, Horoskope und Tests.

Im Layout sitzen zwei Grafiker, die den ganzen Tag die Druckfahnen zerschnipseln und sie mit den Fotos und Bildunterschriften auf großen Papierbögen wieder zusammenkleben. Außerdem ziehen sie Linien und Schnörkel darum herum und malen hin und wieder eine Blume an den Rand.

Der Hersteller ist der geplagteste Mann, denn er muß aufpassen, daß alle Redakteure pünktlich ihre Arbeit tun, sonst wird die Zeitung nicht rechtzeitig fertig.

Deshalb ist er auch schrecklich nervös. Beim Sprechen rudert er immer mit den Händen, und manchmal hat er auch Nervenzucken.

Tessy sagt, das käme vom Streß. Die Redakteure sind nämlich alle ein bißchen laut und verrückt. Sie reden viel, telefonieren noch mehr, und dazu spielt den ganzen Tag das Radio.

Außerdem sind sie oft unterwegs zu Interviews, wobei sie weit entfernte Gegenden wie die Bahamas, Teneriffa oder mindestens die Cote d'Azur bevorzugen. Das entnahm ich aus verschiedenen Unterhaltungen.

Frau Müller-Küppers zum Beispiel hatte überhaupt keine Lust, Königin Beatrix von den Niederlanden in Holland zu interviewen; sie meinte, das sei zu alltäglich. Viel interessanter wäre es für die Leser, wenn sie eine Reportage über die in vierzehn Tagen beginnende Afrika-Reise der Königin schriebe.

Du siehst daraus, liebes Frauchen, daß Journalisten selbst die Strapazen eines Fluges in einen anderen Erdteil nicht scheuen, wenn es um einen spannenden Bericht geht. Nach Holland zu fahren wäre ja viel einfacher gewesen. Aber so leicht macht es sich hier niemand.

Allerdings hat wegen dieser Umstände der Hersteller seine liebe Not, alle Beiträge rechtzeitig zu bekommen.

Heute war er besonders in Bedrängnis, weil eine bereits fertig gedruckte Seite mit einem Bericht über das glückliche Familienleben eines Filmstars nicht veröffentlicht werden konnte. Er hat nämlich gerade die Scheidung eingereicht, weil ihm seine Frau weggelaufen ist.

Ach ja, und dann gibt es noch zwei Sekretärinnen in der Redaktion. Was sie betrifft, so sind Tessy und ich uns ausnahmsweise einig: Wir mögen sie nicht.

Beide sind so arrogant wie Cesario, der Afghane, der bei uns an der Ecke wohnt. Und eine von ihnen – alle nennen sie nur Lydia – sieht auch ein bißchen so aus. Weißblonde Haare, die ins Gesicht fallen, schräge Augen und superlange Beine.

Sie sitzt herum wie ihr eigenes Denkmal und wird nur ein bißchen lebhaft, wenn sie sich die Haare kämmt, ihr Make-up erneuert oder die Fingernägel lackiert. Wenn sie ißt, kaut sie mit halboffenem Mund, um, wie sie ihrer Kollegin erklärte, sich die Lippenschminke nicht zu verschmieren.

Die Kollegin heißt Biggy, und als sie mich sah, näselte sie: »Ach, du lieber Gott, der ist aber schon wacklig!«

Von Tessy rückte sie ab und sagte: »Mach mir bloß meinen Rock nicht schmutzig. Der kommt frisch aus der Reinigung.«

Hinterher hat sie ihn sich mit Joghurt bekleckert, und das hat uns sehr gefreut.

Die Hauptarbeit der Sekretärinnen besteht im Kaffeekochen und am Telefon zu sagen: »Herr Sowieso ist leider nicht im Hause (oder in einer Besprechung). Er wird Sie zurückrufen.«

Maschineschreiben müssen sie nicht viel, weil die meisten Redakteure ihre Texte selbst tippen. Kommt aber mal einer ins Sekretariat und bittet: »Schreib mir das rasch ab«, wirken beide ziemlich beleidigt.

Einmal hat Herr Halberstein einen Vertrag gebraucht, weil er etwas nachsehen wollte, den haben sie zwei Stunden lang gesucht. In der Ablage war er nicht, in den Vertragsordnern auch nicht. Unbegreiflicherweise fand er sich dann in der Speisekarte eines nahe gelegenen Feinschmeckerrestaurants wieder, in dem die beiden Damen gern ihre Mittagspause überziehen.

Michael allerdings ist mittags mit Tessy und mir nur Gassi gegangen und hat sich von Fräulein Lütjenbrink Currywurst mit Pommes frites mitbringen lassen, weil Sabine abends warm kocht. Tessy und ich bekamen Hundekuchen.

Und dann tauchte Fred Havasy in der Redaktion auf.

Aus dem Gespräch zwischen Michael und dem Verleger wußten wir ja schon, daß er ein Erfolgsschriftsteller ist. Deshalb waren wir ziemlich neugierig auf ihn. Er muß auch wirklich ein sehr berühmter Mann sein, denn sogar Fräulein Lydia bewegte ihre langen Beine schneller als sonst, als sie ihn in Michaels Büro brachte.

Bei seinem Anblick waren Tessy und ich zuerst bitter enttäuscht. Wir hatten uns einen bekannten und bestimmt sehr gut verdienenden Schriftsteller ganz anders vorgestellt, elegant, von imposanter Statur und von einem gewissen Nimbus umgeben.

Herr Havasy wirkt eher unbedeutend, klein, dürr, mit einem melancholischen Schnauzbart. Er trug einen zerknautschten Cordanzug und ein blau-grün-rot gestreiftes Hemd.

Das Netteste an ihm ist seine Sprechweise. Er ist nämlich gebürtiger Ungar und in Wien aufgewachsen.

Uns hat er »scheene Hunderln« genannt und zu Michael

»Küß die Hand« gesagt. Aber diese Höflichkeit bedeutet nicht viel, denn Herr Havasy weiß genau, was er will, und ist kaum davon abzubringen.

Zuerst hat er lang und breit von seinen Romanen erzählt, an denen er gerade arbeitet. Es sind zwei gleichzeitig – an einem schreibt er vormittags, an dem anderen nachmittags.

»Der Vormittagsroman ist die Geschicht' von einem Zigeunerprimas aus den zwanziger Jahren. Ich sag' Ihnen, Herr Dr. Bernhold, ein Thema, das die Leut' von den Stühlen reißt. Da ist einfach alles drin, was der Mensch braucht: Abenteuer, Leidenschaft, Kokainsucht, die große weite Welt und die unglückliche Lieb' zu einer schwindsüchtigen Wiener Baroneß. Und der Nachmittagsroman ist wieder ganz was anderes. Der Ungarnaufstand 1956, wo sich ein russischer Abwehroffizier in eine Budapester Widerstandskämpferin verliebt – ein blutjunges Madl noch, das seinen einzigen Bruder erschießt, weil er ihre Freunde verraten will.«

Man merkte, daß Herr Havasy seine eigenen Romane liebte; wenn er von ihnen sprach, geriet er regelrecht in Feuer.

»Schad', das wär' auch eine Geschicht' für Ihre Zeitung gewesen. Aber ich hab' ein paar Kurzexposés mitgebracht. Was sag' ich – Exposés? Heuler sind das, Romanheuler, schon von der Idee her.«

»Wie ich Sie kenne, Herr Havasy, bestimmt«, sagte Michael. »Ich habe vorhin noch mit Herrn Rombach gesprochen, und wir sind beide der Meinung, daß wir mal etwas ganz anderes von Ihnen bringen möchten – einen ganz neuen Havasy gewissermaßen, den die Leute noch gar nicht kennen.«

Herrn Havasys Schnauzbart wurde wieder melancholisch. »Verzeihen S', aber das könnt' ins Auge gehen. Die Leser wollen nix Neues von mir, nur was anderes. Ich bin der Havasy, jeder weiß, was ich schreib' und wie ich's schreib', und darin liegt mein Erfolg.«

»Gewiß, gewiß, aber ...«

Herr Havasy blätterte in seiner Mappe.

»Hier, zum Beispiel, die Story hab' ich schon vor ein paar

Wochen für Sie reserviert. Ein österreichischer Erzherzog liebt die Tochter eines ungarischen Revolutionärs. Sie fliehen, leben unerkannt bei Zigeunern ...«

»Ich weiß nicht recht«, unterbrach Michael ihn. »Eigentlich hatte ich an ein anderes Milieu gedacht. Wie wäre es denn mit einem modernen Frauenschicksal? Ein Eheroman, sagen wir, wo die Frau plötzlich erfährt, daß ihr Mann ein ganz und gar unverständliches Doppelleben führt?«

»Ja, da hätt' ich was«, sagte Herr Havasy lebhaft. »Nur net grad modern. Es ist die authentische Geschicht' der ungarischen Gräfin Ilona von Földes. Der Rittmeister von Földes war ein Spieler, ein Defraudant, der sich erschossen hat. Die Gräfin Ilona ist dann bettelarm nach Wien gekommen und als Tänzerin in gewissen Etablissements aufgetreten. Ich sag' Ihnen, das ist ein atemberaubendes Leben, durch alle Höhen und Tiefen.«

»Hm ...« Tessy und ich merkten, daß Michael nicht besonders glücklich war. »Die Story ist sicher gut. Aber sagen Sie, kann man sie nicht in die Gegenwart und nach Deutschland verlegen?«

»Gehn S', das ist doch fad! Dann müßt' die Gräfin ja Stripteasetänzerin werden – und heutzutag' hat so ein Beruf keinen Flair mehr. In der Donaumonarchie war das was anderes, wo der Kronprinz Rudolf und der Johann Salvator und wie sie alle hießen, selbst eine Bordellbesitzerin noch wie eine Dame behandelt haben. Heut' ist das doch primitiv, ohne Differenzierungen. Naa, damit tät' ich mir die ganze Geschicht' kaputtmachen. Dann nehm' ich schon lieber die Story vom Erzherzog. Die kann man modernisieren.«

Herr Havasy machte sich ein paar Notizen.

»Passen S' auf: Der Erzherzog ist kein Erzherzog, sondern ein deutscher Tourist, einziger Sohn eines Stahlmagnaten, der in Ungarn Urlaub macht. Er verliebt sich in eine kleine Budapester Studentin, deren Vater politische Schwierigkeiten hat. Er will sie heiraten, aber sie darf net in die Bundesrepublik. Aus Liebe zu ihr bleibt er deshalb in Ungarn, illegal natürlich. Eines Tages kommt die Geschicht' heraus, er soll verhaftet werden, und da fliehen sie alle drei, wie gehabt, und leben bei einem Zigeunerstamm in der Pußta. Natürlich verliebt sich ein Zigeuner in das Madl, und der Deutsche muß mit ihm nach alter Zigeunersitte kämpfen. Zum Schluß ist es dann der Zigeuner, der die drei über die Grenze nach Österreich bringt und dabei erschossen wird.«

Er holte tief Atem.

»Na, ist das jetzt ein modernes Frauenschicksal? Und ein echter Havasy obendrein.«

»Das bestimmt«, sagte Michael. Er wirkte etwas erschöpft.

»Gut. Und nun sagen S' selbst, bin ich net ein Autor, mit dem man reden kann? Wann brauchen S' denn die erste Folge?«

Michael blätterte in seinem Terminkalender. »Ende August etwa, Herr Havasy. Geht das?«

»Momenterl.« Herr Havasy hatte ein Notizbuch hervorgeholt. »Schön, dann nehm' ich den als Vormittagsroman. Da bin ich eh noch frischer. Akkurat am 28. 8. haben S' die ersten fünfzehn Seiten auf dem Tisch.«

Michael wagte noch einen letzten Vorstoß. »Wie wäre es denn, wenn wir die ganze Story nicht in Ungarn, sondern im – sagen wir, Iran spielen ließen? Und statt der Zigeuner wäre es ein Beduinenstamm, bei dem die Helden Unterschlupf suchen.«

»Nein«, sagte Herr Havasy plötzlich auf hochdeutsch und sehr entschieden. »Iran und Beduinen – da habe ich kein Hintergrundmaterial. Und für neue Recherchen fehlt mir die Zeit, das werden Sie doch einsehen, Herr Doktor Bernhold. Außerdem – was sind Beduinen schon gegen Zigeuner? Ich bin Ihnen wirklich entgegengekommen, noch mehr kann ich net verantworten. Sie wollen doch einen Bestseller von mir und keinen Schmarrn. – So, und jetzt muß ich schau'n, daß ich weiterkomm'. Es war reizend, daß wir uns wieder mal gesehen haben, Herr Doktor Bernhold. Meine Empfehlung an den Herrn Rombach.«

Damit verabschiedete er sich mit ausgesuchter, echt österreichisch-ungarischer Höflichkeit.

Wenig später ist Michael mit uns nach Hause gefahren. Es

war wirklich ein anstrengender Tag für mich, aber gleichzeitig sehr lehrreich. Weiß ich doch nun, wie man eine Zeitung macht und wie ein Bestseller entsteht.

Oder glaubst Du, der Roman von Herrn Havasy wird kein Bestseller?

Für heute will ich schließen, mein liebes Frauchen. Servus und küß die Hand.

Dein alter Julius.

6

Mein liebes Frauchen!
Ich habe ein fürchterliches Wochenende hinter mir, und Tessy ist mir immer noch böse und straft mich mit Nichtachtung.

Dabei fing alles so schön an.

Wir sind am Freitagnachmittag wieder nach Hinterwiesen gefahren. Dort fanden wir eine Nachricht von Herrn Wetzke vor, der die ganze Woche über an der Balkendecke im Stall gearbeitet hatte (Du weißt, das soll mal das große Wohnzimmer werden), daß der von der Leiter gefallen sei. Er habe sich die Schulter geprellt; deshalb könne er am Samstag und Sonntag leider nicht kommen.

»Auch gut«, sagte Michael, »dann brauchen wir diesmal keine Handlangerdienste zu leisten, sondern können richtig faulenzen. Haben wir noch Bier da, Sabine? Ich könnte einen Schluck vertragen.«

Sabine ging in der Abstellkammer nachsehen und kam kopfschüttelnd zurück. »Da war noch ein ganzer Kasten. Den hat Herr Wetzke ausgetrunken. Vielleicht ist er deshalb von der Leiter gefallen.«

Nach dem Essen haben wir noch einen Abendspaziergang zum »Wilden Jäger«, dem einzigen Wirtshaus des Dorfes, gemacht, weil Michael unbedingt sein Bier haben wollte. Und dabei habe ich es schon erschnuppert: Lottchen war heiratslustig.

Ich habe Dir ja schon von Lottchen geschrieben: die Hündin hier im Dorf, die sich mit Tessy gebissen hat. Sie wohnt gegenüber der Kirche, und vor ihrer Haustür und auf dem Kirchenvorplatz hatten sich schon sieben Hunde versammelt, die darauf hofften, Lottchen zu sehen.

Ich hätte mich gern zu ihnen gesellt, wagte es aber nicht, weil Michael und Sabine dabei waren, die es mir sowieso nicht erlaubt hätten. Auch sagte ich mir: Julius, aus dem Alter bist du eigentlich heraus. In deinen Jahren ist man häuslich und abgeklärt.

Vor allem aber wollte ich mir nicht Tessys Spott zuziehen, die sich ziemlich abfällig über die anderen wartenden Hunde geäußert hatte. Sie hatte natürlich auch spitzgekriegt, was mit Lottchen los war, und meinte: »So etwas ist doch primitiv – dieses nackte Zurschaustellen sexueller Bedürfnisse. Hoffentlich regnet es heute nacht tüchtig, und sie kriegen alle einen nassen Pelz.«

»Aber du hast doch neulich erst gesagt, daß Sex eine ganz natürliche Lebensäußerung ist, die man nicht unterdrücken soll«, wagte ich einen Einwand.

»Das habe ich völlig anders gemeint. Aber du hast es, wie üblich, falsch verstanden. Hunde wollen doch immer nur dasselbe, und das ist abwertend für eine Frau. Es stempelt uns zu einer Sache, die man benutzt und wegwirft. Dabei kann es zu Schädigungen der weiblichen Psyche kommen. Sex ist nämlich eine partnerschaftliche Angelegenheit, wenn er richtig praktiziert wird.«

»Natürlich«, bestätigte ich, »es gehören immer zwei dazu.«

Ich kassierte einen vernichtenden Blick von Tessy. »Du hast eine unanständige Phantasie. Mit dir kann man nicht sachlich reden.«

Damit marschierte sie mit hocherhobener Nase an mir vorbei und zog so heftig an der Leine, daß Sabine mit ihr schimpfte.

Vom »Wilden Jäger« gibt es nicht viel zu berichten, außer daß es dort gar nicht wild, sondern eher trist zugeht.

Zwei Männer standen an der Theke, die uns neugierig musterten, und der Wirt fragte Michael, ob er derjenige sei, der das Anwesen vom Dautzen Jupp gekauft hätte.

Als Michael bejahte, fügte er hinzu, als teile er ihm etwas ungeheuer Bedeutungsvolles mit: »Wir nennen es ›Unger de

Bloosch‹«, und schlurfte hinter den Tresen zurück.

Tessy und ich haben uns den Kopf zerbrochen, was das auf hochdeutsch heißt, aber wir sind nicht weitergekommen als bis ›unter der oder dem‹. Was Bloosch ist, wissen wir nicht.

Tessy jedenfalls fand, daß es sehr gut klang, und zitierte auf dem Nachhauseweg immer wieder ihre hiesige Adresse: »Tessy von der Königsaue (das ist nämlich ihr voller Name), Hinterwiesen, Unger de Bloosch, bei Bernhold.«

In der Nacht habe ich schlecht geschlafen. Wegen Lottchen. Und wegen Tessy. Ich bin in mich gegangen und habe festzustellen versucht, ob ich zu den Hunden gehöre, die wirklich immer nur dasselbe wollen.

Immer ist nicht wahr. Es gibt viele andere Dinge, die mir auch wichtig sind.

Leberwurst, zum Beispiel, oder Schokolade. Eine Hasenspur im Wald, sonnenwarmes Gras, in dem man sich wälzen kann, Eichhörnchen zum Verbellen, ein Baum, an dem man schnuppert und hinterher genau weiß, daß vor einer halben Stunde dort ein schwarzer Pudel sein Bein gehoben hat, oder vor zwei Stunden ein Schäferhund und am Vortag der Spaniel aus der Goethestraße, den ich nicht leiden mag.

Und vor allem natürlich bist Du mir wichtig, mein liebes Frauchen. Ein Hundeherz ist groß und kann vieles lieben. Auch Michael, Sabine und inzwischen sogar Tessy.

Natürlich ist sie unlogisch, tyrannisch, rechthaberisch und ohne eine Spur von Selbstkritik – aber sie ist das alles auf eine Art, daß man zu guter Letzt darüber lachen muß.

Nur gestern und vorgestern hat sie sich wie eine Furie benommen.

Wegen Lottchen natürlich.

Wahrscheinlich war es auch sehr unklug, was ich getan habe, aber ich dachte an die sieben Hunde vor ihrer Haustür und wie schön es wäre, wenn ich zu ihnen gehörte. Irgendwann mußte Lottchen ja mal das Haus verlassen, und dann ...

Natürlich hätte ich mich nicht aufgedrängt, das liegt nicht in meinem Charakter, aber vielleicht hätte Lottchen nach so vielen ländlichen Verehrern auch mal Interesse an einem älteren, soignierten Herrn mit guten Manieren und weltgewandter Lebensart gehabt.

Indirekt hatte auch Tessy ein wenig schuld. Sie hat mich zu oft unseren Altersunterschied spüren lassen und mich einen Opa genannt. Da wollte ich ihr und mir beweisen, daß ich trotz einzelner grauer Haare noch lange nicht zum alten Eisen gehöre.

Im übrigen – warum sollte man ein Weekend auf dem Lande nicht auch mit einem kleinen dörflichen Abenteuer krönen. Schon Rousseau hat gesagt: Zurück zur Natur.

Am nächsten Mittag war die Gelegenheit günstig. Sabine und Michael hatten sich hinter das Haus in die Sonne gelegt, und Tessy döste im Schatten unter Sabines Liege.

Ich habe zunächst immer weitere Kreise gezogen, mal da, mal dort geschnüffelt und mich auf diese Weise allmählich von den dreien entfernt. Schließlich gelang es mir, mich unbemerkt um die Hausecke zu stehlen, und dann bin ich zu Lottchens Vorgarten gewetzt.

Es waren diesmal nur drei Hunde da und von Lottchen keine Spur.

Natürlich witterten die anderen in mir einen Rivalen und musterten mich zunächst ziemlich feindselig. Einer sagte sogar: »Was will denn der Stadtfrack hier?«

Aber ich habe mit aller gebotenen Höflichkeit erwidert: »Mein Herr, lassen wir doch die Dame entscheiden. Auf sie allein kommt es an. Ich gebe Ihnen mein Ehrenwort, daß ich mich nicht einmischen werde, wenn sie einen von Ihnen bevorzugen sollte.«

Danach war die Atmosphäre entspannt und von gegenseitiger Achtung getragen. Wir haben gemeinsam ein wenig herumgeschnuppert, ein paar Lockerungsübungen gemacht und gewartet.

Gelegentlich hat auch einer eine Kanzone für Lottchen angestimmt, um sie wissen zu lassen, daß wir da waren, und schließlich kam sie auch aus der Hintertür gewitscht – allein.

Ich muß sagen, sie ist ein echtes Landkind, unverdorben,

unkompliziert und von unbewußter, natürlicher Koketterie. Außerdem besitzt sie ein angeborenes Taktgefühl, indem sie sich zunächst ihren alten Verehrern zuwandte und mich mit spürbarer Zurückhaltung behandelte.

Dabei beobachtete sie mich jedoch unablässig, und als sie später zu mir kam, fragte sie natürlich sofort nach Tessy. »Ich bin erstaunt, Sie hier zu sehen. Ich denke, Sie sind bereits gebunden?«

Das konnte ich mit gutem Gewissen verneinen. Schließlich ist Tessy noch ein halbes Kind und will in dieser Beziehung sowieso nichts von mir wissen.

Als ich Lottchen das erklärte, wurde sie entzückend zutraulich. Wir tauschten ein paar Zärtlichkeiten aus, ich wurde kühner und drängte sie, ob wir nicht in das kleine Gehölz hinter ihrem Haus gehen könnten.

Sie erwiderte schelmisch: »Von langem Fragen halte ich nicht viel.«

Dabei lief sie schon vor mir her, und ich brauchte ihr nur zu folgen. Aber in diesem Moment hörte ich Tessys wütendes Gekläffe auf der Dorfstraße und Michaels und Sabines Rufen: »Julius! Julius, wo bist du? Julius, komm her!«

Sie kamen im Sturmschritt angerannt, Tessy immer vorneweg, und sie war es auch, die mich zuerst entdeckte.

Wie ein Pfeil schoß sie auf mich zu und durchbohrte mich mit einem Blick, den ich nie im Leben vergessen werde.

Lottchen retirierte hinters Haus, und ich vermutete einen entsetzlichen Augenblick lang, daß Tessy uns beiden mitten auf der Straße und vor den anderen drei Hunden eine Szene machen würde. Aber sie sagte kein Wort mehr. Sie war nur ganz blaß um die Lefzen vor lauter Zorn und machte kehrt, um nach Hause zurückzugehen.

Michael hatte meine Leine mitgebracht und legte sie mir an. Er und Sabine wirkten ganz aufgelöst, und ich hatte ihnen gegenüber ein ziemlich schlechtes Gewissen. Wahrscheinlich hatten sie sich die größten Sorgen gemacht, als sie mein Verschwinden bemerkten.

»O Julius, du alter Gauner«, sagte Michael. »Schämst du dich nicht, einfach wegzulaufen?« Aber es klang nicht besonders böse, sondern viel mehr erleichtert, daß man mich wiedergefunden hatte.

Sabine gab mir nur einen leichten Knuff in die Seite. »Verprügeln sollte man dich, uns so einen Schrecken einzujagen. Was hast du dir bloß dabei gedacht?«

Es war eine rein rhetorische Frage, denn natürlich wußte jeder, was ich im Sinn gehabt hatte, als ich auf Freiersfüßen zu Lottchens Haus gewandelt war.

Jetzt war mir die ganze Sache unsagbar peinlich, und ich trottete mit gesenktem Kopf hinter Michael und Sabine her.

Tessy marschierte wortlos voran, in einem Tempo, daß man kaum mit ihr Schritt halten konnte.

Ihr Schweigen ließ mich Böses ahnen – und richtig, kaum waren wir daheim angelangt und Michael hatte die Haustür hinter uns zugemacht, als Tessy auch schon wie eine Megäre auf mich losfuhr.

Sie sprang mir auf den Rücken, kratzte mich schlimmer als jemals zuvor, biß mich in die Ohren, in den Hals und wohin sie sonst traf (denn natürlich versuchte ich, ihr auszuweichen), und dabei beschimpfte sie mich in den höchsten Tönen.

»Sittenstrolch« war noch das wenigste, was sie mir an den Kopf warf.

Ich versuchte mich zu verteidigen, so gut ich konnte. Schließlich war ja fast nichts geschehen, und daß dies nicht mein Verdienst war, verschwieg ich wohlweislich.

Statt dessen bemühte ich mich, Tessy mit ihren eigenen Waffen zu schlagen.

»Du hast mir doch erst neulich einen langen Vortrag über die freie Liebe gehalten«, sagte ich, als sie endlich von ihren Tätlichkeiten abließ. »Du selbst bekennst dich dazu – und jetzt willst du mir deshalb Vorwürfe machen? Das ist pure Heuchelei!«

»Freie Liebe, freie Liebe!« äffte Tessy mich nach. »Das ist nur etwas für die Jugend. In deinen Jahren wirkt es degoutant. Der Herzschlag könnte dich dabei treffen. Und wie stünden dann Michael und Sabine vor deinem Frauchen da! Wahrhaftig, man sollte dich an die Kette legen.«

»So«, konterte ich, »und wo bleibt da dein angeblich so soziales Gewissen?«

»Ich habe ein soziales Gewissen! Aber nicht für die Schweinereien eines alten Hundes!«

Langsam geriet auch ich in Zorn und vergaß meine Schuldgefühle. »Das verbitte ich mir! Ich bin nicht alt. Frag Lottchen ...«

Tessy heulte auf, als hätte sie sich den Schwanz in die Autotür geklemmt. »Was, diese Dorfschlampe? Die mich aus heiterem Himmel angegriffen und beleidigt hat! Eine rothaarige Stadtpflanze hat sie mich genannt und mich in den Bauch gebissen. Und du entblödest dich nicht, heimlich zu dieser Person zu schleichen und dich womöglich gemeinsam mit ihr über mich lustig zu machen!«

»Ach, du bist ja nur eifersüchtig«, sagte ich, aber das hätte ich besser nicht tun sollen. Denn damit brachte ich Tessy erst richtig auf die Palme.

»Ich?« quiekte sie. »Daß ich nicht lache. Ich bin nur entsetzt über deine niederen Instinkte. Oder glaubst du, du seist der einzige bei diesem nach Kuhstall riechenden Frauenzimmer?«

Sie machte Anstalten, erneut auf mich loszugehen, aber ich wich ihren Krallen und Zähnen aus und verkroch mich unter der Wohnzimmercouch.

»Schluß jetzt«, knurrte ich. »Ich bin dir überhaupt keine Rechenschaft über mein Tun und Lassen schuldig. Du willst mich ja nur zu einem unterprivilegierten Hund abstempeln, den du unter deiner Fuchtel hast. Mein Eigenleben willst du erstikken, meine natürlichen Bedürfnisse manipulieren, Frustrationen züchten und hinterher behaupten, ich sei verkorkst und introvertiert. Oh, ich habe dich durchschaut, du ... du Terroristin!«

Das meinte ich natürlich nicht wörtlich, sondern mehr im Sinne von dem Psychoterror, den Tessy ausübt, aber manche Dinge werden erst durch Übertreibungen plastisch.

Tessy war auch sehr getroffen.

»Das verzeihe ich dir nie!« rief sie pathetisch. »Pfui Teufel, ich hätte nie gedacht, daß du so gemein sein könntest. Warum habe ich bloß Alarm geschlagen, als ich entdeckte, daß du fort warst. Ich konnte mir ja ausmalen, was du im Schilde führtest. Aber ich dachte: Vielleicht übernimmt er sich, der alte Narr, und bekommt einen Kollaps. Deshalb habe ich mein Frauchen und mein Herrchen rebellisch gemacht. Nur dein Bestes wollte ich – und so wird es mir gedankt.«

Seltsam, es scheint in der weiblichen Natur zu liegen, uns unter dem Vorwand, es diene nur zu unserem Nutzen, alles zu verderben, was Spaß macht, und hinterher dafür Dankbarkeit zu verlangen.

Sabine ist darin ähnlich.

Beispielsweise schimpft sie jedesmal mit Michael, wenn er mir Leberwurst oder Bratenfleisch gibt, und behauptet, davon würde ich krank. »Michael hat dich gar nicht lieb«, sagt sie dann zu mir. »Friß du schön dein Futter, Julius, das bekommt dir besser.«

Aber gelegentlich gibt sie mir auch ein Häppchen vom Tisch und entschuldigt es damit, daß ich ihr jeden Bissen in den Mund zähle und man das nicht mit ansehen könne.

So stur wie Tessy ist sie also nicht.

Deshalb hatte ich für Tessy auch nur noch ein verächtliches Schnauben übrig und erklärte ihr, daß ich sie nicht zu meinem Aufpasser bestellt hätte, sondern sehr gut auf mich allein achtgeben könne.

»Und in Zukunft verbitte ich mir jegliche Eingriffe in meine Intimsphäre«, schloß ich und war sehr stolz, daß ich in einer Auseinandersetzung mit Tessy endlich einmal das letzte Wort behalten hatte. Es machte mir auch nichts aus, daß sie beleidigt war und mich nicht mehr beachtete.

Die ganze Aufregung hatte mich doch sehr mitgenommen, so daß ich Ruhe und ein Stündchen Schlaf brauchte. Danach, so dachte ich, wird Tessy schon wieder zur Vernunft gekommen sein.

Aber ich hatte mich geirrt.

Tessy setzte ihr gekränktes Gebaren den ganzen Tag über

fort und blieb bei unserem Abendspaziergang beharrlich auf der anderen Straßenseite. Sie nahm überhaupt keine Notiz von mir.

Am Sonntagmorgen wurde ich durch ihr lautes Lamento geweckt. Ich wußte gar nicht, wie mir geschah, als sie wütend um mein Körbchen herumsprang, an meiner Decke zerrte, daß ich fast herausgefallen wäre, und immer wieder schrie: »Das auch noch! Das auch noch! O Gott, womit habe ich soviel Unglück nur verdient.«

»Was ist denn passiert?« fragte ich verschlafen. »Was hast du denn?«

Mit einer theatralischen Geste warf Tessy den Kopf zurück. »Ich bin scheinträchtig. Und daran bist du schuld, du ... du scheinheiliger alter Hund!«

Ich war so verblüfft, daß ich nur stottern konnte: »Was bist du?«

»Scheinträchtig!« wiederholte Tessy anklagend. »Michael hat es festgestellt, und er hat recht. Mir ist ganz komisch zumute; Milch habe ich auch und mein Gesäuge ist ganz hart und heiß und tut mir weh ...«

»Ja, aber ... Was habe ich denn damit zu tun?«

»Das fragst du noch? Wo du der einzige Hund bist, mit dem ich seit Wochen Tag und Nacht zusammen bin? Und wo du mir dauernd vorfaselst, wie schön es sei, Kinder zu kriegen ...«

Es war das Verrückteste, was ich je gehört hatte.

Bei Menschen kommt es ja hin und wieder vor, daß man jemandem eine Vaterschaft anhängen will, obwohl ein ganz anderer der Urheber ist. Aber daß man wegen einer eingebildeten Schwangerschaft zur Rechenschaft gezogen wird, habe ich noch nie erlebt.

»Hör mal, Tessy«, sagte ich. »Jetzt versuch mal ganz vernünftig und logisch zu denken ...«

»Nein! Ich bin scheinträchtig. Das hat mit Logik nichts zu tun.«

»Eben. Es ist etwas, das in deiner Einbildung existiert. Und dafür kannst du doch unmöglich mich verantwortlich machen.«

»Wen denn sonst? Ohne dich wäre mir das nie passiert. Aber

das sieht dir wieder ähnlich. Erst einem Kinder in den Bauch reden und sich hinterher die Pfoten in Unschuld waschen ...«

»Vom Reden hat noch niemand Kinder bekommen.«

»Ich kriege ja auch keine!« schrie Tessy. »Mir ist nur so ... Ich habe Milch, und mein Gesäuge tut weh.«

»Ja, ja, das sagtest du bereits. Es tut mir ja auch sehr leid. Vielleicht solltest du es mal mit einem kalten Bad versuchen.«

»Und mir den Unterleib erkälten. Ha, das könnte dir so passen. Du hast überhaupt kein Verantwortungsgefühl.«

»Wofür auch? Mich trifft doch keine Schuld.«

»Nur dich! Sabine hat mir extra, bevor du herkamst, eine Anti-Baby-Spritze geben lassen. Aber du mußtest ja dauernd vom Kinderkriegen quasseln, und jetzt sitze ich da ...«

»Erstens habe ich nicht dauernd davon gequasselt, sondern höchstens drei- oder viermal. Und zweitens beweist mir dein Zustand, daß ich recht hatte. Dein Körper will Kinder bekommen, das ist seine natürliche Funktion. Nur du willst es nicht, weil du um jeden Preis modern sein mußt. Dabei redest du wie der Blinde von der Farbe. Wenn du erst mal vier oder fünf Babys hast ...«

»Fängst du schon wieder an!« heulte Tessy und hopste vor Wut hin und her. »Ich will keine Babys. Mir reicht schon, was ich jetzt habe. Ach, wäre ich dir doch niemals begegnet.«

»Aber Tessy«, versuchte ich sie zu besänftigen, »das ist doch Unsinn. Du kannst mir das nicht anlasten. Du und ich, wir haben doch nie ...«

»Schweig!« schrie sie da wieder. »Ich will nichts hören. Du hast mir das eingebrockt, du ganz allein, du altes Scheusal. Ich werde nie wieder ein Wort mit dir sprechen.«

Glaub mir, liebes Frauchen, ich habe alles versucht, um Tessy zur Einsicht zu bringen und ihr klarzumachen, welch schweres Unrecht sie mir mit ihren konfusen Behauptungen antat – aber es war umsonst.

Sie ließ einfach nicht mit sich reden. Und nach ihrem großen Wutausbruch hüllte sie sich, genau wie am Tag vorher, in verletzendes Stillschweigen.

Weil ihr Gesäuge wirklich heiß und ein wenig entzündet war, machte Sabine ihr Umschläge mit essigsaurer Tonerde. Tessy ließ es mit leidender Miene über sich ergehen und warf mir zwischendurch anklagende Blicke zu.

Dann wieder lief sie nervös und winselnd durch das Haus. Wahrscheinlich ging es ihr wirklich nicht besonders, und ich hätte sie gern getröstet, aber sie ließ mich einfach nicht an sich herankommen.

Sogar angeknurrt hat sie mich, als ich mich einmal an ihr Körbchen schlich. Da habe ich es aufgegeben.

Michael und Sabine haben Tessy natürlich sehr bedauert wegen ihres Zustandes, und das hat ihr gefallen. Manchmal habe ich sie im Verdacht, daß sie ihre Beschwerden deshalb sogar noch übertrieb.

Abends sind wir dann nach Düsseldorf zurückgefahren, und das war das einzige Mal, daß Tessy das Wort an mich gerichtet hat.

Als wir nämlich an Lottchens Haus vorbeikamen, sagte sie ganz giftig: »Na, du seniler Casanova, möchtest du nicht aussteigen? Aber wahrscheinlich will dieses Frauenzimmer gar nichts mehr von dir wissen, wenn es erfährt, daß man von dir nur scheinträchtig wird.«

Diesmal verzichtete *ich* auf eine Antwort.

Heute, am Montag, steht Tessy immer noch auf Kriegsfuß mit mir, und ich möchte wissen, wie lange das wohl dauert.

Da sitze ich nun – als Schein-Vater von Schein-Kindern, mit einer beleidigten Schein-Schwangeren, und ich frage mich: Muß ich mir diese Ungerechtigkeiten bieten lassen?
Dein tiefunglücklicher Julius.

7

Mein liebes Frauchen!
Hoffentlich hat Dich mein letzter Brief nicht zu sehr in Sorge versetzt, denn inzwischen ist zwischen Tessy und mir alles wieder gut.

Zwar hat sie noch drei Tage mit mir geschmollt und sich von Sabine und Michael mit Extrahäppchen und Umschlägen versorgen lassen, aber dann wurde es ihr wohl doch zu langweilig. Außerdem ging die Scheinschwangerschaft mit ihren unangenehmen Begleiterscheinungen allmählich zurück.

Es war zum Glück nur ein sehr kurzer, dafür aber heftiger Anfall.

Hinzu kam, daß es vorgestern nacht gewittert hat, und vor Gewittern habe ich, wie Du weißt, schreckliche Angst. Tessy sonderbarerweise gar nicht. Sie fürchtet sich mehr, wenn wir im Dunkeln spazierengehen. Dann hat sie meist den Schwanz eingezogen und schreckt bei jedem Geräusch zusammen.

Michael und Sabine wohnen ja in einem Hochhaus im achten Stock, und da empfinde ich es als ganz besonders scheußlich, wenn es blitzt und donnert.

Ich wurde davon wach, Tessy natürlich auch, aber sie hat keinen Mucks von sich gegeben. Erst, als ich nach einem besonders heftigen Donnerschlag unter Sabines Bett gekrochen bin, kam sie plötzlich zu mir.

»Na, Alterchen«, hat sie gesagt, »jetzt klappern dir die Zähne. Prima. Da vergehen die dummen Gedanken.«

»Ich habe keine dummen Gedanken«, erwiderte ich so würdevoll, wie ich es mit meinem in der Tat zitternden Unterkiefer vermochte.

Sie legte sich neben mich und schnaufte spöttisch. »Wer's glaubt!«

Eine Weile blieb sie still, und ich bemühte mich, mein Zähneklappern zu unterdrücken. Dann sagte Tessy:

»Lottchen ist ein doofer Name. Ich möchte jedenfalls nicht so heißen. Und so aussehen möchte ich schon gar nicht. Dieser Zottelpelz in ausgebleichtem Beige ...«

»Bitte, Tessy«, flehte ich, »nicht schon wieder!«

»Ich sage das ja nur, damit dir klar wird, daß ich nicht eifersüchtig bin, wie du neulich behauptet hast. Nicht auf so was Unansehnliches. Das habe ich gar nicht nötig. Außerdem ist Eifersucht engstirnig. Sie entspringt einem überholten Moraldenken, in dem jeder aus der Gewährung oder auch nur der Einbildung gewisser Vorrechte sofort Besitzansprüche ableitet. Man kann aber niemanden besitzen, es sei denn, man zerstört das Eigenleben dieser Person. Kannst du dir vorstellen, daß ich dein Eigenleben zerstören will, Julius?«

»Nein, nein, natürlich nicht«, beeilte ich mich zu versichern. Ich war viel zu froh, daß Tessy wieder mit mir sprach, als daß ich den geringsten Widerspruch riskiert hätte. »Ich habe das ja auch nur so dahingesagt, das mit der Eifersucht.«

»Dann ist es ja gut.«

Tessy rückte näher an mich heran, weil ich bei einem neuen Donnerschlag zusammenzuckte. »Nun reg dich nicht auf. Du weißt doch, wenn man den Donner hört, ist man vom Blitz nicht getroffen worden. Gefährlich ist nur der Blitz.«

Ich fand das nicht besonders tröstlich, denn im selben Augenblick zuckte schon wieder einer durchs Zimmer und machte es, trotz der zugezogenen Gardinen, taghell.

»Alter Zitteraal«, sagte Tessy halb spöttisch, halb liebevoll. »Hier unter dem Bett kann uns doch gar nichts passieren. Außerdem zieht das Gewitter schon weiter. Hoffentlich wird es danach wieder schön. Ich hasse Regenwetter.«

Ihr Wunsch ging in Erfüllung. Am Morgen schien die Sonne, und es wurde tagsüber so warm, daß sogar Tessy keine Lust hatte herumzutoben. Und das will etwas heißen bei ihr.

Statt dessen haben wir ferngesehen. Es wurde nämlich eine Debatte aus dem Bundestag übertragen, die Sabine eingeschaltet hatte, während sie Michaels Hemden bügelte.

Wir verpaßten den Beginn, deshalb weiß ich nicht mehr, was das eigentliche Thema der Debatte war.

Beim Bundestag ist es ja oft so, daß irgendein Punkt auf der Tagesordnung steht, der anfangs ganz kurz am Rande behandelt wird, und hinterher schweifen alle ab und schimpfen sich gegenseitig aus. Ob die Abgeordneten wirklich so empört sind, wie sie tun, weiß ich nicht. Manchmal habe ich das Gefühl, sie spielen das nur bei den Fernsehübertragungen, weil dann ihre Wähler zusehen.

Das ist so ähnlich wie bei einem Prozeß die Auseinandersetzung zwischen Staatsanwalt und Verteidiger. Da kann man auch auf die Idee kommen, die beiden seien spinnefeind, wenn sie ihre Plädoyers halten, und hinterher gehen sie zusammen essen oder ein Bier trinken und beglückwünschen sich gegenseitig zu ihren ausgefeilten Reden und den Frechheiten, die sie sich an den Kopf geworfen haben.

Natürlich geht Politik einen alten Hund wie mich im Grunde genommen nichts an, und Tessy sagt immer, ich verstünde sowieso nichts davon. Aber meine Gedanken mache ich mir doch darüber. Und über die Politiker.

Eines steht fest: Politiker haben ein ganz anderes Sozialverhalten als Hunde. Bei uns ist es doch so: Wenn Tessy etwas ausfrißt, meinetwegen ein Pfützchen auf den Teppich macht oder Kekse klaut, und ich und noch ein paar andere Hunde wissen davon, dann schämen wir uns alle mit. Dann brauchten Michael oder Sabine nur zu fragen: »Oh, wer war das?« und wir würden uns ohne Ausnahme mit der Nase am Boden und eingeklemmtem Schwanz davonschleichen und uns verstecken.

Das nennt man, glaube ich, Kollektivschuld.

In der Politik schämt sich nie jemand, wenn ein Malheur passiert. Im Gegenteil – der es verursacht hat, sagt, er hätte nur das Beste gewollt, man tue ihm bitter unrecht, und die anderen buhen ihn aus.

Wer am lautesten buht, wird als Nestbeschmutzer bezeichnet.

Verstehst Du das, liebes Frauchen? Es ist doch zweierlei, ob man sein Körbchen – Verzeihung – Nest schmutzig macht oder sich darüber aufregt, daß ein anderer es getan hat. Schließlich ist es dann schon schmutzig, und man protestiert nur darüber.

Tessy allerdings ist nicht ganz meiner Meinung. Sie sagt, rein sachlich müsse sie mir zustimmen, aber in der Politik gäbe es leider zu viele Elemente, die Angst verbreiten wollen und denen dazu jedes Mittel recht ist. Solche Leute behaupten einfach, nur sie könnten Deutschland vor dem sicheren Untergang bewahren, alle anderen würden das totale Chaos ausbrechen lassen, und das seien die eigentlichen Nestbeschmutzer. Damit meint Tessy natürlich die Abgeordneten von der Ze-de-uh, die sie alle nicht leiden kann. Du weißt ja, daß Tessy ganz für die Es-pe-deh und die Grünen ist, und wenn der Bundeskanzler im Fernsehen spricht, schreit sie dauernd: »Laßt die Wende wackeln!«, so daß ich kaum ein Wort von seiner Rede mitbekomme.

Heute hat der Bundeskanzler auch gesprochen. Verstanden habe ich, wie gesagt, nicht viel. Aber ich mag sein Lächeln, und ich finde es sehr ungehörig von Tessy, daß sie ihn immer »die Birne« nennt. So was steht einem Hund von zwei Jahren nicht zu.

Anschließend redete ein Abgeordneter von der Es-pe-deh, und da hielt Tessy endlich den Mund. Es ging um das soziale Netz, von dem der Abgeordnete fand, daß es immer noch zu weite Maschen habe, durch das die kleinen Leute auf den Hintern fielen. Man müsse die Kuh (damit meinte er die Wirtschaft) viel kräftiger melken; nur abschlachten dürfe man sie nicht.

Hinterher habe ich mich mit Tessy darüber unterhalten. Ich fand den Vergleich mit der Kuh ganz gut. Aber – und das weiß selbst ein so alter, unpolitischer Hund wie ich – selbst die beste Kuh gibt immer nur eine bestimmte Menge Milch, danach kann man keinen Tropfen mehr herauspressen. Und eines Tages ist sie alt und verbraucht und wird doch abgeschlachtet.

Tessy ist mir natürlich sofort über den Mund gefahren, als ich das zu bedenken gab.

»Du hast ja immer was zu nörgeln. Als ob das die Politiker von der Es-peh-deh und den Grünen nicht wüßten!«

»Die vielleicht«, erwiderte ich. »Nur die Gewerkschaften ...«

»Die auch. Oder glaubst du, die sind dumm?«

»Vielleicht nicht. Aber die Arbeiter, die immer zum Streik aufgerufen werden ... Meinst du, die wissen wirklich alles ...«

Tessy warf mir einen ironischen Blick zu.

»Aus dir spricht ein entsetzlicher geistiger Hochmut, Julius. Heutzutage läßt sich der einfache Mensch nicht mehr verdummen. Jeder ist aufgeklärt.«

»Na, hoffentlich«, seufzte ich. »Ich möchte nämlich wirklich nicht, daß die Kuh eines Tages doch geschlachtet werden muß, nur weil ein paar Leute nicht wußten, wie man richtig melkt.«

»Da mach dir mal keine Sorgen«, antwortete Tessy. »Von meinen politischen Freunden weiß das jeder.«

Ich wollte keinen Streit mit ihr, nachdem wir uns gerade erst versöhnt hatten. Deshalb habe ich ihr nicht widersprochen. Aber, offen gestanden, habe ich manchmal doch Zweifel, nicht nur, was die Gewerkschaften und ihre Mitglieder angeht, sondern auch die Regierung und die Abgeordneten. Ich fürchte, die kriegen manchmal gar nicht mit, was »in diesem unserem Lande«, um mit dem Herrn Bundeskanzler zu sprechen, wirklich läuft.

Da gibt es nämlich noch so eine Geschichte mit Kühen ...

Ich habe sie in Hinterwiesen erfahren.

Herr Wetzke hat sie Michael und Sabine erzählt.

Es hängt mit dem Butterberg zusammen, den wir haben. Damit er nicht immer weiter wächst, bekommen die Bauern Abschlachtprämien für ihre Kühe.

»Bei uns im Dorf«, hat Herr Wetzke berichtet, »gibt es eine Menge Leute, die berufstätig sind und nebenbei noch Landwirtschaft betreiben. Die haben ganz schönes Geld kassiert, als sie ihre Kühe schlachten ließen. Nicht nur den Fleischpreis, sondern auch die Prämie von der Regierung. Hinterher haben sie das Weideland, das sie bis jetzt für ihre Kühe brauchten, an andere Bauern verkauft oder verpachtet. Na, und was haben die getan?

Wieder neue Kühe angeschafft. Und so wird es nicht nur bei uns, sondern überall gemacht.«

Begreifst Du das, liebes Frauchen? Die Regierung zahlt Geld dafür, daß es weniger Kühe gibt. Aber in Wirklichkeit gibt es genauso viele wie vorher, nur, daß sie jetzt anderen Leuten gehören.

Ob das die Umverteilung der Güter ist, von der die Jusos so gern reden?

Wie gesagt, mit Tessy kann ich darüber nicht sprechen. Sie hätte mir bestimmt bloß an den Kopf geworfen, daß ich gegen die hart arbeitende Landbevölkerung bin und es wahrscheinlich lieber sähe, wenn mehr staatliche Gelder zum Bau von Flughafen-Startbahnen oder Atomkraftwerken verwandt würden.

Das ist natürlich Unsinn, aber ob ich Tessy nun widersprochen hätte oder nicht – sie hätte in jedem Fall mit mir gezankt. Und das wollte ich nicht.

Wahrscheinlich ist es ein Fehler, zuviel nachzudenken, vor allem über Politik, weil es da so viel Widersprüchliches gibt. Zu guter Letzt weiß man gar nicht, wem und was man glauben soll.

Tessy meint, das läge daran, daß ich keine Ideologie habe.

»Meine politische Richtung ist Mitte links«, sagt sie. »Da du, Julius, ein sehr konservativer Hund bist, müßtest du dich eigentlich für die Eff-de-peh entscheiden.«

Ich habe mir das mal durch den Kopf gehen lassen und bin zu dem Schluß gekommen, daß das auch nichts für mich ist.

Die Eff-de-peh weiß nämlich nicht, was sie will. Das heißt, in ideologischer Hinsicht. Praktisch weiß sie das sehr genau – sie will nämlich mitregieren. Deshalb geht sie überall Koalitionen ein. Früher in Bonn mit der Es-pe-deh und anschließend mit der Ze-de-uh – je nachdem, wer die Regierung stellt.

Die Eff-de-peh sagt, das könne sie, weil sie eine eigenständige politische Partei ist, offen nach allen Seiten.

Aber ich finde, nach allen Seiten offen zu sein, ist keine Ideologie. Oder zumindest eine zu flexible für einen alten Hund wie mich. Da muß man ja dauernd umdenken.

Natürlich könnte ich auch für die Ze-de-uh sein, aber dann will Tessy kein Wort mehr mit mir sprechen.

Die Ze-de-uh hat übrigens noch eine Schwesternpartei, die Ze-es-uh. Aber die geht manchmal gar nicht geschwisterlich mit der Ze-de-uh um, und vor allem nicht mit ihrem Kanzler und seinen Ministern. Vielleicht, weil die Ze-es-uh eine bayerische Partei ist und die Bayern die Preußen nicht so richtig mögen?

Deshalb ist die Ze-es-uh auch keine Partei für mich. Ich bin eben ein Preuße, in Berlin geboren.

Du siehst, liebes Frauchen, es ist sehr schwierig, eine Ideologie zu finden, es sei denn, man ist so wenig grüblerisch veranlagt wie Tessy. Sie stört es ja auch nicht, wenn sie selbst sich in Widersprüche verwickelt. Wie könnte sie es da ihren Parteifreunden übelnehmen.

Beispielsweise lehnt Tessy das Werbefernsehen ab. Es unterstütze den Konsumzwang. Das hindert sie aber weder, es sich jeden Abend anzusehen, noch selbst dem Konsumzwang zu unterliegen, wenn sie an irgend etwas Geschmack gefunden hat. Nur nennt sie es dann anders, nämlich ein legitimes Bedürfnis nach mehr Lebensqualität.

Heute während des Werbefernsehens hielt Tessy Schokolade für *das* Mittel, um die Lebensqualität zu steigern. »Das ist Nervennahrung«, behauptete sie, »und die Bundestagsdebatte hat mich doch sehr aufgeregt.«

Sie seufzte jedesmal verzückt, wenn ein muskelbepackter Sportler über die Mattscheibe flimmerte und nach seiner Schokoladenmarke verlangte oder eine Schar Kinder sich um Mutters Einkaufskorb balgte, in dem sich – natürlich – mehrere Täfelchen befanden.

Später tauchte ein junges Liebespaar auf, das über eine Wiese tanzte – zu einem Straußwalzer selbstverständlich.

Und eine seidenweiche Männerstimme fragte: »Was macht die beiden so glücklich? Der Traum vom süßen Knabberglück. Mandeln, von zarter, cremiger Schokolade umhüllt. Es gibt nichts Schöneres für die Stunden zu zweit.«

»Und für die Stunden allein«, setzte Tessy hinzu und leckte sich die Lefzen. »Wenn Michael und Sabine das doch einmal beherzigten und wenigstens ein bißchen Schokolade hier ließen, wenn sie fortgehen! Aber nein, Schokolade kommt fast nie ins Haus, wegen der schlanken Linie.«

Hinterher wurde sie wütend, weil ein smarter junger Mann erklärte, daß alle Zähne ausfallen müßten, wenn man nicht eine bestimmte Zahnpasta benutze.

»Was für ein Schwindel! Ich benutze überhaupt keine Zahnpasta – und mir fällt kein einziger Zahn aus.«

»Mir schon«, entgegnete ich. »Drei Stück sind schon weg. Vielleicht ist an der Sache mit der Zahnpasta doch etwas dran.«

Tessy verdrehte die Augen. »In deinem Alter ist das normal, ob mit, ob ohne Zahnpasta.«

Da hatte ich wieder mein Fett weg. Immer, wenn ich etwas sage, was Tessy nicht paßt, hält sie mir meine Jahre vor. Manchmal stört mich das erheblich.

Ich schwieg auch diesmal gekränkt, obwohl Tessy bei dem nächsten Werbespot, diesmal über Hundefutter in Dosen, von neuem in Rage geriet.

»Das ist doch Volksverdummung! Sieh nur, Julius, wie dieser alberne Hund zu seinem Futternapf rennt und alles hinunterschlingt. Wahrscheinlich hat er vor der Aufnahme drei Tage lang nichts zu essen bekommen und würde auch Kartoffelschalen verputzen. Konservenfutter! Ich möchte wissen, wen von uns man um seine Meinung gefragt hat, als man das fabrizierte! Ich kenne keinen Hund, der nicht Häppchen vom Tisch vorzöge. Gebackene Geflügelleber, zum Beispiel, Schweinebraten, Grillhähnchen oder ein saftiges Steak.«

Sie schielte zu Sabine hinüber.

»Heute hat sie wieder drei Dosen von diesem Fertigfraß aus dem Supermarkt mitgebracht. Und ein Paket Hundekuchen. Das kommt alles durch das blöde Werbefernsehen.«

Ich seufzte, weil mir, wie Du weißt, Hundekuchen ebenfalls wenig Freude bereiten. So ein richtiger Butterkeks schmeckt doch viel besser. Oder eine Scheibe gekochter Schinken ...

»Du wirst sehen«, fuhr Tessy fort, »jetzt kriegen wir wieder nichts vom Tisch, bis die Hundekuchen und das Fertigfutter aufgebraucht sind. Man sollte sich bei den Fernsehanstalten beschweren. Und der Kerl da ...« sie deutete auf den Hund auf dem Bildschirm, »sollte sich schämen, daß er sich zu solch einer Reklame hergibt. Ich an seiner Stelle würde den Napf umwerfen, damit die Leute endlich sehen, was wir Hunde in Wirklichkeit wollen. Da hat nun einer von uns mal die Chance, sich im Fernsehen zu artikulieren – und was tut er? Er verrät die eigene Klasse.«

Als nächstes wurden bodenlange Gardinen angepriesen, wieder ein Grund für Tessy, sich zu empören, weil ein Hund dadurch überhaupt nicht aus dem Fenster sehen könne.

Anschließend schimpfte sie über eine junge Dame, die mit zuckersüßer Stimme einen Lippenstift anpries. Danach erregte Joghurt mit Früchten ihr Mißfallen, und als gar ein sehr eleganter, älterer Herr den Vorzug von Aktien erläuterte, nannte sie ihn einen Kapitalisten-Kuli.

Erst als mehrere junge Leute hüftwackelnd hautenge Jeans vorführten, wurde sie etwas milder gestimmt. »Ich mag Jeans«, erklärte sie. »Sie sehen flott aus.«

Ich finde einen Blazer mit heller Hose oder ein duftiges Sommerkleid schicker, aber als ich das aussprach, erntete ich von Tessy ein Naserümpfen.

»Ich sag's ja, du bist stockkonservativ. Jeans sind eben nur etwas für Individualisten.«

»Meinst du?« erkundigte ich mich zweifelnd. »Ich halte sie eher für eine Art Uniform. Für mich sehen jedenfalls die Teens und Twens von hinten alle gleich aus. Jeans, Parka, Stiefeletten. Sogar die Frisuren sind dieselben. Sehr individualistisch kommt mir das nicht vor. Abgesehen davon – glaubst du nicht, daß hinter dieser Jeans-Werbung eine ganze Industrie steht? Also müßte man die jungen Leute, die sie im Fernsehen vorführen, auch als Kapitalisten-Kulis bezeichnen – strenggenommen. Und diejenigen, die für Schokolade Werbung machen, auch.«

»Strenggenommen sollte man sich mit dir auf keine Diskussion einlassen. Es ist Atemverschwendung, du schlitzohriger Opportunist.«

Nach allem, was Du inzwischen von Tessy weißt, liebes Frauchen, wirst Du es mir sicherlich nicht als Charakterschwäche auslegen, daß ich ihr keine Antwort gab. Diese junge Generation, deren typische Vertreterin Tessy ist, will ja immer recht haben. Und stell Dir vor, sie hat sogar noch Schokolade bekommen!

Als Michael vorhin mit uns Gassi ging, hat er an einem Kiosk eine Packung von dem süßen Knabberglück erstanden – Du weißt, das mit den Mandeln, dem Straußwalzer und der Schokoladencreme.

»Es gibt nichts Schöneres für die Stunden zu zweit«, zitierte Michael, als er sich mit uns in der kleinen Parkanlage unserem Haus gegenüber auf eine Bank setzte und die Packung anbrach. »Das heißt, in diesem Falle – zu dritt. Das futtern wir jetzt auf, ohne daß Frauchen es erfährt. Sonst kriegen wir Schimpfe, weil wir so vernascht sind.«

Du siehst daraus, daß selbst Dein Sohn dem Konsumzwang des Werbefernsehens nicht widerstehen kann. Und ich muß sagen, daß ich froh darüber bin. Denn das süße Knabberglück war ausgezeichnet, auch wenn mir hinterher mein Backenzahn weh getan hat.

Und jetzt bin ich schrecklich müde, denn es war, wie Du aus meinem Brief ersiehst, ein ziemlich ereignisreicher Tag. Darum gute Nacht, liebes Frauchen, und ein dickes Bussi
von Deinem alten Julius.

8

Mein liebes Frauchen!
Du wirst Dich vielleicht wundern, daß ich Dir über eine Woche nicht geschrieben habe, aber ich war ein bißchen krank. Erst hatte ich eine Magenverstimmung mit Erbrechen und Durchfall und hinterher Kreislaufstörungen.

Aber jetzt geht es mir wieder besser, nur ein bißchen zittrig bin ich noch. Der Tierarzt sagt, das käme vom Kreislauf, aber ich glaube, von der Diät, die er mir verordnet hat.

Drei Tage lang gar nichts zu essen und hinterher nur trockenen Zwieback und Haferschleim – da sollen einem Hund nicht die Glieder zittern!

Heute habe ich versucht, Tessys Futternapf auszuschlecken, in dem noch ein kleiner Rest Dosenfutter war – aber da bin ich schön bei ihr angekommen.

Sie hat mich sofort an den Ohren gezogen. »Nichts da! Du mußt Diät halten. Erst morgen kriegst du ein bißchen Leberwurst in deinen Haferschleim.«

Danach hat sie vorsichtshalber selbst ihren Napf geleert, damit ich nicht wieder in Versuchung komme, wie sie erklärt hat.

»Schließlich kann ich nicht dauernd auf dich aufpassen. Am besten, du bleibst in deinem Körbchen liegen. Dann vergehen auch deine Greislaufstörungen.«

Tessy sagt tatsächlich Greislaufstörungen, um wieder einmal auf mein Alter anzuspielen.

Aber ich will nicht ungerecht sein. Sie war sehr lieb zu mir, als es mir so schlecht ging und mir ein paarmal ein Malheur auf dem Fußboden passiert ist, weil Sabine nicht schnell genug mit mir auf die Straße kommen konnte.

Und wenn ich gezittert habe, ist Tessy zu mir ins Körbchen gekommen, um mich zu wärmen.

Das hat mir gutgetan.

Außerdem hat sie mich immer zum Tierarzt begleitet.

Der Tierarzt heißt Dr. Specht, aber wie ein Vogel sieht er nicht aus. Eher wie ein Hamster, weil er leicht vorstehende Zähne und kleine Hängebäckchen hat.

Tessy kannte ihn schon von der Staupe-Impfung und der Anti-Baby-Spritze her.

Diesmal, so dachte sie, könne ihr nichts passieren, weil ja ich der Patient war. Deshalb marschierte sie auch mit hocherhobener Rute und ohne eine Spur von Angst ins Wartezimmer.

Ich schlich ziemlich belämmert hinterdrein. Schließlich kannte ich diesen Dr. Specht nicht und hatte keine Ahnung, was er mit mir anstellen würde.

Und da ich, wie Du weißt, eine Menge Phantasie habe, malte ich mir die schrecklichsten Dinge aus und klapperte mit den Zähnen wie eine spanische Tänzerin mit ihren Kastagnetten.

»Sei nicht so feige«, flüsterte Tessy mir zu. »Was sollen die anderen denken!«

Sie hatte gut reden. Außerdem achtete sowieso niemand auf uns. Alle anwesenden Hunde und Katzen hatten lediglich bei unserem Eintritt flüchtig aufgesehen und sich dann sofort wieder mit ihrer eigenen Angst beschäftigt.

Das ist auch der Grund, warum es im Wartezimmer eines Tierarztes meist friedlich zugeht. Jeder hat genug mit sich selbst zu tun und geht Streitigkeiten aus dem Wege.

Nur diesmal war es anders – dank Tessys Mitwirkung.

»Ich bin nicht feige«, flüsterte ich zurück, während ich mich unter Sabines Stuhl verkroch. »Nur wer dumm ist, bibbert nicht beim Tierarzt. Er hat entweder kein Vorstellungsvermögen oder keine Erfahrung.«

Tessy plazierte sich vor Sabines Füße, damit sie alles gut beobachten und sie selbst gesehen werden konnte.

Das Wartezimmer war voll. Ich zählte eine Katze, einen Spaniel, eine Colliehündin, eine Promenadenmischung, einen silbergrauen Zwergpudel, einen Rauhhaardackel, einen Bernhardiner und einen Schäferhund.

Außerdem waren nach uns zwei Kinder mit einem Käfig gekommen, in dem ein Goldhamster saß. Und draußen auf dem Korridor stand eine alte Dame mit einem Papagei.

Sabine wollte ihr ihren Platz anbieten, weil sonst kein Stuhl frei war, aber die alte Dame sagte: »Nein, ich bleibe lieber draußen. Coco ist sehr lebhaft. Wenn er das Schwatzen anfängt, macht er alle Hunde rebellisch.«

»Halt's Maul«, sagte Coco, und die alte Dame wurde rot.

»Er gehört gar nicht mir, sondern meinem Sohn. Aber der ist im Augenblick mit seiner Frau und den Kindern in Urlaub.«

»Verdammte Rasselbande!« sagte Coco. Danach fing er plötzlich an zu bellen wie ein Hund.

Ich muß sagen, ich habe mich sehr erschrocken. Ich fand es schon unheimlich, daß ein Vogel wie ein Mensch sprechen kann. Aber daß er nun auch noch kläfft wie ein angriffslustiger Straßenköter, schockte uns alle maßlos.

Der Rauhhaardackel bellte sofort zurück, der Schäferhund und der Bernhardiner fielen ein, und im Nu herrschte ein solcher Höllenlärm, daß man sein eigenes Wort nicht mehr verstehen konnte.

»Coco!« rief die alte Dame. »Wirst du wohl still sein.«

Tessy gab keinen Mucks von sich. Sie war starr vor Staunen und ließ den Papagei nicht aus den Augen. Erst als wieder Ruhe eingetreten war, wandte sie sich zu mir um.

»Hast du so was schon mal erlebt? Der ist ja ein Sprachgenie!«

Der Papagei ruckte mit dem Kopf nach vorn, gab ein klagendes Winseln von sich, und die alte Dame erklärte: »Meine Kinder haben nämlich auch noch einen Hund. Den haben sie mitgenommen. Coco scheint ihn sehr zu vermissen, denn er bellt ziemlich oft. Überhaupt ahmt er alles nach, was er irgendwo aufschnappt.«

»Mach mich nicht an, sonst flipp ich aus«, schrie Coco und schlug mit den Flügeln.

Die alte Dame wurde immer verlegener. »Mein Sohn hat drei

Jungen. Sie sind sehr lebhaft und nicht immer so wählerisch in ihren Ausdrücken, wie es guterzogene Kinder eigentlich sein sollten.«

»Zimtzicke!« rief der Papagei, und alles lachte.

In diesem Augenblick kam die Sprechstundenhilfe des Arztes und fragte: »Wer ist der Nächste bitte?«

Es war der Schäferhund. Er hatte einen Verband auf dem Rücken. Sein Herrchen wollte ihn an Cocos Käfig vorbei ins Sprechzimmer führen, aber der Schäferhund warf sich platt auf den Boden und war nicht zu bewegen, auch nur einen Schritt weiterzugehen.

»Aber Cäsar«, sagte sein Herrchen, »heute bekommst du doch bloß die Fäden gezogen. Das ist nicht schlimm. Also sei brav und komm mit.«

Doch Cäsar wollte nicht brav sein. Panik im Blick, sträubte er sich gegen das Weiterziehen, riß an der Leine und jaulte kläglich auf, als Dr. Specht im Türrahmen auftauchte.

Es war das Signal für alle anderen Hunde, ebenfalls an ihren Leinen zu zerren und dem Ausgang zuzustreben.

Ich hätte es auch getan, weil ich mit Recht vermutete, daß dieser Tierarzt ein rechter Grobian war, wenn selbst der große Cäsar solche Angst vor ihm hatte.

Aber Tessy schubste mich zurück. »Hier wird nicht gekniffen!« Und zu den anderen sagte sie: »Na, na, na, ich hätte doch ein bißchen mehr Haltung von Ihnen erwartet.«

Alle starrten sie aus kugelrunden Augen an. Wahrscheinlich bewunderten sie ihren Mut und ihre Gelassenheit, denn daß sie nur als meine Begleitung mitgekommen und deshalb so furchtlos war, wußte ja niemand.

Und Tessy tat auch nichts, um den wahren Sachverhalt aufzuklären. Vielmehr fing sie mit der Colliehündin ein Gespräch an.

Die Ärmste war hochschwanger und litt unter der Hitze. Deshalb japste sie ziemlich nach Luft, und Tessy erkundigte sich, wann es denn so weit bei ihr sei.

»Nächste Woche. Ich bin nur zur letzten Kontrolluntersuchung hier.«

»Aha«, sagte Tessy in einem Ton, als hätte sie schon fünf Geburten hinter sich. »Das ist ja nicht mehr schlimm. Aber Sie sehen aus, als ob Sie mindestens acht Junge bekämen.«

»Wahrscheinlich«, antwortete die Colliedame melancholisch. »Meine Herrschaft wird es schwerhaben, sie alle gut unterzubringen. Sie sind nämlich nicht reinrassig. Ihr Vater war eine Urlaubsbekanntschaft, ein französischer Boxer. Aber er war sehr nett zu mir.«

Ein paar Augenblicke lang herrschte betretenes Schweigen. Alle musterten die Colliedame, halb mitleidig, halb sensationshungrig.

»Womöglich noch ein Südfranzose«, sagte der Zwergpudel halblaut in die Stille, und die werdende Mutter seufzte.

»Aus Menton ...«

Der Rauhhaardackel räusperte sich. »Ich wußte gar nicht, daß es in Frankreich auch Papagalli gibt. Ich dachte, so was wäre nur in Italien ...«

»Woher wollen Sie denn wissen, daß es ein Papagallo war?« empörte sich Tessy sofort. »Ich für meinen Teil habe gar nichts gegen Ausländer. Ich habe viel mehr etwas gegen Hunde mit Vorurteilen. Aber wahrscheinlich stammen Sie aus einer bayerischen Zucht.«

»Wieso?« fragte der Rauhhaardackel verblüfft. »Ich meine, woher wissen Sie das?«

»Weil für die Bayern nach Bayern erst einmal wieder Bayern kommt und noch mal Bayern – und danach lange nichts. Ganz am Ende kommen die übrigen Deutschsprachigen – und dann ist auch schon Schluß.«

»Sie grünes Ding!« sagte der Rauhhaardackel empört. »Kratzen Sie sich erst einmal die Eierschalen von den Ohren, ehe Sie sich ein Urteil über Sachen anmaßen, von denen Sie nichts verstehen.«

Tessy reckte die Nase in die Luft. »Das ist wieder typisch. Bloß weil ich jünger bin, wollen Sie mir eine eigene Meinung verbieten. Muß ich ein Brett vor dem Kopf haben, bis ich in Ihre Jahre komme? Das dauert mir zu lange, denn ich schätze,

Sie sind mindestens zehn ...«

»Ich bin acht!« schnaufte der Rauhhaardackel wütend.

»Tatsächlich?« Tessys Stimme klang honigsüß. »Sie sehen aber viel älter aus. Ehrlich, als ich zehn sagte, wollte ich Ihnen ein Kompliment machen. Sie sind zu fett, mein Lieber. Wahrscheinlich müssen Sie sich deshalb in ärztliche Behandlung begeben.«

Der Rauhhaardackel wurde knallrot um die Lefzen vor Zorn. »Ich bin in eine Glasscherbe getreten und genäht worden.«

»Sag ich ja«, konterte Tessy, »Alterserscheinungen. Sie sehen nicht mehr gut.«

Diesmal wandte sich der Rauhhaardackel an mich.

»Sagen Sie, mein Herr, ist diese Göre etwa eine Verwandte von Ihnen?«

Mir war schon wieder schrecklich übel, und in meinem Bauch kollerte es wie in einer verstopften Regenrinne. Deshalb hatte ich nicht die geringsten Ambitionen, mich in die Diskussion einzumischen.

»Nein«, sagte ich nur müde.

»Also Ihre Freundin! Na ja, das sagt alles!«

»Blöder Hund!« rief in diesem Augenblick der Papagei, und Tessy kicherte, weil der Rauhhaardackel zusammenzuckte.

»Und da behauptet man immer, Vögel seien dümmer als wir.«

Ein paar Sekunden herrschte Stille, in der man nur das Hecheln des Rauhhaardackels hörte. Er war wirklich sehr wütend.

Sein Frauchen klopfte ihm den Rücken. »Hab doch keine Angst, Poldi. Wir sind als nächste dran, und der Doktor wird dir bestimmt nicht weh tun, wenn er dir einen neuen Verband anlegt.«

Poldi legte den Kopf auf die Pfoten und gab einen Knurrlaut von sich über soviel Unkenntnis seiner seelischen Verfassung. Mit gesträubtem Bart musterte er Tessy.

»Was man sich heutzutage bieten lassen muß ...«

»Sie?« unterbrach ihn Tessy. »Also, das ist wirklich die Höhe. Sie haben den Freund dieser Dame da ...« sie deutete auf die Colliehündin, »abwertend als Papagallo bezeichnet. Damit haben Sie nicht nur sie, sondern ebenfalls einen Ihnen völlig unbekannten Ausländer und seine ungeborenen Kinder beleidigt. Schämen sollten Sie sich.«

Die Colliehündin seufzte wieder. »Lassen Sie's gut sein, meine Liebe. Es ist reizend, daß Sie sich so für mich einsetzen, aber vergeblich. In den Augen gewisser Kreise habe ich einen Fehltritt begangen und bin seitdem zu einer fragwürdigen Person abgestempelt. Vielleicht würde man mir noch einen deutschen Boxer verzeihen – aber einen französischen ... So etwas hat bei uns Frauen immer noch den Beigeschmack der Frivolität. Anders wäre es, wenn einer der Herren hier eine französische Freundin hätte. Dann wäre er ein toller Hecht und würde von allen bewundert.«

»Stimmt genau«, mischte sich die Promenadenmischung ein. Es war eine Hündin mit wunderschönen langen weißen Locken. »Ich kann das aus eigener Erfahrung beurteilen. Meine Mutter war ein Bologneserhündchen von der Italienischen Botschaft in Bonn und mein Vater ein deutscher Spitz. Sein Milieu war ziemlich hausbacken. Ein Rentnerehepaar mit Schrebergarten, und er hatte nicht einmal einen Stammbaum. Aber nach der Liaison mit Mama war er der ungekrönte König seines Viertels. Die größten Hunde haben ihn respektiert. Nur meine arme Mutter wurde von allen schief angesehen, sogar von ihrer Herrschaft. Man sagte, sie hätte sich ›vergessen‹. Dabei war Papa immer ganz reizend zu ihr, auch später, als wir auf der Welt waren. Es war wirklich Liebe zwischen den beiden.«

Tessys Augen blitzten vor Empörung.

»Da sieht man wieder, wie weit her es mit der Gleichberechtigung ist. Alles Schwindel.«

Sie verstummte, weil man aus dem Sprechzimmer Cäsars markerschütterndes Jaulen hörte. Nur Coco blieb davon unbeeindruckt und hämmerte mit dem Schnabel gegen die Gitterstäbe seines Käfigs. Zwischendurch pfiff er vergnügt.

Wenig später – wir waren alle noch stumm und starr ob Cäsars Gejammere – ging die Tür zum Sprechzimmer auf, und der Schäferhund stürzte heraus.

Diesmal zog er sein Herrchen an der Leine hinter sich her, durch den kleinen Flur dem Ausgang zu, und Dr. Specht fragte: »Wer ist jetzt an der Reihe?«

Es war ein junges Mädchen mit einem Kater.

Was in Katzen vorgeht, weiß man ja nie. Sie sind Meister in der Verstellung. Erstens haben sie richtige Pokergesichter, und zweitens reagieren sie immer anders, als ein Hund es erwartet.

Erinnerst Du Dich an Sissy, die Katze von Brühls? Die wedelte immer mit dem Schwanz, wenn sie mich sah. Aber wenn ich dann freundlich auf sie zuging, bekam ich Ohrfeigen und blutige Kratzer.

Seitdem, das muß ich gestehen, habe ich für Katzen nicht mehr viel übrig.

Deshalb war es mir auch höchst egal, ob der gescheckte Kater aus Dr. Spechts Wartezimmer Angst hatte oder nicht. Anzumerken war ihm jedenfalls nichts, und Tessy, die ihn interessiert beobachtet hatte, meinte leise zu mir:

»An dem solltest du dir mal ein Beispiel nehmen, Julius. Diese Gelassenheit ...«

Ich verbiß mir einen Schluckauf und hörte, wie der Rauhhaardackel, der Tessys Bemerkung aufgeschnappt hatte, ein ironisches Schnaufen von sich gab.

»Auch noch Verhaltensmaßregeln! Sie stehen aber ganz schön unter dem Pantoffel, mein Bester. Ich habe sechs Frauen – aber keine dürfte es wagen, mir eine Katze als nachahmenswert hinzustellen. Diese widerwärtigen Schleichtiere! Ich sage Ihnen, in meiner Straße gibt es keine, die nicht türmt, wenn sie nur meine Bartspitze sieht. Die habe ich Mores gelehrt.«

»Das paßt zu Ihnen«, sagte Tessy giftig. »Alles, was nicht Ihre Art hat, steht unter Ihnen und wird niedergewalzt. Sie sind ja faschistoid.«

»Faschisto – was? Soll das eine Beleidigung sein?«

»Nur eine Feststellung Ihrer politischen und soziologischen Haltung«, entgegnete Tessy würdevoll. »Ich habe weder etwas gegen Katzen noch gegen Ausländer noch gegen Mischlingswelpen. Ich bin für Chancengleichheit und Liberalität.«

Der Rauhhaardackel schielte Tessy verächtlich an. »Wahrscheinlich haben Sie keinen Stammbaum. Sonst würden Sie anders reden.«

»Ich?« japste Tessy. »Ich heiße Tessy von der Königsaue, und mein Vater war ein Hoheneschberg. Zweimal Weltsieger, falls Ihnen das was sagt. Unter meinen vierzehn Ahnen gibt es niemanden, der nicht prämiert worden wäre ...«

Obwohl mir immer noch sehr übel war und die Angst zusätzlich meinen kollernden Magen zusammenkrampfte, fand ich Tessy in diesem Augenblick trotzdem sehr niedlich und rührend, weil sie sich so eifrig für alle Unterprivilegierten einsetzte.

Sie hat zwar manchmal reichlich verquere Ansichten über das Wie, und ich bin sicher, daß auch längst nicht alle ihren Einsatz verdienen (Katzen zum Beispiel), aber daß sie es überhaupt tut, spricht doch für ihren guten Charakter, findest Du nicht?

Und dieser Rauhhaardackel Poldi war, obwohl ein Artgenosse von mir, ein ziemlich unangenehmer Patron. Ich verspürte nicht übel Lust, ihn in die Hinterbacken zu zwicken, als er Tessy von der Nasen- bis zur Schwanzspitze musterte und dann in blaffendem Ton sagte: »Na ja, in den besten Familien gibt es heutzutage schwarze Schafe. Ein bedauerliches Zeichen von Dekadenz.«

Er wandte sich an den Bernhardiner, der ihm gegenüber flach auf dem Boden lag und die ganze Zeit über stumm vor sich hingedöst hatte.

»Da waren wir in unserer Jugend doch aus anderem Schrot und Korn, was, mein Herr?«

Der Bernhardiner klappte sein riesiges Maul auf, gähnte und blinzelte mit einem Auge. »Keine Ahnung. Ich bin erst vierzehn Monate.«

»Guter Gott«, sagte der Rauhhaardackel erschüttert und schwieg für den Rest seines Aufenthaltes. Als er ein paar Minuten später in Dr. Spechts Ordination gerufen wurde, trottete er hinaus, ohne sich noch einmal nach uns umzusehen. Selbst von hinten sah er noch beleidigt aus.

Tessy beäugte den Bernhardiner und trippelte auf ihn zu. »Der Alte war ganz schön geplättet. Das hast du prima gemacht,

Kumpel. Bist du wirklich noch so jung?«

Diesmal blinzelte der Riese mit dem anderen Auge. »Ja. Aber was daran prima ist, weiß ich nicht. Alle sagen nur Riesenbaby zu mir. Ich war schon der Größte meines Wurfes.«

»Na und?« Tessy setzte sich dicht vor ihn hin und klapperte mit den Augendeckeln. »Ist es nicht schön, so groß und stark zu sein?«

»Hast du eine Ahnung«, erwiderte der Bernhardiner trübsinnig. »Ich mache doch alles kaputt. Gestern habe ich mit dem Schwanz das Geschirr vom Teetisch gefegt. Neulich kam der Vater von meinem Frauchen zu Besuch. Da habe ich ihn zur Begrüßung nur ein bißchen angesprungen. Schon ist er hingefallen und hat sich das Schlüsselbein gebrochen. Und heute morgen bin ich mit dem Liegestuhl zusammengekracht, als ich mich heimlich drauflegen wollte. Der Stoff ist gerissen.«

»Du meine Güte!« Tessy war ganz überwältigt. »Da kriegst du sicher viel Schimpfe.«

»Ach, es geht. Meine Leute sind sehr verständnisvoll. Wenn einer von ihnen wirklich mal wütend auf mich ist, sagt der andere bestimmt: ›Du wolltest ja einen großen Hund!‹ Aber trotzdem ist es kein Spaß, so zu sein wie ich. Im Nachbarhaus wohnt ein Spaniel, mit dem würde ich schrecklich gern spielen. Glaubst du, das klappt? Wenn ich einen Schritt tue, macht der fünf. Und wenn ich, nur so aus Jux, mit der Pfote nach ihm haue, fliegt er gleich drei Meter weit. Dann ist er jedesmal beleidigt und läuft weg. Und andere kleine Hunde haben von vornherein Angst vor mir. Oder würdest du mit mir spielen wollen?«

»Ich weiß nicht«, sagte Tessy zögernd und retirierte zu Sabine und mir zurück, als der Bernhardiner aufstand und sich schüttelte.

»Platz, Charly«, befahl ihm sein Herrchen, und die Dame neben ihm, die Besitzerin des Pudels, rückte entrüstet ein Stück zur Seite.

»Da fliegen ja ganze Haarwolken auf.«

Sie hatte recht. Charly haarte fürchterlich, und das meiste

davon landete auf dem dunkelblauen Kleid der Dame.

Charly plumpste folgsam in seine liegende Stellung zurück, wobei der Fußboden bebte. Wenn das überhaupt möglich war, sah er noch melancholischer als vorher aus.

»Da hast du's«, meinte er zu Tessy. »Ich bin eben ein Riesenbaby und ein Tolpatsch obendrein. Glaub mir, es ist gar nicht so einfach, ein großes Tier zu sein. Kleine haben es viel leichter.«

»Hast du eine Ahnung! Wir haben andere Schwierigkeiten. Was meinst du, wie wir uns anstrengen müssen, um jemandem ein bißchen Angst einzujagen. Oder mal ein Stück Wurst vom Tisch zu klauen. So ein Tisch ist für unsereins ja viel zu hoch. Aber für dich ist das eine Kleinigkeit – gewissermaßen im Vorübergehen.«

»Du klaust?« fragte Charly, der Bernhardiner, erschüttert. »Bekommst du denn nicht genug zu essen?«

Tessy kratzte sich hinter dem Ohr.

»Meist ja. Aber es ist selten das, was ich mag. Und Betteln hilft auch nicht immer. Außerdem widerspricht dauerndes Betteln der natürlichen Würde eines Hundes.«

»Und klauen nicht?«

»Ach«, erwiderte Tessy wegwerfend, »man darf das nicht so eng sehen. Schließlich bin ich ein Familienmitglied. Was meinem Herrchen und meinem Frauchen gehört, gehört automatisch auch mir. Bei Fremden würde ich niemals etwas nehmen, was man mir nicht gibt. Aber daheim ... Mein Herrchen klaut ja auch nicht, wenn es sich eine Flasche Bier aus dem Kühlschrank nimmt, oder? Also, warum soll ich mir nicht mal einen Keks oder ein Stück Wurst holen, wenn es auf dem Tisch herumliegt?«

»Aber uns ist das doch verboten«, stotterte Charly fassungslos. »Außerdem ist es nicht gesund, sagt mein Frauchen. Wurst ist fett und zu stark gewürzt. Und Süßigkeiten machen dick und schlechte Zähne.«

»So, so!« Tessy zog eine Lefze hoch und ließ ihren linken Reißzahn sehen, was ihr ein unbeschreiblich arrogantes Aussehen verlieh. »Und warum stopfen dann die Menschen solche Sachen dauernd in sich hinein? Ich will dir mal was sagen,

Charly: Die Menschen leben viel ungesünder. Sie trinken und essen, was ihnen schmeckt. Nur uns predigen sie dauernd, wie schädlich so etwas ist. Sieh sie dir doch an. Die meisten sind viel zu dick und haben falsche Zähne. Aber wenn mal ein Hund ein kleines Fettpölsterchen oder einen faulen Zahn hat, schlagen sie gleich die Hände über dem Kopf zusammen. Das ist doch eine ganz doppelbödige Moral.«

»Also, von der Seite habe ich es noch nie betrachtet.« Charly blickte ganz konsterniert drein. »Aber wenn man dich so hört ... Donnerwetter, ja, ganz unrecht hast du nicht!«

»Ich habe recht!« sagte Tessy. »Man versucht uns zu verdummen, indem man uns eine Diät aufzwingt, die unsere Lebensqualität und unser Selbstwertgefühl mindert.«

O Gott, dachte ich und schloß die Augen. Gleich wird sie wieder politisch und fängt zu agitieren an.

Und richtig, Tessy warf den Kopf in den Nacken und setzte zu einer längeren Rede an.

Glücklicherweise kam sie über die Einleitung – daß man mehr Initiativen entwickeln müsse, um mehr Handlungsfreiheit zu erlangen – nicht hinaus. Dann wurde nämlich Charly ins Sprechzimmer gebeten, und als Tessy nach seinem Abgang den Silberpudel als Agit-prop-Opfer auserkor, erklärte der, eine Ohrenentzündung zu haben, die ihn erstens etwas schwerhörig mache und zweitens möglicherweise ansteckend sei. Man solle ihm vorsichtshalber nicht zu nahe kommen.

Tessy verstummte sofort und verkrümelte sich hastig zu mir unter Sabines Stuhl.

Sie hat nämlich panische Angst vor ansteckenden Krankheiten und ist, so fürchte ich, ein wenig hypochondrisch veranlagt. Jedenfalls fing sie sofort an, sich die Ohren zu kratzen.

»Es juckt mich, Julius«, flüsterte sie mir zu. »Ob es mich schon erwischt hat?«

»Das würdest du erst morgen merken, nicht jetzt«, antwortete ich, worauf sie etwas ruhiger wurde und nur noch von Zeit zu Zeit mit den Ohren schlackerte.

Endlich waren auch wir an der Reihe, und Sabine hob mich

auf Dr. Spechts Behandlungstisch. Tessy saß davor und beobachtete alles ganz genau.

Natürlich zitterte ich wieder wie Espenlaub, und es gefiel mir gar nicht, wie der Doktor auf meinem Bauch herumdrückte und mich mit seinem kalten Stethoskop abhorchte. Hinterher erzählte er etwas von Bakterien, die eigentlich in den Darm gehören, aber durch die Sommerhitze in meinen Magen gestiegen seien.

»Daher der Durchfall und das Erbrechen«, sagte er. »Außerdem ist der Kreislauf des alten Herrn nicht ganz in Ordnung. Aber das kriegen wir schon wieder hin.«

Ich zuckte zusammen, als er mich einen alten Herrn nannte, und schielte zu Tessy hinunter. Aber sie blieb ganz ernst und sah ungeheuer besorgt aus. (Greislaufstörungen sagt sie erst jetzt, wo es mir wieder bessergeht.)

Hinterher gab mir Dr. Specht zwei Spritzen und ordnete an, daß ich drei Tage lang gar nichts zu essen, sondern nur schwarzen Tee zu trinken bekommen sollte, anschließend Zwieback und Haferschleim.

Außerdem kriegte ich noch Tabletten. Aber die habe ich mir nicht ins Maul stopfen lassen, weder von Sabine noch von Michael. Ich habe sie immer wieder ausgespuckt, und schließlich hat Tessy sie gefressen und behauptet, sie schmeckten gar nicht übel.

Zweimal noch mußten wir zu Dr. Specht, damit ich meine Spritzen bekam, und obwohl sie scheußlich weh taten, haben sie mir doch geholfen.

Allerdings muß ich gestehen, daß ich trotzdem nicht allzuviel von Tierärzten halte. Ich finde es gemein, einen alten Hund mit Nadeln zu stechen und dafür noch Geld zu kassieren.

Tessy meint auch, da die Menschen schon auf den Mond fliegen können, müßten sie in der Tiermedizin eigentlich viel weiter sein. Warum hat man noch kein Medikament erfunden, das wie Leberwurst schmeckt und genauso hilft wie eine Spritze?

Dann hätte ich auch keine Angst mehr vor dem Tierarzt, sondern ginge ausgesprochen gern hin.

Du schreibst doch Bücher, liebes Frauchen. Aber warum über so langweilige Sachen wie über Tudor-Schlösser in England? Schreib doch mal etwas über die Wünsche und Verbesserungsvorschläge von Hunden. Oder – wie Tessy es ausdrücken würde – über die permanente Frustration, in der wir leben, weil die Menschen ganz allein bestimmen, was für uns gut ist, statt uns auch mal zu Wort kommen zu lassen.

Ich könnte Dir einen ganzen Themenkatalog erstellen, wo wir Hunde anderer Meinung sind als unsere Herrschaft.

Aber für heute habe ich genug geschrieben.

Ich will lieber in die Küche gehen und zusehen, ob ich nicht endlich doch etwas Vernünftiges zu essen bekomme. Sabine brät Schnitzel – ich rieche es bis hierher.

(Schnitzel müßten auch in den Themenkatalog unserer Ernährungswünsche aufgenommen werden. Und Lammkoteletts mit Knoblauch. Und Rehrücken – wenigstens an Sonn- und Feiertagen.)

O Gott, mir läuft das Wasser im Munde zusammen, ich muß diesen Brief beenden.

Für heute schicke ich Dir viele Schlecker,
Dein hungriger Julius.

9

Mein liebes Frauchen!
Weißt Du, was eine Vernissage ist? Ich weiß es jetzt.

Eine Vernissage ist eine Veranstaltung, auf der es unheimlich viel Sekt mit Orangensaft gibt und dazu kleine Schnittchen, auf denen die Wurst, der Käse oder der kalte Braten durch Obstgarnierungen verdorben werden.

Trotzdem stürzten sich alle Besucher darauf, tranken, aßen und rauchten. Zwischendurch wurden die Bilder begutachtet, die an den Wänden hingen, und die Kleider der Anwesenden.

Leider waren viel zu wenig Stühle da, so daß die meisten Leute stehen mußten.

Das war sehr schwierig, vor allem für die Damen, die ja noch eine Handtasche dabei hatten. Die hielten sie meist unter den Arm geklemmt, in der einen Hand eine Zigarette, in der anderen das Glas. Wenn sie nun noch etwas essen wollten, mußten sie entweder die Zigarette ausmachen oder ihr Glas wegstellen. Deswegen konnten sie auch fast nie jemandem die Hand zur Begrüßung schütteln, sondern nur »Hallo« sagen und mit dem Kopf nicken.

Auch war das Stehen ziemlich anstrengend, vermute ich. Deshalb lehnten viele in den Fensternischen. An die Wand konnte man sich nicht lehnen, denn da hingen ja die Bilder.

Der Mann, der sie gemalt hatte, ist mit einer Freundin von Sabine verheiratet. Deshalb hatte Deine Schwiegertochter auch gestern abend zu Michael gesagt: »Es bleibt uns gar nichts anderes übrig, schon Hella zuliebe. Wir müssen hingehen.«

Michael hat nämlich kein Interesse für Vernissagen, was ich ihm nach der, die ich miterlebt habe, nicht verdenken kann.

Tessy ist natürlich moderner als ich. Deshalb fand sie die Vernissage »recht interessant«.

Aber insgeheim habe ich sie in Verdacht, daß sie sich genauso gelangweilt hat wie ich und weder mit den Bildern noch mit den Wurst-Pfirsich-, Braten-Ananas- und Bananen-Käse-Schnittchen etwas anfangen konnte. Und noch weniger mit den Gedichten, die zwischendurch ein moderner Lyriker vortrug. Sie will es in ihrer Halsstarrigkeit nur nicht zugeben.

Aber ich will der Reihe nach berichten. Also:

Als wir ankamen, wurden wir von Sabines Freundin Hella und deren Mann begrüßt. Der Mann heißt eigentlich Karl-Otto Hausner, aber er nennt sich als Künstler Karlo. Er hat eine Halbglatze und zum Ausgleich dafür extra lange Haare, die bis auf die Schulter reichen.

Zu mir und Tessy war er sehr nett, deswegen würde ich Dir gern etwas Lobendes über seine Bilder mitteilen. Aber ich muß Dir leider sagen, daß ich sie gar nicht schön fand.

Man erkennt kaum, was sie darstellen sollen.

Du mußt mir glauben, ich habe sie mir sehr intensiv angesehen, schon um meinen Horizont zu erweitern, aber wenn ich bei manchen nicht zufällig gehört hätte, wie die Besucher darüber sprachen und den Titel des Bildes nannten – ich wäre nie dahintergekommen, was Herr Hausner damit gemeint hat.

Soviel modernes Kunstverständnis habe ich einfach nicht und werde es wahrscheinlich auch nicht mehr erlernen!

Ein Bild zum Beispiel hieß »Frau am Brunnen«. Falls Herrn Hausner dafür eine Dame Modell gesessen hat, ist sie hinterher bestimmt beleidigt gewesen. Aber vielleicht hat er sie auch aus dem Kopf gemalt, und das würde manches entschuldigen.

Die »Frau am Brunnen« hatte einen blauen Busen und eine riesige Hand. Ihr Gesicht war dafür sehr klein und dreieckig. Auch hatte sie nur ein Auge, und das thronte in den Haaren.

Deren Farbe war eine weitere Absonderlichkeit.

Natürlich weiß ich, daß manche Damen die verrücktesten Haarfarben bevorzugen, aber so etwas ist mir in natura nur bei einigen Punkern begegnet. Und das waren keine Damen. Die

Haare auf dem Bild waren nämlich halb himbeerfarben, halb grün.

Den Brunnen habe ich übrigens beim ersten Hinschauen gar nicht entdecken können, so klein war er und ganz in die Ecke gedrückt. Ein bißchen sah er aus, als hätte ihn ein Kind mit schwarzer Tusche da hingekritzelt.

Ein anderes Bild nannte sich »Blick aus dem Fenster«. Wo Herr Hausner das abgemalt hat, weiß ich auch nicht. Quer durch ging eine dunkelbraune, geschlängelte Straße (ich nehme jedenfalls an, daß es eine war). Rechts und links davon standen Bäume.

Zum Teil hatten sie ganz dünne, grasgrüne und zum Teil knallrote Stämme. Die Äste hatten alle keine Blätter, sondern gelbe und schwarze Kringel.

Ich habe gerade dieses Bild sehr lange betrachtet, denn von Bäumen verstehe ich etwas, wie Du weißt. Aber solche Bäume habe ich noch nie gesehen. Das gab übrigens auch Tessy zu, obwohl sie auch von diesem Bild wieder behauptete, daß es interessant und eigenwillig sei.

Das sagten übrigens die meisten Leute über Herrn Hausners Werke. Es gab aber auch welche, die unheimlich schlaue Kommentare dazu abgaben, so daß ich aus dem Staunen nicht herauskam.

Ich schwöre Dir, liebes Frauchen, mir wäre dazu kein Sterbenswörtchen eingefallen.

Da war zum Beispiel ein Bild, das hieß »Prometheus«.

Es war nur in Schwarz und Violett gemalt, und die Gestalt in der Mitte bestand aus lauter aufgetürmten Dreiecken.

»Phantastisch«, sagte eine Dame in einem spinatgrünen Hosenanzug. »Diese Umstilisierung des Körperlichen ins Flächenhafte. Und diese beinahe fauvistisch zu nennende Kraft, die das Werk ausstrahlt.«

Eine andere pflichtete ihr bei. »Fauvistisch – das ist das Wort, nach dem ich gesucht habe. Die Bilder haben alle solch eine beklemmende Wildheit.«

»Nicht alle«, widersprach ein pickeliger Jüngling mit lila

getönter Brille. »Nur die aus der augenblicklichen Schaffensperiode des Meisters. Haben Sie nebenan die ›Fünf Szenen aus dem Autofriedhof‹ gesehen? Da ist er sehr gebändigt, würde ich sagen, gewissermaßen im Gleichgewicht zwischen malerischem Instinkt und geistiger Kontrolle.«

»Mag sein«, sagte die Spinatgrüne und zündete sich eine Zigarette an. »Dennoch – was Karlo Hausner so einmalig macht, ist die absolute Befreiung von jedem konventionellen und gegenständlichen Zusammenhang. Was bleibt, ist immer der Urschrei des atmosphärischen Ego. Die Infiltration der Materie durch Form und Farbe. Die Gewalt der ungebrochenen Linien, die erdnahe Undifferenziertheit.«

»Aber nein!« mischte sich ein anderer junger Mann in einem knielangen Kaftan ein, zu dem er ein weißes Schiffchen auf dem Kopf trug. »Wie können Sie Karlo undifferenziert nennen? Sehen Sie sich nur die ›Frau am Brunnen‹ an. Diese Unterdrükkung der Modellierung, diese Umkehrung der Perspektiven. Dahinter steckt doch eine kongeniale Aussage. Ich frage Sie, warum sonst hätte die Frau diese riesige Hand und das kleine Gesicht?«

Das hatten wir uns auch gefragt, deshalb warteten Tessy und ich gespannt auf die Antwort der Spinatgrünen.

Aber die sagte nur: »Natürlich, das ist doch völlig klar. Aber haben Sie einmal den ›Traum unter der Brücke‹ ausführlich betrachtet? Ich finde, es ist das reifste Werk der ganzen Ausstellung. Diese einzige sanft geschwungene Linie in Weiß, die sich von dem dunklen Untergrund abhebt ... Das ist faszinierend in seiner Eindringlichkeit und Schlichtheit.«

Tessy und ich hatten das Bild auch gesehen, und ich hatte gemeint, daß ich so etwas ebenfalls zustandebrächte – eine weiße Schlangenlinie auf oliv-schwarzem Fond. Aber wahrscheinlich hätte ich mich nicht getraut, so etwas als Bild zu bezeichnen.

Und da liegt offenbar der Unterschied zu einem modernen Malkünstler: Der traut sich – und mit Recht. Schließlich hat er sich etwas bei der Schlangenlinie gedacht, und ich hätte sie bloß einfach hingemalt.

Das ist mir auf der Vernissage klargeworden: Egal, was man macht, man muß sich etwas dabei denken. Oder die Leute müssen es, die das fertige Produkt sehen.

Ich glaube, die denken sogar noch mehr als der Künstler selbst, sonst könnten sie nicht so lange darüber reden.

Und geredet wurde wirklich viel auf der Vernissage – nicht nur über Bilder.

Allerdings war nicht alles freundlich, was die Leute gesagt haben. Es gab auch welche, die über Herrn Hausner herzogen, und das fanden Tessy und ich gemein.

Wie gesagt, ist er eigentlich ein netter Mensch. Er hat uns fortwährend Häppchen angeboten, und als er merkte, daß Tessy die Apfelsinenspalten liegen ließ und nur den Braten aß, hat er bei den nächsten Häppchen die glasierten Kirschen gleich heruntergetan und uns nur die Pastete gegeben.

Das beweist doch, daß er fähig ist, sich in die Seele eines Hundes zu versetzen. Und wer das kann, ist nie ganz schlecht!

Aber da waren so ein paar spitzzüngige Damen um die Vierzig, die haben sich mächtig über seine Bilder mokiert, jedenfalls hinter seinem Rücken.

Die eine sagte, er könne nicht mal einen Pinsel richtig halten, und eine andere, es ginge nicht mit rechten Dingen zu, daß solch ein Nichtskönner eine eigene Ausstellung bekäme. Und eine dritte nickte.

»Ich habe die beiden vorigen auch gesehen. Es war eine komplette Katastrophe. Man hätte lachen können, wenn es nicht so trostlos gewesen wäre.«

»Aber wenn du sowieso gewußt hast, daß die Vernissage nichts Sehenswertes bringt, Tante Margie«, meinte ein junges Mädchen mit blassem Gesicht und dem dunkel geschminkten Blick eines gelangweilten Rehs, »warum sind wir dann überhaupt hierhergegangen?«

Tante Margie schüttelte den mit einem Schlapphut geschmückten Kopf.

»Man geht heutzutage selten wohin, um etwas zu sehen, mein Kind, sondern um gesehen zu werden. Seien es nun Bilderausstellungen, Konzerte, Theaterpremieren oder der Vortrag eines bekannten Wissenschaftlers über die religiösen Probleme der Zulus. Man muß up to date sein und mitreden können.«

Sie wandte sich an ihre Nachbarin zur Rechten.

»Übrigens, meine Liebe, haben Sie das Kleid von Frau Hausner gesehen? Ich würde sagen, Kaufhaus-Konfektion. Daran merkt man schon, daß es mit seiner Malerei nicht weit her ist. Sonst könnte sie sich doch etwas anderes leisten.«

»Aber ich denke, sie ist irgendwo Chefsekretärin. Da verdient sie doch ganz gut.«

»Nicht, wenn man einen Mann hat, der sinnlos Farben auf die Leinwand klatscht und das für Kunst hält.« Die Dame mit dem Schlapphut lächelte maliziös. »Und was heißt schon Chefsekretärin. Vielleicht in einem Drei-Mann-Betrieb, was?«

Sie unterbrach sich, weil Hella Hausner mit einem ungeheuer mageren und ungeheuer langen jungen Mann auf sie zukam.

»Ach, Hella-Schätzchen, da sind Sie ja! Gerade haben wir von Ihnen gesprochen – und was für ein großer Erfolg die Ausstellung zu werden verspricht. Die Arbeiten Ihres Mannes sind wirklich phantastisch. Ich werde sehr standhaft sein müssen, um nicht einige zu kaufen.«

Frau Hausner wirkte ein bißchen gehetzt und nervös. »Wie nett, daß Sie das sagen, Frau Schollmeyer. Ich will ja nichts berufen, aber ich glaube, ein so positives Echo haben wir noch nie gehabt. Fünf oder sechs Bilder sind schon verkauft. Also, falls Sie weniger standhaft sein wollen, müssen Sie sich beeilen.«

Sie gab den anderen Damen die Hand. »Schön, daß Sie auch gekommen sind. Hoffentlich gefällt es Ihnen.«

»Aber natürlich! Wir sind ganz begeistert«, beteuerten die beiden wie aus einem Munde. Nur das Mädchen mit den gelangweilten Rehaugen schwieg und lächelte gequält. Ihm war das Ganze offenbar peinlich, und ich muß gestehen, mir auch.

Ich bin sicherlich sehr dafür, Leute nicht unnötig zu kränken. Deshalb hätte ich auch kein Wörtchen gegen Herrn Hausners Bilder gesagt. Aber hinterrücks darüber herziehen und ins Gesicht hinein über den grünen Klee loben finde ich unmöglich.

Tessy übrigens auch.

»Wir Hunde sind viel ehrlicher als manche Menschen«, sagte sie. »Wir zeigen, was wir nicht mögen. Ich, zum Beispiel, habe die Apfelsinenspalten sofort ausgespuckt, und Herr Hausner war kein bißchen beleidigt. Er weiß Aufrichtigkeit zu schätzen. Aber in der sogenannten gehobenen Gesellschaft sind Heuchelei und Verlogenheit an der Tagesordnung. Ein typisches Zeichen einer durch Wohlstand korrumpierten Clique.«

»Wieso?« fragte ich. »Lügen ärmere Leute nie?«

Tessy schoß einen verachtungsvollen Blick auf mich ab und hätte zweifellos wieder einmal zu einem längeren Vortrag angesetzt, wenn Frau Hausner nicht gesagt hätte:

»Übrigens, das ist Herr Brettschneider – Paul Brettschneider. Sie werden sicher von ihm gehört haben. Er hat kürzlich den Preis des Hammerthor-Verlages für moderne Lyrik bekommen. Herr Brettschneider ist so freundlich, unsere Veranstaltung durch den Vortrag einiger seiner Gedichte zu bereichern.«

»Wie entzückend!« sagte die Dame mit dem Schlapphut. »Dann können wir uns ja noch auf einen zweiten Kunstgenuß freuen.«

Sie lächelte den mageren jungen Mann an, als hätte sie mindestens vier Zähne mehr im Mund als normale Menschen.

Tessy und ich hatten noch nie einen Preisträger gesehen, deshalb betrachteten wir Herrn Brettschneider ausgiebig. Tessy beschnupperte sogar seine Schuhe und die Hosenbeine, fand aber, daß er nicht besonders interessant röche.

Und besonders bedeutend sah er auch nicht aus, wenn man von seiner etwas wilden Haarmähne absah. Allerdings behauptete Tessy, daß er einen suchenden Blick habe, und fügte hinzu: »Das kommt von seiner dichterischen Sendung.«

Ich mochte ihr nicht widersprechen, aber eigentlich fand ich Herrn Brettschneiders Blick eher hungrig, was mich bei seiner Magerkeit nicht wunderte. Ungefähr so wie mein Blick, wenn Du, liebes Frauchen, Fleisch brätst.

Vielleicht hatte er nicht genug von diesen winzigen Schnittchen ergattert und sah sich insgeheim nach mehr um.

Dann allerdings hätte Tessy recht, als sie Herrn Brettschneiders Augenausdruck als suchend bezeichnete. Nur mit seiner dichterischen Sendung hatte das nichts zu tun.

Übrigens habe ich immer gedacht, daß sich Gedichte reimen müßten. Aber bei denen, die Herr Brettschneider kurz darauf vortrug, war das nicht der Fall.

Das war das erste, was mir daran auffiel.

Das zweite war, daß sie ungeheuer deprimierend waren.

Anscheinend ist Herr Brettschneider ein sehr unglücklicher Mensch und kann niemanden leiden. Es stand nämlich überhaupt nichts Nettes in seinen Gedichten.

Statt dessen schimpfte er mit den Leuten, und es ist sicherlich nicht jedermanns Sache, sich das gefallen zu lassen. Deshalb hat er auch nicht viel Applaus bekommen, obwohl er die Gedichte mit einer sehr schönen, volltönenden Stimme vortrug.

Tessy allerdings haben sie gefallen, weil sie sozialkritisch sind.

Ich kenne ja nicht viele Gedichte – eigentlich nur die, die Michael auswendig lernen mußte, als er noch zur Schule ging. Aber meiner Ansicht nach sind die teilweise auch sozialkritisch und trotzdem schöner.

Schillers »Taucher« zum Beispiel oder »Des Sängers Fluch«.

Es ist schade, daß ich sie nicht auswendig kann, sonst hätte ich sie Tessy mal aufgesagt, damit sie den Unterschied merkt. Aber es ist zu lange her und mein Gedächtnis leider doch nicht mehr das beste.

Dafür funktioniert das von Tessy um so besser. Sie hat sogar einen Teil der Gedichte von Herrn Brettschneider behalten und diktiert sie mir jetzt, damit Du auch etwas davon hast, liebes Frauchen.

Eines ging so:

> Ein Schrei geht flüsternd durch mein Fleisch.
> Das Leben ist dunkel.
> Nur hier und da ein Spot,
> der aufreißt, was verborgen
> an Angst.

Angst, die zu Gewalttat wird.
Frierende Huren wir alle,
frierend und käuflich am Straßenrand.
Konsumenten ihr!
Establishment-Anbeter.
Mattscheiben-Widerkäuer.
Frager, die keine Antwort hören,
noch hören wollen! Ihr alle
frierende Huren.
Wie gut, daß das Leben so dunkel
und daß der Spot aufzuckt
grell, daß wir erschrecken,
und verlischt.

Ein anderes Gedicht war noch merkwürdiger, weil Herr Brettschneider darin für fast jedes Wort den Anfangsbuchstaben »d« verwendet hat.

Da du dir doch durchdacht dein Dasein
desodorierend, destruktiv, dümmlich,
demoskopisch dargestellt
durch Dritte, deren Dividende
du bist ...

Schade, die letzten drei Zeilen bekommt Tessy nicht mehr zusammen, deshalb muß ich das Gedicht an dieser Stelle abbrechen. Aber ich denke, daß Du Dir auch so schon einen Eindruck über Herrn Brettschneiders preisgekrönte Lyrik verschafft hast.

Sonst kann ich Dir von der Vernissage nichts mehr berichten.

Wir sind kurz nach Herrn Brettschneiders Vortrag nach Hause gegangen.

Ich muß sagen, ich war froh darüber. Kulturelle Veranstaltungen sind nicht unbedingt nach meinem Geschmack.

Übrigens sagt Tessy, daß Kultur immer das Spiegelbild einer Epoche sei. Aber ich finde, in unserer Epoche gibt es doch eine

Menge schönerer und erfreulicherer Sachen als Herrn Hausners Bilder und Herrn Brettschneiders Gedichte.

Darin hat mir sogar Tessy zugestimmt, obwohl sie viel moderner ist als ich.

Eines dieser schönen Sachen gibt es jetzt – nämlich Abendessen. Ich höre, daß Sabine in der Küche die Kühlschranktür aufmacht. Also will ich zusehen, daß ich von der Wurstplatte etwas abbekomme, und meinen Brief beenden.

Bis zum nächsten Mal, mein liebes Frauchen!

In Eile, Dein alter Julius.

10

Mein liebes Frauchen!
Diesen Brief schreibe ich mit zitternden Pfoten, denn ich bin total gestreßt. Michael und Sabine waren mit Tessy und mir nämlich auf einer Dackelschau.

Das ist eine Schönheitskonkurrenz für Dackel, also so eine Art Mißwahl. Der Unterschied dazu besteht darin, daß bei einer Dackelschau nicht nur junge Mädchen, sondern auch Kinder und Männer antreten (von den Dackeln, versteht sich).

Und sogar alte Hunde wie Dein Julius.

Ich habe nämlich ... Aber ich will nicht vorgreifen, sonst ist Deine Spannung futsch, und das wäre schade.

Als wir in der großen Halle eintrafen, wo die Dackelschau stattfand, meinte Michael, das Ganze ähnele eher einem Chaotentreffen als einer Hunde-Schönheitskonkurrenz. Er hatte nämlich mal als Volontär für seine Zeitung einer Dressurprüfung von Schäferhunden beigewohnt und einen Bericht darüber geschrieben.

Damals, so sagte er, hätten alle teilnehmenden Hunde fabelhaft still neben ihren Herren gewartet, bis sie an die Reihe kamen. Jeder hätte nur auf Befehl gehandelt und sonst wie sein eigenes Denkmal dagesessen.

Tessy fand diese Bemerkung Deines Sohnes ziemlich unfair.

»Einen Dackel mit einem Schäferhund zu vergleichen«, erklärte sie, »ist genauso dumm, wie wenn man ein Kleinauto an einem Lastwagen mißt. Für beide gelten ganz verschiedene Bedingungen. Für LKWs gibt es aus gutem Grund Geschwindigkeitsbegrenzungen und Überholverbote – für Kleinautos nicht.«

Abgesehen davon, hatte Michael jedoch recht: Es herrschte auf der Dackelschau tatsächlich ein unbeschreiblicher Lärm. Bestimmt waren über zweihundert Hunde da, junge, ausgewachsene, Zwerge, Kurzhaar, Langhaar, Rauhhaar, und alles quietschte und bellte durcheinander.

Wir sind eben eine mitteilungsbedürftige Rasse, und daß wir nicht immer aufs Wort gehorchen, zeigt nur, daß wir Persönlichkeit besitzen. Sagt Tessy.

Aber Michael hatte sie verärgert. Sie schmollte und behauptete, daß sie überhaupt keine Lust mehr hätte, an der Schönheitskonkurrenz teilzunehmen.

»Ich weiß selbst, wie ich aussehe, und brauche das nicht extra durch einen blöden Stempel in meinem Stammbaum bestätigt zu bekommen.«

Damit verkroch sie sich unter den Tisch, an dem wir zunächst zusammen mit anderen Dackelbesitzern saßen, und kam erst wieder zum Vorschein, als der Kaffee serviert wurde.

Nicht etwa, daß Tessy sich aus Kaffee etwas macht – aber aus dem Zucker, den es dazu gibt.

Michael ließ auch prompt ein Stück fallen und entschuldigte sich auf Sabines tadelnden Blick hin reichlich lahm: »Das war ein Versehen. Der Zucker ist mir aus der Hand gerutscht.«

»Dir rutscht aber reichlich oft was aus der Hand«, sagte Deine Schwiegertochter maliziös. »Zucker, Kekse, Wurst ...«

Und Michael grinste. »Ich bin eben ungeschickt. Mach was dagegen.«

Ich esse ja auch ganz gern Zucker, und natürlich wußte er das. Aber als er mir ein Stückchen zusteckte, geschah es ganz unauffällig, so daß Sabine nichts merkte, und ich bemühte mich, möglichst leise zu kauen, um sie nicht nachträglich aufmerksam zu machen.

Tessys Laune hatte sich inzwischen wieder etwas gebessert, und sie geruhte, sich neben Michaels Stuhl zu plazieren. Vielleicht geschah es auch aus Neugier, denn von dort aus hatte man einen guten Blick über den ersten Ring, in dem gerichtet wurde.

Ich drücke mich schon ganz fachmännisch aus, was?

Das war nämlich so: Der große Saal war in drei Ringe und eine Tribüne unterteilt, auf der der Vorstand des Dackelklubs saß. An den Ringeingängen standen die Leute Schlange mit ihren Hunden, denn es wurde immer nur einer reingelassen.

Zuerst wurde der Hund auf den Tisch in die Mitte gehoben und von einem Ringrichter untersucht. Das ist wie beim Tierarzt – nur daß man keine Spritze bekommt, bevor man vom Tisch darf.

Trotzdem haben viele Hunde offenbar damit gerechnet, denn sie hatten den Schwanz eingekniffen und zerrten wie verrückt zum Ausgang, wenn ihr Herrchen oder Frauchen sie wieder auf die Erde setzte.

Dabei mußten sie noch im Kreis laufen, um zu zeigen, daß sie fehlerlos gehen können, und dabei die Rute vorschriftsmäßig tragen.

Das klappte bei den meisten aber nicht so richtig, eben, weil sie den Ringrichter für eine Art Doktor hielten und zum Ausgang strebten.

»Wir warten noch ein Weilchen«, sagte Sabine zu Michael, »damit sich Tessy an die ganze Atmosphäre gewöhnt und keine Angst hat, wenn sie vorgeführt wird.«

»Und wenn sie Angst hat«, erwiderte Dein Sohn, wie immer um Tessys Wohl und Wehe übertrieben besorgt, »dann fahren wir heim und lassen sie überhaupt nicht bewerten.«

»Aber sie ist doch so hübsch«, protestierte Sabine. »Sie bekommt bestimmt eine gute Note.«

»Natürlich ist sie hübsch! Um das zu wissen, brauchen wir zu keiner Dackelschau. Für mich ist sie sowieso die Schönste.«

»Aber nicht mehr lange«, erwiderte Sabine spitz. »Wenn du sie weiter so mit Häppchen fütterst, wird sie bald wie eine gestopfte Leberwurst aussehen. Schau dir mal die anderen Hunde hier an. Die meisten sind schlanker als Tessy.«

»Verhungert!« sagte Michael. Du weißt, liebes Frauchen, er neigt manchmal zu Übertreibungen. »Wahrscheinlich dürfen sich die armen Tiere nie richtig satt essen.«

»Satt ist, fürchte ich, ein Dackel nie«, seufzte Sabine und richtete ihre Aufmerksamkeit auf den Ring.

Gerade betrat ihn eine superschlanke Dame mit einer ebenso schlanken Langhaardackelhündin. Die Dame versuchte, mit dem Richter zu flirten, was dem offensichtlich unangenehm war. Vielleicht, weil ihm die Dame nicht gefiel, vielleicht aber auch, weil so viele Leute zuguckten.

Tessy beäugte die Hündin und meinte, das sei eine Ziege. »Sieh nur, Julius, wie sie den Hintern dreht. Dabei ist ihre Rute viel zu kurz.«

»Findest du?« knurrte ich mißgelaunt.

Du darfst das jetzt nicht falsch verstehen, liebes Frauchen. Ich bin bestimmt nicht unbescheiden und gar nicht scharf darauf, prämiert zu werden. Aber daß sich jetzt alles nur um Tessy drehte, hat mich ein bißchen geärgert. Ich fühlte mich zurückgesetzt.

Wenn man jung ist, ist es keine Kunst, hübsch zu sein. Aber in meinen Jahren ... Und ich finde, daß ich immer noch ein gutaussehender Dackel bin.

Doch in der heutigen Zeit dreht sich eben alles um das junge Gemüse. Es gibt junge Mode, junge Möbel, junge Musik, ja, sogar junge Margarine. Letzteres finde ich besonders blödsinnig. Als ob ein Mensch alte Margarine kaufte!

Oder ist gemeint, daß diese Margarine jung macht?

Das wäre noch blödsinniger. Niemand wird jünger, auch wenn viele das gerne möchten.

Natürlich ist es kein reines Vergnügen, alt zu werden, aber so schlimm, wie manche tun, ist es auch nicht. Ich muß sagen, ich war gern jung, aber ich bin auch nicht ungern alt.

Es bringt nämlich manche Vorteile.

Erstens erwartet niemand mehr von einem, daß man sich wer weiß wie feurig gebärdet, was auf die Dauer recht anstrengend ist.

Zweitens ist man reifer, und das bedeutet, daß man viele Dinge belächelt, über die man sich früher mächtig aufgeregt hat.

Man hat eben Erfahrungen gesammelt und weiß, daß die

meisten Probleme vorübergehen, wenn man nur lange genug abwartet.

Nehmen wir nur unseren Briefträger. Was habe ich mich früher gegiftet, wenn er Sturm klingelte und dann im Laufschritt durch den Vorgarten zum Briefkasten rannte.

Ich fand es empörend, mit so viel Krach und Tempo in meine Wohnmeile einzubrechen, wo ich sie doch Tag für Tag mit größter Gewissenhaftigkeit durch mehrere Pfützen markierte. Hatte der Mensch denn keine Nase?

Briefträger, dachte ich, sind ausgemachte Flegel, die die einfachsten Höflichkeitsregeln nicht beherrschen, die da heißen:

Man nähere sich langsam der Wohnmeile eines Hundes, mit friedlich vorgestreckter Hand, lasse sich beschnuppern und beteure, daß man in freundschaftlicher Absicht gekommen sei. Erst wenn der Hund das Nähertreten gestattet, gehe man langsam und dankbar weiter.

Wie gesagt, Herr Westermann, der Briefträger, hielt sich nie daran. Deshalb habe ich ihm zweimal die Hosenbeine zerrissen, einmal seinen Sturz vom Rad bewirkt, weil ich ihn angesprungen habe, und mindestens hundertmal in die Waden gezwickt.

Es war eine aufregende Feindschaft, und Herr Westermann revanchierte sich dafür, daß er mich einen Mistköter nannte und mir mit einer Gerte eins überzog, wann immer er Gelegenheit dazu hatte. Dabei muß ich ehrlich sagen, daß er jedesmal in Notwehr handelte.

Und wie sieht es heute aus? Wir sind beide älter geworden. Herr Westermann kommt nicht mehr im Laufschritt auf die Haustür zu, er klingelt auch nicht mehr so aufdringlich – oder ich höre es nicht mehr so schrill und laut – und letzte Weihnachten hat er sogar zu mir gesagt:

»Na, Julius, alter Erbfeind, mir scheint, wir kriegen beide graue Haare. Ich auf dem Kopf und du im Bart.«

Dann hat er mich, wie es sich gehört, zuerst an seiner Hand schnuppern lassen und danach gekrault. Als er ging, habe ich ihm nur anstandshalber ein bißchen nachgebellt, aber dabei mit dem Schwanz gewedelt.

Auch mit anderen Hunden verstehe ich mich jetzt besser als früher. Man begegnet mir freundlicher; die Alten, weil sie ebenfalls friedfertiger geworden sind, und die Jungen, weil sie mich respektieren oder nicht mehr für voll nehmen.

Wobei mich letzteres gar nicht kratzt. Sollen sie mich ruhig für einen beknackten Opa halten – Hauptsache, ich habe meine Ruhe.

Doch, doch, es hat schon eine Menge für sich, alt zu sein. Man wird dabei ja auch um vieles klüger.

Beispielsweise weiß ich heute, daß ich es nicht vertrage, einen Gummiball zu fressen, und lasse es bleiben. Und um Wollfäden mache ich ebenfalls einen großen Bogen. Erinnerst Du dich, was es jedesmal für ein peinliches Theater mit der Verdauung gab, wenn die Fäden wieder herauswollten?!

Aber ich bin vom eigentlichen Thema abgekommen, nämlich von der Dackelschau.

Bitte, lach nicht darüber, daß ich brummig war, weil um Tessy so viel Aufhebens gemacht wurde. So alt kann gar kein Hund werden, daß er nicht trotzdem noch ein bißchen eitel wäre.

Tessy allerdings legte meine kurzangebundene Art falsch aus und fuhr sogleich auf mich los:

»Ach, dir gefällt so eine dürre rotblonde Hippe wohl? Dann geh doch hin zu ihr!«

Das konnte sie leicht sagen, wo die Hündin im Ring war und ich an der Leine. Außerdem war ihre Rute wirklich kürzer als die von Tessy. Und die Ohren waren es auch, wie mir schien.

Trotzdem finde ich es letzten Endes nicht wichtig, ob ein Hund kurze oder lange Ohren hat, gerade oder krumme Beine oder was es sonst noch für Rassemerkmale gibt.

Deshalb sagte ich auch, so würdevoll ich vermochte: »Wahre Schönheit kommt von innen, Tessy«, aber sie schnaufte nur verächtlich.

»Deshalb hältst du dich wohl für einen Adonis, was? Weil du dir auf deine schöne Seele soviel einbildest.«

Man konnte nicht mit ihr reden. Sie war aufgeregt und suchte ein Ventil.

Eben noch hatte sie behauptet, völlig desinteressiert an der Schönheitskonkurrenz zu sein, aber jetzt hatte sie offenbar eine Art Miß-Fieber ergriffen.

Sie ließ den Ring und die nächsten Hunde, die von ihren Herrschaften vorgeführt wurden, nicht aus den Augen und fand an jedem etwas auszusetzen.

Michael übrigens auch.

»Die sind alle nicht so schön wie Tessy«, stellte er fest und erntete damit einen unfreundlichen Blick seiner Tischnachbarn, die zwei Langhaardackelhündinnen dabei hatten.

»Wieviel Auszeichnungen hat Ihre denn schon bekommen?« fragte die Frau, eine vollbusige Dame mit moderner Wuschelkopffrisur.

»Noch gar keine«, antwortete Sabine. »Wir sind zum erstenmal auf solch einer Veranstaltung.

Die Vollbusige betrachtete sie, als hätte sie erklärt, zum erstenmal im Leben ein Wasserklosett benutzt zu haben.

»Na, dann viel Glück. Hoffentlich stellt sich Ihre Hündin nicht dumm an. Es liegt nämlich viel am Tier selbst, wie es sich präsentiert, vor allem bei der Endausscheidung. Unsere beiden haben zusammen schon zwanzig Siegertitel nach Hause gebracht, sogar auf internationalen Konkurrenzen, und ich weiß nicht, wie viele ›vorzüglich‹ und ›CAC‹.«

»Ach, Tessy braucht gar nicht Sieger zu werden«, sagte Michael. »Wir sind eigentlich nur aus Spaß hier, um mal zu sehen, wie es auf so einer Dackelschau zugeht. Na, und bei der Gelegenheit wollten wir sie eben von einem Fachmann begutachten lassen.«

Die Vollbusige warf einen gnädigen Blick auf Tessy. »Na ja, sie ist ja ganz niedlich. Wenn das Gebiß in Ordnung ist, wird sie bestimmt mit ›sehr gut‹ bewertet.«

Tessy hatte sich flach auf den Boden gelegt, den Kopf auf die Pfoten, und schielte vor Entrüstung.

»Ganz niedlich«, wiederholte sie. »Der möchte ich zu gern

mal zeigen, wie mein Gebiß in Ordnung ist. Was meinst du, Julius, soll ich sie zwicken, wenn sie aufsteht? Sie hat so schöne runde Waden.«

»Laß das lieber bleiben«, erwiderte ich besorgt. »Ich weiß nicht, wie es hier zugeht. Womöglich kriegen bissige Hunde einen Minuspunkt.«

»Dann zwicke ich sie eben nach der Bewertung«, sagte Tessy und setzte sich vor mich in Positur. »Sag mal, sind meine Ohren in Ordnung?«

»Wie meinst du das?« fragte ich verblüfft.

»Na, ob sie noch anständig gekämmt sind. Und der Schwanz auch. Ich hätte mich auf der Herfahrt nicht auf dem Rücksitz herumkullern sollen. Bestimmt sehe ich ganz zerzaust aus.«

»Du siehst hübsch aus wie immer«, sagte ich aufrichtig.

»O Gott!« Tessy zog ein Gesicht, als hätte sie ein Stück Bockwurst mit Senf erwischt. »Es juckt mich ganz furchtbar auf dem Rücken. Meinst du, ich könnte mich kratzen, ohne daß mein Fell in Unordnung gerät?«

»Tessy, Tessy!« Ich war ehrlich fassungslos. »Ich glaube, du bist ganz schön verrückt. Willst du etwa die Schönheitskonkurrenz gewinnen?«

»Unsinn. Ich will nur meinem Herrchen und meinem Frauchen keine Schande machen. Also, du meinst, ich könnte mich kratzen? Na schön, auf deine Verantwortung.«

Und sie kratzte sich mit verdrehten Augen. »Aah, tut das gut! Aber weil du gerade davon angefangen hast, Julius – gibst du mir denn eine Chance – beim Gewinnen, meine ich?«

Ich wurde vorsichtig. »Wie soll ich das wissen? Erstens bin ich kein Richter, und zweitens müßte ich dazu alle Hunde hier gesehen haben. Und drittens ist so was vielleicht auch Geschmackssache.«

»Natürlich«, sagte Tessy. »Ich habe dich ja auch bloß nach deinem Geschmack gefragt. Aber bitte, wenn du meinst, daß andere schöner sind ...«

»Das habe ich nicht gesagt. Ich habe lediglich deine Chancen bei den Richtern beurteilt. Und überhaupt, Tessy, seit wann bist du so erpicht auf Schönheitswettbewerbe? Ich erinnere mich noch gut, wie du neulich jedes Konkurrenzdenken als kapitalistische, auf Profitgier ausgerichtete Infiltration des gesunden Volksempfindens bezeichnet hast. Und über Mißwahlen hast du gesagt, sie seien ein demütigendes Zurschaustellen der Frauen.«

»Stimmt ja auch. Aber hier geht es nicht um Frauen, sondern um Hunde.«

»Und glaubst du nicht trotzdem, daß auch hierbei ein gewisses Maß an kommerziellem Interesse eine Rolle spielt? Ein preisgekrönter Hund ist mehr wert als ein anderer. Und die Kinder von preisgekrönten Hunden ...«

»Julius«, unterbrach Tessy mich gereizt, »du betreibst Polemik. Mein Herrchen und mein Frauchen wollen weder mich, noch meine Kinder verkaufen. Aber es hebt ihr Immitsch, wenn ich prämiert werde.«

»Haben sie das nötig?« Ich zitierte wieder Tessy. »Immitsch-Pflege ist in der letzten Konsequenz doch immer nur Hinwendung zum Establishment. Ich bin etwas Besseres, also habe ich ein tolleres Auto, ein größeres Haus, einen schöneren Hund ...« Und du warst doch immer gegen das Hervorheben oder Züchten elitärer Schichten.«

»Das bin ich auch heute noch«, erwiderte Tessy unbeirrbar. »Aber jeder Mensch braucht ab und zu ein Erfolgserlebnis. Und für Michael und Sabine wäre es eins, wenn ich bei der Bewertung gut abschnitte. Sie haben schließlich zwölf Mark bezahlt, damit ich starten kann. Und Michael hat mich heute morgen eine halbe Stunde gebürstet und mir die Zähne geputzt, damit sie schön weiß sind. Glaubst du, ich soll bei der Bewertung ein paarmal gähnen, damit alle sehen, was für ein prima Gebiß ich habe?«

»Brauchst du nicht. Die Richter gucken sowieso jedem Hund in den Mund.«

Tessy musterte die beiden Hündinnen an unserem Tisch. Dann rutschte sie nahe an mich heran und flüsterte:

»Die linke hat bestimmt einen leichten Überbiß. Und so was soll mehrere Siegertitel bekommen haben? Ha, dann schlage ich aber alle aus dem Feld. Wenn ich nur nicht so schwitzen würde ...«

»Das ist die Aufregung«, sagte ich tröstend. »Um Himmels willen, Tessy, mach dich doch nicht verrückt. Was liegt an so einer dummen Schönheitskonkurrenz!«

Aber es war zwecklos. Zwar beteuerte Tessy im Brustton der Überzeugung, daß es ihr persönlich ganz egal sei, wie sie bewertet würde, es ginge ihr nur um Sabine und Michael – doch das war eine reine Schutzbehauptung. Der Ehrgeiz hatte sie gepackt, und sie war mindestens so nervös wie eine Fußballelf vor dem Endspiel um die Weltmeisterschaft.

Ich war richtig froh, als Sabine endlich aufstand und mit Tessy zum Ring ging. Die Schlange davor hatte sich aufgelöst, es war nur noch ein Ehepaar mit drei jungen Rauhhaardackeln vor ihr, die dauernd an der Leine zerrten, in das Leder bissen, kläfften und sogar am Richtertisch Pfützchen machten.

Übrigens waren sie nicht die einzigen, denen das passierte, und daran war bestimmt die allgemeine Hektik schuld. Es regte sich auch niemand darüber auf.

Aber während Sabine mit Tessy am Eingang zum Ring wartete, ging ein Mann mit einem Limonadenglas vorüber. Es fiel ihm aus der Hand und zersplitterte.

Der Mann wollte sich verdrücken, aber da hättest Du mal die empörten Hundebesitzer erleben sollen.

»Schweinerei! Frechheit! Sofort räumen Sie die Scherben weg!« schimpfte alles durcheinander.

Der Mann war ganz verstört. »Womit denn? Ich zerschneide mir ja die Finger!«

»Na und? Das ist weniger schlimm, als wenn sich unsere Hunde die Pfoten zerschneiden!« rief ein großer dicker Mann, und die Umstehenden nickten.

»Wie kann man nur so rücksichtslos sein. Scherben machen und sie einfach liegen lassen! Wirklich unglaublich!«

Der also Beschimpfte retirierte zur Ausgangstür, hochrot im Gesicht vor Verlegenheit. »Vielleicht kann ich mir im Restaurant Schaufel und Besen ausleihen.«

In seiner Aufregung achtete er nicht, wohin er trat, und landete mit dem linken Schuh voll in einem Hundehäufchen.

»Verdammt noch mal!« zeterte jetzt er. »Und was ist das? Ist das vielleicht keine Schweinerei? Keine Frechheit, so was einfach liegen zu lassen? Fassen Sie sich doch an Ihre eigenen Nasen, bevor Sie anständige Leute anfeinden.«

Damit verließ er die Halle und ließ überall Tappsen zurück. Er kam auch nicht wieder, und der dicke Mann und ein paar andere sammelten die Glasscherben auf. Sie putzten auch das Häufchen fort, und der dicke Mann sagte: »Ich möchte bloß wissen, was so ein Kerl auf einer Dackelschau sucht. Regt sich über so'n kleines Malheur auf.«

Über alldem hatte ich gar nicht mehr auf Tessy geachtet, und als ich nun wieder zu ihr hinsah, war sie bereits an der Reihe. Sabine mußte sie auf den Tisch heben, wo der Richter sie erst an seiner Hand schnuppern ließ und dann streichelte.

Tessy schwitzte immer noch ganz furchtbar, sie hechelte, und auf dem Boden, wo sie vorher gesessen hatte, waren ihre nassen Pfotenabdrücke zu sehen.

Sabine zeigte Tessys Stammbaum vor, und ich nutzte die Gelegenheit, um ein paarmal ermutigend zu bellen.

»Ruhig, Julius«, sagte Michael mechanisch, aber er blickte mich überhaupt nicht an dabei, sondern ließ Tessy nicht aus den Augen.

Ich hatte ihn stark im Verdacht, daß ihn nun auch das Miß-Fieber gepackt hatte.

Der Richter befühlte Tessys ganzen Körper und schaute sich natürlich auch ihre Zähne an. Er betrachtete ihre hübsche, schmale, leicht gebogene Nase, maß die Länge der Ohren und der Rute, und dann mußte Sabine sie wieder vom Tisch heben und eine Runde mit ihr laufen.

Manchmal hat Tessy die Angewohnheit, wie verrückt an der Leine zu zerren oder, wenn es ihr nicht paßt, daß sie spazierengehen muß, wie ein uralter Hund hinterherzuschleichen. Aber diesmal lief sie vorbildlich, mit leicht erhobenem Kopf und schlenkerte dabei sehr sexy mit den Hüften.

Sie bekam »CAC«, und das bedeutete, daß sie an der Endausscheidung für die drei Siegertitel teilnehmen durfte. Aber die fand erst am Nachmittag statt; deshalb gingen wir erst einmal alle miteinander essen.

Natürlich freuten sich Michael und Sabine mächtig, daß Tessy so gut abgeschnitten hatte, und auch ich war ziemlich stolz.

»Herzlichen Glückwunsch«, sagte ich zu ihr, aber sie fuhr sofort auf:

»Um Himmels willen, keine Vorschußlorbeeren. So was bringt Unglück.«

Auf dem Weg zum Restaurant schnupperte Tessy nicht einmal an einem Baum oder einer Hausecke, sondern bemühte sich sorgsam, nirgendwo schmutzig zu werden.

Statt dessen wackelte sie mehr denn je mit der Kehrseite und hatte die Nase hoch erhoben. Gegen ihre Gewohnheit bettelte sie auch nicht beim Essen, was Michael zu der besorgten Bemerkung veranlaßte:

»Tessy wird doch nicht krank sein? Vielleicht war die Aufregung zuviel für sie. Ich habe sie vorhin beobachtet – sie war ja fix und fertig.«

»Unsinn«, beruhigte ihn Sabine. »Sie ist nicht krank, sondern nur eingebildet auf ihre Schönheit.« Und damit hatte sie recht.

Tessy benahm sich wie eine Diva, die von Reportern belagert wird. Sie posierte, drehte den Kopf mal hier-, mal dorthin und fragte mich: »Wo ist eigentlich meine Schokoladenseite, Julius? Rechts oder links?«

»Keine Ahnung«, antwortete ich. »Siehst du nicht von allen Seiten gleich aus?«

»Natürlich nicht. Jeder besteht doch aus zwei Hälften, von denen die eine hübscher als die andere ist. Also, sag schon, wo ich vorteilhafter wirke. Das ist wichtig, wenn ich nachher vorgeführt werde.«

Ich ging um Tessy herum, konnte aber beim besten Willen nicht feststellen, was ihre Schokoladenseite war. Als ich es ihr sagte, reagierte sie ziemlich sauer und warf mir – ich weiß nicht, zum wievielten Male – mein Alter vor.

»Das ist doch zu blöd! Jetzt siehst du schon nicht mehr richtig! Oder du verkalkst allmählich! Gib dir doch ein bißchen Mühe, ich muß wissen, wie ich mich am besten präsentiere.«

Daß sie mich so rüde anfuhr, brachte mich auf. Deshalb verkroch ich mich unter Sabines Stuhl, entgegnete nur: »Du kannst mir mal im Mondschein begegnen!« und redete kein weiteres Wort mehr.

Es waren noch mehr Dackelbesitzer mit ihren Hunden zum Essen gekommen, die von Tessy mit scheelen Blicken bedacht wurden, jedenfalls die Hündinnen. In jeder witterte sie eine Konkurrenz, und einmal murmelte sie:

»Die haben alle viel schönere Halsbänder als ich. Ob das beim Gesamteindruck eine Rolle spielt?«

Fast tat sie mir schon wieder leid, weil sie so versessen auf einen Siegertitel war, aber ich blieb standhaft und gab ihr keine Antwort. Statt dessen stupste ich Sabine am Bein und bekam auch prompt ein Stück Rinderbraten.

Woraus du siehst, daß es viel praktischer ist, älter und entsprechend uneitler zu sein.

Um zwei mußten wir dann wieder in die Halle zurück, und wenn möglich, war Tessy noch aufgeregter als am Vormittag.

Zuerst wurden die einzelnen Dackelzuchten prämiert, dann die jungen Hunde bis zu fünfzehn Monaten. Das dauerte ziemlich lange, und in mir setzte sich immer mehr die Erkenntnis durch, daß Dackelschauen für unsereins eine ziemliche Strapaze sind.

Mit zwei, drei Hunden zusammenzutreffen und ein bißchen herumzubalgen ist ja ganz schön. Aber wenn an die zweihundert Dackel durcheinanderbellen und jaulen, dann zerrt das an den Nerven. Jedenfalls an meinen.

Hinzu kamen der Mann vor dem Mikrophon, dessen Stimme durch den ganzen Saal hallte, der Applaus des Publikums, wenn die jeweiligen Sieger bekanntgegeben wurden, und das Durcheinanderreden der Leute.

Dabei vor sich hin zu dösen war ganz unmöglich, geschweige denn ein Nickerchen zu halten.

Und dann fuhr ich plötzlich wie von der Tarantel gestochen hoch, denn der Mann am Mikrophon sagte:

»Bevor wir jetzt in der Bewertung der offenen Klassen fortfahren, wollen wir unseren Publikumsliebling wählen. Dazu bitten wir alle Dackel, die älter als zehn Jahre sind, mit ihren Besitzern in den Ring.«

»Wie denn? Was denn?« Auch Tessy war aufgesprungen. »Alte Hunde werden ebenfalls prämiert? Das ist vielleicht ein Hammer!«

Ich habe die Überzeugung gewonnen, liebes Frauchen, daß weibliche Wesen viel erpichter auf Schönheitskonkurrenzen sind als männliche. Mir jedenfalls war meine Ruhe lieber.

Ich hatte keine große Lust, begafft und womöglich noch abgetastet zu werden, ob mein Brustkorb im richtigen Verhältnis zu meiner Körpergröße steht und ob meine Ohren wenigstens bis zur Nasenspitze reichen.

Auch finde ich es abscheulich, wenn jemand, den ich gar nicht kenne, mein Gebiß begutachtet, indem er mir den Mund aufdrückt oder die Lefzen hochzieht.

In der Fachsprache, die die Menschen für uns Hunde entwikkelt haben, heißt Mund übrigens Fang, was ich höchst befremdlich finde. Schließlich habe ich es nicht nötig, irgend etwas damit zu fangen, weil ich mein Essen fein säuberlich hingestellt bekomme und die Häppchen vom Tisch angereicht, wie es sich in zivilisierten Familien gehört.

Aber manche Menschen haben eben einen Hang, die merkwürdigsten Fachausdrücke zu entwickeln.

Erinnerst Du Dich noch an Herrn Heinholtz, der eine Zeitlang im Nachbarhaus lebte? Er war begeisterter Bergsteiger, und wenn er von seinen Touren im Hochgebirge erzählte, haben sich mir so manches Mal die Barthaare gesträubt.

»Das war im Sommer 73, als ich zum erstenmal durch die Schrattenwand gegangen bin.« Oder: »Es war eine besonders kühne Führe über den Südwestpfeiler zum Gipfel.« Oder: »Den Kamin mußte ich schlucken. Ich stieg in eine seichte Verschneidung, aber der Fels war unverläßlich.«

Selbst wenn man mit einem einigermaßen klaren Dackelverstand begabt ist, ist es schwer, solche Redewendungen zu verstehen.

Doch ich bin schon wieder vom Thema abgeschweift, nämlich von meiner Beobachtung, daß Frauen ein ganz besonderes Faible für Schönheitskonkurrenzen haben.

Denn nicht nur Tessy geriet bei der Vorstellung, ich könne daran teilnehmen, in helle Aufregung – auch Deine Schwiegertochter. Sie drückte Michael meine Leine in die Hand und sagte: »Na los, worauf wartest du noch? Oder hast du nicht gehört – alle Hunde über zehn Jahre sollen in den Ring.«

Dein Sohn genierte sich offenbar genauso wie ich, an die Öffentlichkeit zu treten. »Aber das ist doch Unsinn. Wir hatten doch gar nicht vor, auch Julius bewerten zu lassen.«

»Aber er ist bildschön für sein Alter!« erklärte Sabine, was ich wiederum sehr nett von ihr fand. »Bestimmt hat er gute Chancen. Also geht schon.«

Michael unternahm einen letzten Versuch, sich zu drücken. »Wieso ich? Geh du doch!«

Sabine seufzte und verdrehte die Augen. »Ich gehe nachher mit Tessy. Jetzt bist du an der Reihe.«

»Na schön.« Michael erhob sich ziemlich widerwillig, während ich noch unter dem Tisch liegen blieb, um damit zu dokumentieren, daß ich seinen Widerwillen teilte.

Tessy schubste mich mit der Nase in die Rippen.

»Steh doch auf! Und laß dich bloß nicht ziehen. Hast du gesehen, wie es die anderen machen? Du mußt links neben Michael hergehen, nicht zu schnell und nicht zu langsam. Und später, wenn das Kommando zum Halten kommt, mußt du quer vor ihm stehenbleiben, damit man deine Haltung beurteilen kann. Nicht, daß du dich etwa faul auf den Boden legst. Und wipp nicht so beim Laufen. Das gibt bestimmt einen Minuspunkt.«

»Ich wippe nicht, ich federe«, erwiderte ich mißmutig. »Und im übrigen finde ich, man sollte einen alten Hund mit solchem Firlefanz in Frieden lassen. Oder hast du noch mehr Ratschläge auf Lager? Soll ich vielleicht den Bauch einziehen und den Unterkiefer gegen die Brust drücken, damit man meine weißen Barthaare nicht sieht?«

»Nein, aber laß den Rücken nicht so durchhängen!« rief Tessy mir unbeirrt nach, als ich mit Michael zwischen den Tischen hindurch zur Saalmitte ging.

Außer uns beiden nahmen noch fünf andere Dackel mit ihren Herrchen oder Frauchen an der Ausscheidung teil.

Ich beobachtete sie unauffällig, während der Mann am Mikrophon sagte: »Ah, da sind sie ja, unsere Senioren! Herzlich willkommen. Und nun bitte immer schön im Kreis gehen, einer nach dem anderen, damit unser Publikum Ihre Hunde genau begutachten kann.«

Es ist seltsam – in den letzten Jahren habe ich festgestellt, daß die Menschen zueinander eigentlich viel unhöflicher geworden sind – nur in den Bezeichnungen für andere höflicher.

Beispielsweise steht doch kaum jemand mehr im Bus oder in der Straßenbahn auf, um einer alten Frau Platz zu machen.

In den Straßen schiebt und drängelt alles durcheinander, ohne Rücksicht, ob man jemand anderem auf den Zeh tritt oder den Ellenbogen in die Rippen drückt. Autofahrer hupen und schreien sich an, zeigen sich einen Vogel, beschimpfen Passanten mit »dämliche Ziege« oder »Knallkopf« und noch schlimmeren Ausdrücken, die ich hier nicht wiedergeben möchte. Kinder ahmen dieses Verhalten nicht nur nach, sondern übertreffen es noch, und wann, bitte schön, hält ein Herr heutzutage einer Dame schon mal die Tür auf, erhebt sich zur Begrüßung oder bückt sich, wenn ihr etwas hinfällt, um es aufzuheben?

In diesen kleinen Gesten der Höflichkeit sind die Menschen, so finde ich, leider ziemlich nachlässig geworden. Statt dessen legen sie gesteigerten Wert auf eine vornehme Ausdrucksweise – und das wiederum kommt einem alten Hund wie mir nicht nur widersinnig, sondern auch ein bißchen albern vor.

Ist es denn abwertend, eine Reinemachefrau zu sein, so daß man sie Raumpflegerin nennen muß? Oder Lehrlinge Auszubildende, Blumenbinderinnen Floristinnen, Vertreter Gebietsbeauftragte? Und alte Leute heißen heutzutage eben Senioren – so, als ob es eine Schande wäre, alt zu sein, und man diesen Begriff schamhaft umschreiben müßte. Es ist doch auch kein Verdienst, jung zu sein, oder?

Ich vermute, die Siebzigjährigen hätten gar nichts dagegen, so wie früher als »unsere Alten« bezeichnet zu werden, wenn man ihnen dafür ein wenig mehr Nettigkeit entgegenbrächte.

Diese Gedanken stammen übrigens von mir allein; mit Tessy habe ich nicht darüber gesprochen. Denn wie ich sie kenne, findet sie diese neumodischen Ausdrücke ganz in Ordnung und möchte sie sogar in verstärktem Maße eingeführt sehen.

Vielleicht verlangt sie am Ende noch, daß das Wort Hund für unsereins abgeschafft wird, weil es im menschlichen Sprachgebrauch oftmals als Schimpfwort verwendet wird (blöder Hund, Schweinehund, Hundesohn usw.). Das ist sicherlich nicht schön – aber wie sollte man uns sonst nennen? Vierbeiniger Freund? Bello? Wau-wau? Schnuff-schnuff?

Das klingt doch blöd, und deshalb habe ich gar nichts dagegen, auch in Zukunft als Hund oder sogar alter Hund tituliert zu werden. Man könnte höchstens die oben angeführten Schimpfworte abschaffen.

Aber der Herr am Mikrophon wollte sicherlich nur nett sein, als er mich und meinesgleichen mit »unsere Senioren« ansprach. Er war auch sehr freundlich und roch durchaus vertrauenerweckend, wie ich später feststellen konnte, als er Michael und mich beglückwünschte.

So – und jetzt muß ich damit herausrücken: Ich bin nämlich vom Publikum mit überwältigender Mehrheit zum »schönsten alten Hund« gewählt worden.

Das ging so vor sich: Jeder Teilnehmer bekam eine Nummer – Michael, beziehungsweise ich die Zwölf, wir mußten ein paarmal im Kreis herumgehen, damit uns alle betrachten konnten, und dann während der Abstimmung stehenbleiben.

Natürlich hat nicht das ganze Publikum abgestimmt, das hätte ja viel zu lange gedauert. Nur die Zunächstsitzenden bekamen Zettel, auf denen sie die Nummer des Hundes schrieben, der ihnen am besten gefiel – ja, und das war mit fünfunddreißig Stimmen Dein alter Julius.

Zweite wurde eine elfjährige Langhaardackelhündin namens Anka von der Schönwiese und Dritter ein Rauhhaardackel wie ich, der den verrückten Namen Florimond vom Reckenstein hatte.

Übrigens war das ein ziemlich unangenehmer Patron, denn er knurrte bei der Siegerehrung etwas von Schiebung, weil die Besitzerin von Anka von der Schönwiese auf allen Hundeausstellungen zu sehen sei, daher Gott und die Welt kenne und wahrscheinlich schon vor der Wahl um Stimmen für ihre Hündin geworben habe.

Ich habe diesem Florimond gar keine Antwort darauf gegeben.

Bestimmt hätte er auch Michael und mir liebend gern etwas angehängt, aber das konnte er nicht, weil wir ja zum erstenmal auf einer Dackelschau waren.

Bei der Siegerehrung haben uns alle Leute beklatscht, Michael hat mich hochgehoben und mir einen Kuß auf den Kopf gegeben. Hinterher bekamen wir eine Urkunde, eine Plakette und sechs Flaschen Sekt.

Das bringe ich alles mit, wenn ich wieder nach Hause komme, liebes Frauchen.

Mir persönlich wäre eine Leberwurst zwar lieber gewesen als der Sekt, aber sonst, das muß ich ehrlich eingestehen, war es ein erhebendes Gefühl, sich als der schönste alte Hund zu fühlen und soviel Applaus zu bekommen.

Natürlich haben mir vor Aufregung und Rührung wieder einmal die Zähne geklappert, aber das hat in dem allgemeinen Lärm zum Glück niemand gehört.

Tessy war ganz blaß um die Lefzen, als wir an unseren Tisch zurückkamen, und sprang an Sabine hoch, die mich auf den Arm nahm und ebenfalls abküßte.

Ich fürchtete zuerst, Tessy sei vielleicht sauer, weil ich gewonnen hatte, aber das Gegenteil war der Fall.

Sie war so stolz, als hätte sie den Siegerpreis bekommen, und hat bei der Stimmauszählung so gezittert, daß ihr jetzt noch schlecht war.

Und zum Schluß meinte sie: »Na ja, wir vier sind ja auch eine außergewöhnlich schöne Familie.«

Womit sie wieder einmal recht hat.

Sie bekam es noch ein weiteres Mal bestätigt, denn bei der Endausscheidung der Langhaardackelhündinnen kam Tessy immerhin auf den dritten Platz mit dem Titel »Sieger der Stadt Düsseldorf«.

Ihr Bibbern hat sich also gelohnt, wenngleich der eine Ringrichter später zu Michael sagte: »Ihre Kleine ist wirklich bildhübsch. Nur müssen Sie ein bißchen auf ihre Linie achten. Sie ist eine Spur zu mollig. Wer weiß, sonst hätte sie vielleicht sogar den ersten Preis gekriegt.«

Dein Sohn reagierte etwas betreten. »Aber ich finde Tessy ganz schlank.«

Sabine lachte: »Da hast du's! Deine fehlgeleitete Liebe, die sich immer in Kalorien ausdrücken muß.«

Und Tessy meinte schulterzuckend: »Figur ist Modesache. Mal muß man spindeldürr sein, mal sind wieder Kurven gefragt. Ich jedenfalls denke nicht daran, abzunehmen. Ich gehe erst wieder zu einer Schönheitskonkurrenz, wenn Formen ›in‹ sind.«

Zu Hause haben wir ein Viertelpfund gekochten Schinken gekriegt – als nächträgliche Siegerehrung, wie Michael sagte. Und das, finde ich, war das Schönste von der ganzen Dackelschau.

Jetzt tun mir aber die Pfoten weh von diesem langen Brief, darum will ich ihn endlich beenden und auf meinen Lorbeeren ausruhen.

Ich schlecke Dir ganz toll die Hände, liebes Frauchen. Bleib gesund und vergiß nicht
Deinen alten preisgekrönten Julius.

11

Mein liebes Frauchen!

Endlich sind wir mal wieder in Hinterwiesen, und zwar für zwei Wochen, weil Michael Urlaub genommen hat.

Das heißt, beinahe wäre noch alles ins Wasser gefallen. Fräulein Lütjenbrink – Du erinnerst Dich, die Dame mit dem Pudelkopf aus der Redaktion »Blickpunkt der Frau« – ist nämlich krank geworden, und Michael sollte sie vertreten. Aber schließlich hat Herr Halberstein es so geregelt, daß Michael die Leserbriefe für Fräulein Lütjenbrink übernimmt und von Hinterwiesen aus bearbeitet und ein anderer Redakteur Fräulein Lütjenbrinks übrige Aufgaben.

Also ist es für Deinen Sohn eigentlich nur ein halber Urlaub, denn er muß zwischendurch für die Zeitung schreiben. Und außerdem beschäftigt er sich mit seiner Einkommensteuer-Erklärung.

Darüber ist es gestern zwischen Michael und Sabine zum Krach gekommen. Sabine ist nämlich der Ansicht, daß man die Einkommensteuer-Erklärung einem Steuerberater überlassen soll, aber Dein Sohn meint, er könne das genausogut, wenn nicht noch besser.

Er hat auch ein paar Broschüren mitgenommen, die er eifrig studiert. »Der Kaufmann und das Steuerrecht«, »Bürgerinformation zur neuen Steuergesetzgebung« und eines mit dem unverständlichen Titel »Von der Nullzone bis zur oberen Proportionalzone«.

Ich habe Tessy gefragt, ob sie wüßte, was das ist, und sie hat natürlich »Natürlich!« gesagt.

»Du bist wirklich sehr schwerfällig im Denken, Julius. Das

ist doch ganz klar. Nullzone bedeutet soviel wie gar nichts. Das sind die Leute, die nichts verdienen, die Nullen eben. Und Proportionalzone ... Hast du noch nie etwas von Proportionen gehört?«

»Nein«, sagte ich wahrheitsgemäß und entlockte Tessy ein mißbilligendes »Tz, tz, tz«. Dann fuhr sie fort: »Ich, zum Beispiel, habe welche. Eine schmale Taille und ein rundes Hinterteil. Mein Brustumfang steht in einem idealen Verhältnis dazu. Meine Beine sind genauso kurz und krumm, wie sie sein sollen im Vergleich zu meinem Körper. Ich bin also gut proportioniert, verstehst du?«

»Ja, schon«, erwiderte ich. Denn daß Tessy hübsch gewachsen ist, weiß ich schon lange. Man braucht sie ja nur anzuschauen. Trotzdem finde ich es nicht besonders fein von ihr, daß sie so oft darauf hinweist. Man lobt sich nicht fortwährend selbst.

Doch in diesem Punkt hat Tessy ja noch nie Hemmungen gehabt.

»Aber was haben deine krummen Beine mit der Proportionalzone zu tun?« lenkte ich auf unser eigentliches Gesprächsthema zurück.

Tessy rümpfte die Nase. »Das ist doch sonnenklar. Auf das Finanzwesen übertragen, bedeuten Proportionen eben das Verhältnis, in dem die Steuern zu den Einkünften stehen.«

»Aha«, sagte ich. »Dann ist es sicherlich ein sehr schlechtes Verhältnis. Denn jeder behauptet doch, daß er zu wenig verdient und zuviel Steuern zahlt. Oder hast du es schon mal umgekehrt gehört?«

»Mußt du mir eigentlich immer widersprechen?« fragte Tessy gereizt.

Ich beeilte mich, den Kopf zu schütteln, weil ich nicht das geringste Bedürfnis nach einer von Tessys Grundsatzdiskussionen verspürte, und sie fuhr in gemäßigterem Ton fort:

»Dein Glück. Im übrigen – mein Herrchen verdient bestimmt nicht zu wenig. Schließlich hat er den Doktortitel, ist in seinem Beruf anerkannt, und niemand könnte es wagen, uns als arme Leute zu bezeichnen. Für uns kommt mindestens die mittlere

Proportionalzone in Frage.«

»Und das findest du gut?« fragte ich konsterniert.

»Warum nicht? Es beweist doch, daß wir zu den höheren Einkommensklassen gehören.«

»Ja, aber wenn Michael nun eine Menge Steuern nachzahlen muß?«

Tessy warf den Kopf in den Nacken. »Es war schon immer teuer, etwas Besonderes zu sein.«

In diesem Augenblick rief Michael durch das offene Fenster: »Sabine, ach bitte, komm doch mal her.«

Wir waren nämlich im Garten, wo Deine Schwiegertochter Unkraut jätete. Ich glaube, ich habe vergessen, Dir zu schreiben, daß der schöne Hofraum nun endgültig in einen Garten umgewandelt worden ist, mit einer Rasenfläche und Blumenbeeten drum herum. Und hinter dem Haus sind Bohnen, Zwiebeln, Salat, Porree, Gewürzkräuter und ähnliche unnütze Dinge angepflanzt.

Sabine richtete sich auf und rief ziemlich ungnädig zurück: »Was ist denn? Du siehst doch, daß ich zu tun habe. Außerdem bin ich schmutzig.«

Es hatte nämlich gestern noch geregnet, und die Erde war ganz aufgeweicht. Sabine hatte nicht nur dicke Klumpen an den Händen, ihre Gummistiefel sahen noch schlimmer aus. Deswegen hielten Tessy und ich uns wohlweislich auf dem Kiesweg.

Nicht, daß ich etwas gegen ein paar Erdklumpen im Fell und an den Pfoten gehabt hätte – aber sehr viel gegen das nachfolgende Baden.

»Aber es ist wichtig!« beharrte Michael. »Bitte, komm rein. Hier ist ein Formular, von dem ich überhaupt nicht weiß, wie ich es ausfüllen soll.«

»Also schön.« Ziemlich ungnädig marschierte Deine Schwiegertochter auf das Haus zu und zog vor der Tür ihre Stiefel aus. Sie wusch sich in der Küche die Hände und ging in das frühere kleine Wohnzimmer, das sich Michael, seit der Stallumbau fertig ist, als Arbeitsraum eingerichtet hat.

Weil wir neugierig waren, schlichen Tessy und ich hinterher

und verkrümelten uns unter seinen Schreibtisch.

»Hier«, sagte Michael und fuchtelte mit einem Papierbogen vor Sabine herum. »Sieh dir das an. Als ob ein normaler Mensch aus solchen Fragen schlau werden könnte!«

»Gib mal her.«

Sabine faltete das Blatt auseinander und las mit gerunzelter Stirn: »Beilage zur Steuererklärung. Angaben zur wirtschaftssystematischen Einordnung des Unternehmens.«

Sie hob den Kopf. »Was denn für ein Unternehmen?«

»Na, meines!« sagte Michael mit einem leicht hysterischen Unterton. »Ich zahle Steuern aus meinen Einkünften aus nichtselbständiger und selbständiger Arbeit. Gelegentlich schreibe ich ja auch einen Roman oder eine Serie oder übersetze etwas aus dem Englischen. Dafür bekomme ich Honorare, die ich versteuern muß, wie du weißt. Das fällt unter die Sparte selbständige Arbeit.«

»Rede nicht mit mir, als ob ich ein kleines Kind wäre. Natürlich weiß ich das. Aber deswegen hast du doch noch lange kein Unternehmen.«

»O doch! Vater Staat behauptet es, und dem darf man nicht widersprechen. Ich produziere etwas, verstehst du? Also muß ich diesen vermaledeiten Fragebogen auch ausfüllen. Oder glaubst du, die haben mir den aus Versehen beigelegt?«

»Vielleicht«, sagte Sabine zögernd. »Schließlich sind es Beamte.«

»Guter Gott!« Dein Sohn riß Sabine das Formular aus der Hand. »Wenn du nur Witze machen kannst ...«

»Na schön, dann schreibe doch hin, was man von dir wissen will. Name des Unternehmens: Michael Bernhold. Wohnort, Straße und so weiter. Bezeichnung der hauptsächlich von Unternehmensbereich umfaßten Waren und Leistungen ...«

Sabine stockte, und Michael brach in höhnisches Gelächter aus.

Habe ich Dir schon gesagt, liebes Frauchen, daß wir einen sehr schwülen Tag hatten und deshalb jedermann ziemlich reizbar war? Außerdem hatte Dein Sohn sicherlich eine gute halbe

Stunde über dem Fragebogen gebrütet. Kein Wunder, daß seine Nerven nicht mehr die besten waren.

»Da fängt's schon an!« rief Michael. »Lies nur weiter. Hergestellte, erzeugte oder gewonnene Güter oder Waren. Was, bitte schön, soll ich da schreiben?«

»Na, du stellst Romane her«, meinte Sabine nachdenklich. »Und Serien.«

»Ja, aber nur, wenn ich sie selbst schreibe. Sonst bearbeite ich sie. Ob das unter Punkt 9 b fällt? Reparierte Waren? Oder noch unter Punkt 6? Da steht nämlich in den Erläuterungen, daß man unterscheiden muß zwischen Veredelung, Verarbeitung oder Montage. Oder meinst du, daß das Redigieren von Romanen unter 19 g eingeordnet wird, also unter Dienstleistungen?«

»Na, manche Romane veredelst du bestimmt«, sagte Sabine. »Wenn ich an den letzten aus ›Blickpunkt der Frau‹ denke oder an deine Übersetzung von diesem Amerikaner... Wie hieß er noch gleich? Das Original war doch entsetzlich. So primitiv in der Sprache.«

Michael stützte den Kopf in die Hände. »Weib, schweif doch nicht immer vom Thema ab. Sag mir lieber, wo ich was hinschreiben soll.«

»Also, eines steht fest: Transportleistungen erbringst du nicht. Punkt 17 kannst du deshalb streichen. Und dann gib unter 23 und 24 deinen Namen und deine Telefonnummer an, falls Rückfragen erforderlich sind. So, und jetzt fangen wir oben an. Genaue Bezeichnung des betriebenen Gewerbes...« Sabine kicherte. »Michael, nennt man deine Arbeit auch ein Gewerbe? Ich dachte immer, das üben nur die Damen aus, die...«

»Sabine!« unterbrach Dein Sohn sie streng. »Deine schmutzige Phantasie ist hier fehl am Platz. Es gibt Millionen anständiger Gewerbetreibender. Handwerker zum Beispiel...«

»Na, ich weiß nicht, ob das Millionen sind«, erwiderte Sabine spitz. »Wenn ich daran denke, wie lange ich schon auf den Installateur warte, der in der Dusche die Mischbatterie anbringen soll...«

»Liebling«, flehte Michael, »bleib doch bitte beim Thema. Ich muß diese verdammte Steuererklärung machen ...«

»Mußt du nicht. Brigitte Meurer hat einen ausgezeichneten Steuerberater in ihrem Bekanntenkreis. Sogar die Telefonnummer hat sie mir aufgeschrieben. Du brauchst bloß anzurufen.«

»Nein!« Michael schlug mit der Hand auf den Schreibtisch. Es kam so unvermutet, daß Tessy und ich heftig zusammenzuckten, und Tessy flüsterte mir zu: »Wir hätten, glaube ich, besser im Garten bleiben sollen. Gleich gibt's hier Krach.«

»Nein!« rief dein Sohn noch einmal. »Ich gehe zu keinem Steuerberater. Ich habe alle Belege bereits sortiert und die Endsummen ausgerechnet. Der Herr würde sich ja ins Fäustchen lachen, wenn ich ihm diese riesige Arbeit schon abgenommen hätte. Den Rest schaffe ich auch noch allein.«

»Allein?« wiederholte Deine Schwiegertochter. »Und was tue ich dann hier? Der Garten erstickt im Unkraut, und du verlangst, daß ich mir den Kopf zerbreche, ob du Romane veredelst, verarbeitest oder reparierst.«

»Wenn ich dich schon mal um einen Gefallen bitte!« sagte Michael hitzig. »Aber schön, geh zu deinem Unkraut, wenn es dir wichtiger ist.«

Natürlich ging Sabine nicht. Das ist auch so eine typisch weibliche Eigenschaft. Wenn ich zu Tessy sage: »Bitte, geh doch!« bleibt sie garantiert. Entweder, um mich zu ärgern, oder weil sie denkt, ich verberge etwas vor ihr. Oder um die Großmütige zu spielen und mich damit ins Unrecht zu setzen, obwohl ich ursprünglich recht hatte.

Beispielsweise hatte ich gestern abend an der Gartenpforte einen Hühnerknochen gefunden, der bestimmt zwei Wochen alt war und ganz herrlich roch.

Ich wollte gerade daran herumknabbern, als Tessy dazukam und sofort auf mich losfuhr: »Bist du wahnsinnig? Du willst dich wohl umbringen mit diesem alten Knochen? Erstens beißt du dir die Zähne aus, zweitens verdirbst du dir den Magen, und drittens dürfen Hunde überhaupt keine Geflügelknochen haben.

Sie splittern und bleiben im Hals stecken. Also gib das Ding her!«

Natürlich wehrte ich mich, und es gab einen ziemlichen Wortwechsel, in dessen Verlauf Tessy drohte, Michael oder Sabine zu holen, damit sie mir den Knochen wegnähmen.

Ich hielt das für eine glänzende Idee, denn ich dachte, daß ich in der Zwischenzeit den Knochen essen könnte. Deshalb sagte ich auch in so beleidigtem Ton, wie ich es vermochte: »Von mir aus! Verpetz mich doch! Worauf wartest du noch?«

Aber Tessy rührte sich nicht von der Stelle. Und als ich den Knochen packen und mich damit unter den Fliederstrauch verziehen wollte, sprang sie mich an, kratzte mir wieder einmal ganz furchtbar den Rücken, so daß ich einen Schmerzensschrei ausstieß – und im nächsten Augenblick hatte Tessy den Hühnerknochen erwischt und aß ihn selbst auf.

Natürlich biß sie sich nicht ein Stückchen Zahn aus, es blieb ihr auch kein Splitterchen im Hals stecken, und eine Magenverstimmung bekam sie ebenfalls nicht.

Trotzdem behauptete sie, sie hätte nur mein Bestes im Auge gehabt, und ich müßte ihr dankbar sein, weil sie für mich ihre Gesundheit riskiert hätte. So ist das mit Tessy; man kommt einfach nicht gegen sie an. Frauen haben eben mehr Mut zur Unlogik als Männer. Deshalb sind sie uns gegenüber im Vorteil.

Sabine verhielt sich ganz ähnlich.

Statt zu ihren Blumenbeeten zurückzukehren, zog sie sich einen Stuhl heran und sagte mit gequälter Stimme: »Gut, gut, erledigen wir erst diese Geschichte. Unkraut jäten kann ich auch, wenn du deinen Mittagsschlaf hältst. Obwohl es dann wahrscheinlich unerträglich heiß ist. Aber was liegt schon daran.«

Michael war klug genug, auf ihren versteckten Vorwurf gar nicht einzugehen, sondern studierte zum x-ten Male den Fragebogen samt Erläuterungen.

Dann stieß er einen Schrei aus.

»Was, zum Teufel, bedeutet das schon wieder? Punkt 4a: ›Genaue Bezeichnung des betriebenen Gewerbes – bei Organträgern unter Berücksichtigung der Tochtergesellschaften. Vergleiche auch Punkt 19.‹«

»Zeig mal her.« Sabine setzte sich auf die Schreibtischkante, zog den Bogen zu sich heran und las vor:

»Der wirtschaftssystematische Umfang dieses Bereiches und die Vielzahl der hierunter zugeordneten Unternehmen sowie die teilweise Überschneidung mit anderen Branchen erfordert eine besonders ausführliche Bezeichnung der ausgeübten Tätigkeit und des betriebenen Gewerbes. Hierzu gehören zum Beispiel Banken, Versicherungen, Gaststätten, Hotels, Ärzte, Rechtsanwälte, Steuerberater, Vermögensverwaltungen, Immobiliengesellschaften, Theater, Varietés, Filmtheater, Fotografen, Friseure, Wäschereien, Schornsteinfeger, Gebäudereinigung, Badeanstalten, Schreib-, Übersetzungsbüros, Schausteller-, Bewachungs-, Dienstmann- und Trägergewerbe. Bei Organisationen ohne Erwerbscharakter, Gebietskörperschaften und Sozialversicherungen bitte zur Unterscheidung neben der Erläuterung der wirtschaftlichen Tätigkeit den Träger angeben. Vergleiche auch 4 b.«

Sie holte tief Atem. »Du lieber Himmel, das versteht wirklich kein Mensch.«

»Bin ich nun ein Organträger, eine Gebietskörperschaft oder eine Organisation ohne Erwerbscharakter?« murmelte Michael düster und zerwühlte sich die Haare. »Ich liebe meinen Beruf, Sabine. Ich habe mir nie gewünscht, etwas anderes zu sein. Aber jetzt wollte ich, ich wäre Schornsteinfeger. Der ist hier wenigstens aufgeführt.«

»Trotzdem – als Schornsteinfeger hättest du andere Probleme mit diesem Fragebogen. Lies nur die Punkte 11, 13 und 17. ›Im Großhandel gehandelte Waren, im Einzelhandel gehandelte Waren, Transportleistungen.‹ Ist der Ruß, den der Schornsteinfeger aus den Kaminen holt, eine Ware? Und ist es eine Transportleistung, wenn er ihn in einen Eimer füllt und in den Keller trägt?«

Dein Sohn knirschte mit den Zähnen.

»Man sollte sich weigern, Steuern zu zahlen, wenn mit unseren Geldern solch ein Unfug ausgeheckt wird. Das muß man sich mal vorstellen: Da bezieht ein Mensch Gehalt, weil er sich diese Fragebogen ausdenkt. Und Pensionsberechtigung hat er auch noch. Unsereinem würde fristlos gekündigt, wenn er derart schwachsinnige Texte schriebe.«

Ich blickte Tessy an. »Es ist offenbar nicht nur teuer, etwas Besonderes zu sein, sondern auch nervenaufreibend.«

Obwohl mir Dein Sohn leid tat, konnte ich mir diese Bemerkung nicht verkneifen.

Tessy rutschte näher an Michael heran und legte ihre Schnauze auf seinen linken Fuß. »Sehr witzig, du blöder Hund.«

Sabine hatte grübelnd vor sich hingestarrt. Jetzt sagte sie: »Wir müssen das anders machen und viel ausführlicher. Deine Tätigkeit umfaßt so viele Bereiche, daß du sie in den einzelnen Spalten gar nicht aufführen kannst. Der Platz reicht nicht. Am besten, du fügst eine detaillierte Schilderung auf einem gesonderten Blatt bei.«

»Ich denke nicht daran!«

»Aber wie willst du den Fragebogen sonst beantworten?«

»Gar nicht. Ich gebe meine Telefonnummer für Rückfragen an, und wenn jemand anruft, werde ich ihm alles erzählen. Dann kann er eintragen, was er will und wo er will.«

»Also, dafür hätte ich nun wirklich meine Gartenarbeit nicht zu unterbrechen brauchen«, meinte Sabine gekränkt. »Schreib doch wenigstens einen Brief, warum du dieses Formular nicht ausgefüllt hast.«

»Dann komme ich wegen Beamtenbeleidigung vor Gericht«, behauptete Dein Sohn.

Am Ende hat er aber doch einen Brief geschrieben. Sabine und er haben ihn gemeinsam aufgesetzt. Tessy und ich haben sehr aufmerksam zugehört und finden, daß es ein ganz ausgezeichneter Brief geworden ist. Den Entwurf hat Michael in den Papierkorb geworfen, und ich habe ihn herausgeholt.

Er lautet so:

»Sehr geehrte Herren!

In der Anlage sende ich Ihnen Ihren Fragebogen zwecks wirtschaftssystematischer Einordnung meines Unternehmens zurück. Ich habe lediglich meinen Namen, meine Adresse und die Telefonnummer eingetragen. Zu mehr reicht mein Verstand leider nicht aus.

Ich verfüge zwar als Journalist, freiberuflicher Schriftsteller und gelegentlicher Übersetzer über eine ausreichende Kenntnis der deutschen Sprache, um mit meiner Arbeit meine Familie ernähren und pünktlich Steuern zahlen zu können, aber ich sehe mich außerstande, Ihre Fragen korrekt zu beantworten. Und daß ich aus Unwissenheit falsche Angaben mache, werden Sie sicherlich nicht von mir erwarten.

Damit machte ich mich strafbar, käme ins Gefängnis und verlöre meine Anstellung, so daß ich, statt ein nützliches Mitglied der steuerzahlenden Gesellschaft zu sein, dem Fiskus zur Last fiele. Ihre nächste Gehaltserhöhung wäre dadurch vielleicht gefährdet, und das täte mir herzlich leid.
Mit hochachtungsvollen Grüßen
Dr. Bernhold!«

Und dann kam noch ein Postskriptum:

»In Punkt 21 Ihrer Erläuterungen heißt es:

›Bei einer umsatzsteuerlichen Organschaft bitte die Wirtschaftsbezeichnung angeben, die den Schwerpunkt (Wertschöpfung) der gewerblichen Tätigkeit des gesamten Organkreises bezeichnet.‹

Ich habe daraufhin im Großen Brockhaus nachlesen wollen, was eine Organschaft oder ein Organträger (Punkt 4 Ihrer Erläuterungen) oder ein Organkreis ist. Leider waren diese Begriffe, die sicherlich eine bedeutende Wertschöpfung Ihrerseits darstellen, nicht darin aufgeführt.

Vielleicht wenden Sie sich einmal an den Verlag und weisen darauf hin, daß diese bedauerliche Lücke bei einer Neuauflage unbedingt geschlossen werden muß. Man wird es Ihnen danken!«

Tessy meint, es wäre sehr praktisch, daß ich Dir diesen Brief abgeschrieben habe, liebes Frauchen. Du kannst ihn verwenden, falls Du bei Deiner Rückkehr auch solch einen Fragebogen vorfindest.

Das spart eine Menge Zeit, die Du angenehmer verbringen kannst – zum Beispiel mit mir.

Und darauf freut sich schon ganz toll
Dein treuer alter Julius.

Jetzt muß ich auch noch ein Postskriptum schreiben.

Michael gehört tatsächlich zur mittleren Proportionalzone. Er hat es beim Abendessen erzählt. Aber im Gegensatz zu Tessy war er gar nicht stolz darauf, sondern hat zu Sabine gesagt, einen Zweitwagen könne sie vorläufig in den Mond schreiben – bei den Steuern!

12

Mein liebes Frauchen!

Nun hat schon die zweite Ferienwoche in Hinterwiesen angefangen; in Sabines Garten gibt es kein Fünkchen Unkraut mehr, Michael hat am Freitag die Einkommensteuer-Erklärung abgeschickt und die Leserbriefantworten für die nächste Nummer von »Blickpunkt der Frau« ebenfalls. Deshalb konnten wir uns einen faulen Samstag leisten.

Auf jeden Fall hatten wir das vor, und daß nichts daraus wurde, war gewiß nicht unsere Schuld.

Es war wie verhext: Dauernd kam Besuch.

Der erste am Vormittag war Frau Hellwig. Sie brachte eine Karte von Sabines Freundin Beate, schwenkte sie schon fröhlich in der Haustür und verkündete: »Sie kriegen am nächsten Wochenende Gäste, Frau Bernhold. Mutter und Sohn Bartholmy. Aber sie wollen nicht über Nacht bleiben, weil das zu umständlich für Sie wäre.«

Tessy und ich hatten natürlich wie immer mächtig gebellt, als es an der Tür klingelte, aber jetzt verstummten wir verdutzt.

»Woher kennt denn Frau Hellwig Beate Bartholmy?« fragte Tessy. »Und ihren schrecklichen Uwe?«

Doch dann fiel bei uns beiden der Groschen. Natürlich hatte Frau Hellwig die Karte gelesen.

Vielleicht tun das andere Leute auch, wenn sie Post austragen, falls sie Zeit dazu haben, und geben es im Gegensatz zu Frau Hellwig nur nicht zu. Ich weiß in solchen Sachen nicht Bescheid und kann mir deshalb auch kein Urteil erlauben.

Beate Bartholmy hatte ich schon in Düsseldorf kennengelernt, als sie mal abends zu Besuch kam. Damals erfuhren Tessy und ich, daß sie seit einem Jahr getrennt von ihrem Mann lebt und die Scheidung eingereicht ist. Im übrigen gehört sie zu den Menschen, die ich als uninteressant einstufen möchte, jedenfalls für einen Hund.

Sie riecht uninteressant und sie benimmt sich auch so. Zu Tessy und mir hat sie bei der Begrüßung nur ganz kurz »Na, ihr beiden« gesagt, dann hat sie den ganzen Abend über keine Notiz mehr von uns genommen.

Ihrem Sohn Uwe war ich noch nicht begegnet, deshalb fragte ich Tessy, was sie so schrecklich an ihm fände.

Sie legte die Stirn in verzweiflungsvolle Falten.

»Unsereins hat keine Minute Ruhe vor ihm. Außerdem hat er eine gräßlich laute Stimme und schreit bei jeder Gelegenheit. Jedesmal, wenn er bei uns war, hatte ich hinterher Kopfschmerzen.«

Sabine hatte inzwischen die Karte überflogen und machte ein ziemlich saures Gesicht.

»Der Besuch ist Ihnen wohl nicht recht?« fragte Frau Hellwig, die sie genau beobachtet hatte. »Na ja, wer läßt sich schon gern am Wochenende überfallen. Aber Sie haben es so hübsch hier; das ganze Haus ist wie ein Schmuckkästchen. Das können Sie ruhig herzeigen.«

Wie immer, wenn jemand etwas Nettes über das Hinterwiesener Haus sagt, taute Sabine auf.

»Ach, Sie haben es von innen doch noch gar nicht gesehen. Kommen Sie doch auf einen Sprung herein, Frau Hellwig. Vor allem das neue Wohnzimmer wird Sie interessieren.«

Frau Hellwig ließ sich nicht zweimal einladen. Mit vielen Ah's und Oh's bewunderte sie die neuen Fußbodenbeläge in der Küche, die frisch tapezierten Räume, die holzgetäfelten Decken und vor allem den ehemaligen Stall, jetzt das neue große Wohnzimmer.

»Da haben Sie sich aber viel Mühe und Arbeit gemacht. Und was das alles gekostet haben muß ...«

Michael tauchte aus einem Arbeitszimmer auf und begrüßte den Besuch. Er bot Frau Hellwig einen Kirsch an, den sie dankend annahm. Aber wenn Du glaubst, daß sie ihn gleich getrunken hätte, liebes Frauchen, bist Du auf dem Holzweg. Sie nahm immer nur einen winzigen Schluck, blieb in ihrem Sessel sitzen und redete, redete, redete.

Natürlich hat das den Vorteil, daß wir jetzt so ziemlich über alle Leute in Hinterwiesen, Frau Hellwig und ihre Familie eingeschlossen, Bescheid wissen. Aber man muß dabei bedenken, daß das Dorf 136 Einwohner hat. Deshalb ging viel Zeit dabei drauf.

Sabine rutschte schon unruhig hin und her und blickte immer wieder auf die Uhr. Aber Frau Hellwig achtete nicht darauf. Schließlich stand Sabine auf und erklärte, daß sie nun leider einkaufen fahren müsse, weil ja am Samstag die Geschäfte schon um zwei schließen.

»Sie entschuldigen mich dann wohl, Frau Hellwig«, sagte sie betont, aber die Gute verstand auch diese versteckte Aufforderung nicht, sondern nahm wieder nur einen winzigen Schluck aus ihrem Schnapsglas.

»Natürlich, lassen Sie sich durch mich nicht aufhalten. Ich muß auch gleich weiter. Viel Post habe ich allerdings nicht mehr auszutragen. Nur noch einen Brief für den Möller Heinrich von seiner Tochter, die in Köln verheiratet ist, und ein Telegramm für die Frommhoffs.«

»Ein Telegramm?« wiederholte Michael hoffnungsvoll. »Aber das ist doch eilig, Frau Hellwig.«

Die winkte ab. »Schlechte Nachrichten erfährt man immer noch früh genug. Die Leute sollen wenigstens in Ruhe zu Mittag essen. Die Mutter von der Käthe Frommhoff hat sich nämlich das Bein gebrochen und liegt im Krankenhaus in Kleve. Die Nachbarin hat es telegrafiert. Wissen Sie, ich will ja nichts sagen, aber der Frommhoff Paul versteht sich gar nicht mit seiner Schwiegermutter. Der wird bestimmt nicht spornstreichs ins Krankenhaus fahren. Na, und wenn die Agnes mal entlassen ist, wird es noch eine Menge Ärger geben. Sie kann sich ja dann nicht gleich wieder selbst versorgen, aber der Paul wird sie bestimmt nicht bei sich aufnehmen wollen.«

Und so ging es weiter.

Nach den Frommhoffs kam der Bernhard Drechsler mit seiner Familie dran, danach die verwitwete Frau Bachmann mit ihren drei Töchtern, die Familie Reimers, denen das Lokal »Zum Wilden Jäger« gehört, und der Bürgermeister Anton Steffen.

Sabine war längst einkaufen gefahren, und Tessy und mir schwirrte der Kopf von all den Namen und Geschichten.

»Wetten, daß wir heute kein Mittagessen kriegen«, flüsterte ich Tessy zu. »Wenn dein Frauchen wiederkommt, sitzt Frau Hellwig immer noch hier, und Sabine findet keine Zeit zum Kochen.«

Michael hatte sich schon den dritten Schnaps eingeschenkt, wahrscheinlich aus lauter Nervosität. Aber offensichtlich möbelte ihn der Alkohol ein bißchen auf und ließ ihn Frau Hellwig und ihr Sitzfleisch in einem rosigeren Licht sehen.

Tessy verdrehte die Augen. »Sie ist wirklich strapaziös. Aber man muß bedenken, daß sie innerlich total frustriert ist und auf diese Weise ein Ventil sucht.«

Das hatte sie früher schon mal behauptet, und ich wollte endlich wissen, wie sie zu dieser Ansicht kam.

»Na, das ist doch ganz klar«, sagte Tessy. »Frau Hellwig hat ihr Leben lang unter den berühmten zwei K's gelitten – Küche und Kinder. Sie hat, wie du weißt, vier Söhne und einen Mann zu versorgen. Dadurch ist sie in ihrer Persönlichkeitsentfaltung gehemmt worden.«

»Also, sehr gehemmt wirkt sie eigentlich nicht. Ich würde eher sagen, im Gegenteil«, warf ich ein und entlockte Tessy prompt ein mißbilligendes Kopfschütteln.

»Koche du mal für fünf Männer, wasche, bügle, stopfe und kümmere dich außerdem um Haus und Garten! Du wirst sehen, wie du in Frustrationen erstickst. Es bleibt dir doch gar keine Zeit für die Dinge, die du lieber tätest.«

»Aber Frau Hellwig hat doch Zeit! Wie könnte sie sonst so lange hierbleiben? Nach allem, was ich jetzt gehört habe, scheint es ihre Lieblingsbeschäftigung zu sein, über andere Leute zu reden, und der gibt sie sich mit Begeisterung hin.«

»Nein!« widersprach Tessy entschieden. »Das ist nur das Ventil, das sie sich geschaffen hat. Die Ersatzbefriedigung anstelle der ursprünglich angestrebten Selbstverwirklichung.«

»Und woher willst du das so genau wissen?«

»Weil es jeder Frau so geht, die gezwungen ist, wie Frau Hellwig zu leben. Die beiden K's korrumpieren ihre Entwicklung. Dadurch kommt es zu dem verhängnisvollen Kreislauf: Verdrängung, Frustration, Ersatzbefriedigung.«

»Uns Männern passiert das nicht?« erkundigte ich mich vorsichtig, gewärtig, mit dieser Frage bei Tessy schon wieder ins Fettnäpfchen getreten zu sein.

Aber erstaunlicherweise blieb sie gelassen. »Gelegentlich. Sonst wären die Fußballplätze nicht so überfüllt. Dort reagieren Männer ihren Aggressionsstau ab. Du hast es ja im Fernsehen miterlebt, wie sie toben und schreien.«

»Ich dachte immer, das sei Sportbegeisterung ...«

Obwohl sie ein ganzes Stück kleiner ist als ich, brachte es Tessy tatsächlich fertig, mich von oben herab anzusehen. »Dein Konservatismus, mein lieber Julius, hat dich lange Zeit daran gehindert, hinter die Dinge zu blicken.«

Ich schwieg eine Weile, hörte auf Frau Hellwigs munteres Redegeplätscher und Michaels gelegentliches »Nein, wirklich?« oder »Ach ja?« und konnte mir noch immer nicht vorstellen, daß die Gute in Wahrheit gar nicht klatschsüchtig, sondern eine durch Mann und Kinder gehemmte Persönlichkeit war.

»Schließlich«, sagte ich aus meinen Gedanken heraus, »hat sie niemand gezwungen, zu heiraten und vier Kinder zu bekommen.«

»Frau Hellwig? Aber ja!« hakte Tessy sofort ein. »Die Umwelt hat sie in diese Position gedrängt. Ehe, Kinder, Küche sind der passende Lebenskreis für eine Frau – und wehe, es muckt jemand dagegen auf.«

»Aber ist das nicht eine ganz venünftige Verteilung der verschiedenen Aufgaben?« meinte ich. »Jemand muß schließlich die Kinder großziehen und den Haushalt versorgen, während der andere das Geld verdient.«

»Natürlich. Aber wo steht geschrieben, daß das eine nur die Domäne des Mannes und das andere die Pflicht der Frau ist? Genausogut könnte es umgekehrt sein.«

»Richtig, aber was wäre damit gewonnen? Du sagst, daß die beiden K's frustrierend sind. Folglich gäbe es bei einer Umverteilung der Pflichten lediglich mehr frustrierte Männer als bisher. Und vielleicht mehr Frauen auf dem Fußballplatz. So was ist doch keine Verbesserung, oder?«

Wie stets, wenn ich sie mit ihren eigenen Waffen schlug, wurde Tessy zornig. Sie stand auf, schüttelte sich und trat mir dabei schmerzhaft auf die Ohren, denn ich hatte es mir lang auf dem Boden bequem gemacht.

»Mit dir kann man einfach nicht reden! Immer wirst du polemisch, und das hasse ich. Du bist gegen die Gleichberechtigung der Frau, deshalb ...«

»Bin ich gar nicht«, unterbrach ich sie. »Aber ich bin dagegen, daß man die beiden K's, wie du es nennst, so madig macht. Da müssen Hausfrauen ja Minderwertigkeitskomplexe kriegen. Man redet ihnen ein, daß sie den Schwarzen Peter zugeschoben bekommen haben, und wertet damit ihre Leistung ab. Ich wünschte, ich könnte kochen. Dann würde ich uns jeden Tag einen Braten machen und bestimmt nicht frustriert darüber sein.«

»Aber die Küche hinterher aufräumen, würdest du nicht!« behauptete Tessy. »Das wäre Frauensache, stimmt's?«

»Man könnte sich ja die Arbeit teilen. Und die Kindererziehung auch. Wieso soll es unbefriedigend sein, die Kinder, die man in die Welt gesetzt hat und die man liebt, aufzuziehen? Ich finde, daß das eine sehr wichtige Aufgabe ist. Vielleicht die wichtigste und aufregendste überhaupt. Wenn man das den Leuten mal klarmachte, würden sie nicht so verrückte Ansichten über die verblödende Hausfrauentätigkeit haben.«

Ich kratzte mir mein schmerzendes Ohr. »Im übrigen ist dein Frauchen doch auch nur eine Hausfrau, im Gegensatz zu meinem. Willst du vielleicht behaupten, daß es deshalb verblödeter ist als meines?«

»Oh!« machte Tessy mit gekräuselten Lefzen. Und noch einmal: »Oh! Du wirst ja regelrecht unverschämt.«

»Gar nicht«, verteidigte ich mich eifrig. »Ich führe nur deine Thesen fort.«

»Mein Frauchen hat Zeit und Gelegenheit, sich selbst zu verwirklichen. Es liest, es besucht Kurse an der Volkshochschule, es hat einen verständnisvollen Mann, der es in seiner Entwicklung nicht hemmt. Und es hat mich! Ein Hund ist, wie du weißt, sehr geeignet, Frustrationen abzubauen oder gar nicht erst aufkommen zu lassen.«

Darin mußte ich Tessy innerlich zustimmen. Trotzdem sagte ich: »Na, bei dir bin ich nicht so sicher. Wenn du deine Launen hast, wirkst du manchmal sehr frustrierend. Jedenfalls auf mich.«

»Weil ich mich dir nicht unterordne, was? So nach dem Motto: Das Weib sei dem Manne untertan. Diese Zeiten sind Gott sei Dank endgültig vorbei. Wir sind gleichberechtigt, zumindest vor dem Gesetz, auch wenn so blöde Hunde wie du das immer noch nicht wahrhaben wollen.«

»Ich begrüße die Gleichberechtigung«, sagte ich würdevoll. »Nur die Auslegung gewisser über-emanzipierter Kreise gefällt mir nicht. In meinen Augen sind weibliche Wesen zwar gleichwertig, aber nicht gleichartig. Das liegt schon in den biologischen Unterschieden begründet.«

»Ha!« rief Tessy. »Bilde dir bloß nichts auf deinen biologischen Unterschied ein.«

Daß sie wieder so direkt wurde, machte mich verlegen.

»So habe ich das nicht gemeint.«

»Hast du doch!« behauptete Tessy. »Schließlich protzt du auf jedem Spaziergang damit, indem du fortwährend das Bein hebst. Aber wenn ich will, kann ich das auch. Ich werde es beweisen.«

Und wirklich, als Michael mittags einen Spaziergang mit uns machte, äffte sie mich an jedem Baum oder Laternenpfahl nach. Sie machte das so lange, bis Michael vermutete, sie hätte sich einen Dorn in die Hinterpfote getreten, und sie ängstlich untersuchte.

Natürlich fand er nichts, aber vorsichtshalber kehrte er mit uns um, so daß ich zu allem Unglück auch noch um einen schönen, ausgedehnten Bummel gekommen bin. Und das alles nur wegen Tessys übersteigerten Emanzipationsbestrebens.

Übrigens war Frau Hellwig, als wir zu diesem Spaziergang aufbrachen, endlich gegangen. Ihr Schnaps war ausgetrunken, und Michael hatte sich gehütet, ihr noch einen einzuschenken.

Sabine war von ihren Einkäufen zurück und hatte für das Mittagessen ein gegrilltes Hähnchen mitgebracht, das uns allen sehr gut geschmeckt hat. Sie bedauerte ihren Mann, daß er es so lange mit Frau Hellwig aushalten mußte.

»Sie ist wirklich eine fürchterliche Ratsche«, sagte Sabine, und ich warf Tessy einen triumphierenden Blick zu.

»Siehst du, da hörst du's. Dein Frauchen denkt genau wie ich. Nur du willst immer so gesellschaftskritisch sein.«

Tessy gab mir keine Antwort darauf.

Am Nachmittag – Sabine hatte gerade gesagt: »Jetzt machen wir es uns aber richtig gemütlich im Garten!« – klingelte es an der Tür.

Ein Mann in Kniebundhosen und einem karierten Hemd stand draußen. »Herr Dr. Bernhold?« fragte er, als Michael ihm öffnete. »Mein Name ist Kablinski. Robert Kablinski. Sie werden sicher schon von mir gehört haben. Ich habe die Hinterwiesener Jagd gepachtet.«

Es stellte sich heraus, daß Herr Kablinski gekommen war, um sich mit Michael und Sabine bekannt zu machen.

»Schließlich sind wir hier ja so etwas wie die Wochenend-Honoratioren, und da muß man zusammenhalten.«

Aus war's mit der ungestörten Gemütlichkeit!

Michael bat Herrn Kablinski herein, Sabine, die nur einen Bikini anhatte, mußte sich ein Kleid überziehen und Kaffee kochen, und die Kirschflasche wurde wieder aus dem Eisschrank geholt.

Herr Kablinski war ein jovialer Mensch, der viel und laut redete und noch mehr trank. Dazu rauchte er eine dicke Brasil, die ich gar nicht gern rieche.

Tessy ebenfalls nicht, deshalb setzten wir uns in einiger Entfernung von ihm neben Michael nieder. Dort war es auch interessanter, denn Sabine hatte Käsegebäck auf den Tisch gestellt.

Natürlich bekamen wir etwas davon ab; bei Michael geht das fast automatisch. Herr Kablinski sah es und meinte:

»Das ist aber gar nicht gut für Hunde. Käse verdirbt den Geruchssinn. Wußten Sie das nicht?«

»Ich habe mal davon gehört«, sagte Michael. »Aber für mich ist der Geruchssinn von Tessy und Julius ausgeprägt genug. Ich gehe ja nicht auf die Jagd.«

»Also, meine beiden Jagdhundrüden kriegen nie etwas vom Tisch. Sie werden ganz naturgemäß gehalten. Rohes Fleisch, Innereien, rohes Gemüse. Und das nur einmal täglich.«

»Guter Gott«, murmelte Tessy erschüttert. »Bei dem möchte ich aber nicht leben.«

»Ich auch nicht«, pflichtete ich ihr bei und schickte Dir, liebes Frauchen, in Gedanken ein Bussi, weil Du immer so gut für mich gesorgt und eventuelle Prinzipien bei meinem Bettelblick mehr als einmal über den Haufen geworfen hast.

»Aber ich habe kerngesunde Tiere«, fuhr Herr Kablinski fort. »Keine Zivilisationsschäden, kein Gramm überflüssiges Fett am Körper, abgehärtet in Wind und Wetter. Mit denen kann ich bei Sturm und Regen auf die Pirsch gehen. Ich sage Ihnen, man darf einen Hund nicht verweichlichen. Schließlich haben seine Vorfahren mal in freier Wildbahn gelebt, und diese übertriebene Domestizierung ist grundfalsch und gegen die Natur. Gewissermaßen eine Vergewaltigung.«

»Na, dann lasse ich mich aber gern vergewaltigen«, meinte Tessy und schnappte nach einem neuen Keks. »Der spinnt wohl! Kannst du dir mich in freier Wildbahn vorstellen, Julius?«

»Schlecht«, erwiderte ich und betrachtete sie, wie sie so niedlich und gepflegt in einem Sonnenfleck auf dem hellen Teppichboden saß. Ein Ohr war zurückgeklappt; sie schüttelte leicht den Kopf, damit es wieder richtig lag.

»Ich mir dich auch nicht. Ha, das wäre eine Katastrophe! Den ganzen Tag herumrennen, um vielleicht ein altersschwaches

Kaninchen zu ergattern. Mit Fell, Julius! Was für ein ekelhafter Gedanke! Oder möchtest du ein Kaninchen mit Fell essen?«

»Um Gottes willen, nein!« sagte ich entsetzt.

Tessy rümpfte die hübsche, schwarzglänzende Nase. »Ansichten haben manche Leute! Wenn Herr Kablinski so viel vom naturgemäßen Leben hält, soll er doch selbst wie seine Vorfahren hausen, aber unsereins damit verschonen.«

Sie kicherte. »Als Steinzeitmensch, ohne Auto und ohne Gewehr für die Jagd. Statt eines Hauses mit Zentralheizung und fließend warmem Wasser eine Höhle, ein Bärenfell und eine Steinschleuder, um auf Nahrungssuche zu gehen. Und wenn er nichts erlegt, muß er Kohldampf schieben.«

»Das täte seiner Figur ganz gut«, stellte ich fest und war im nächsten Moment über meinen Vorwitz erschrocken.

Du kennst mich, liebes Frauchen, und weißt, daß ich normalerweise nicht zu respektlosen Äußerungen über Deine Mitmenschen neige. Ich bin noch ein Hund vom alten Schlag, der im Menschen seine Obrigkeit sieht, die man nicht zu kritisieren hat.

Aber die Zeit mit Tessy hat mich, ob ich wollte oder nicht, aufmüpfiger gemacht. Sie freilich nennt das differenzierungsbewußter.

Im übrigen stimmt es – Herr Kablinski war wirklich dick. Wenn ein Dackel solch einen Bauch hätte, würde er auf dem Boden schleifen und wäre immer schmutzig.

Ich merkte Michael und Sabine an, daß sie Herrn Kablinskis Ansichten ebenfalls nicht teilten. Sabine sprach es auch aus.

»Man kann das nicht verallgemeinern, finde ich. Unsere beiden Hunde sind ebenfalls gesund. Möglicherweise sind sie nicht so abgehärtet wie Ihre. Aber das brauchen sie auch nicht zu sein. Wir gehen bei schlechtem Wetter niemals in den Wald.«

»Aber ich hoffe, daß Sie und Ihr Gatte mich mal auf die Jagd begleiten«, sagte Herr Kablinski. »Nächste Woche vielleicht? Es gibt hier ein paar kapitale Rehböcke ...«

Michael lehnte sich zurück. »Ach, wissen Sie, Herr Kablinski, das ist sehr freundlich von Ihnen. Aber ich habe mich noch nie für die Jagd interessiert, und meine Frau auch nicht. Es täte uns leid, auf ein Tier zu schießen.«

»Aha!« Herr Kablinski lachte. »Sie gehören also auch zu den Leuten, die zwar gern Fleisch essen, aber andere beauftragen, es herbeizuschaffen. Sie betreiben die Anstiftung zum Mord, gewissermaßen ...«

Michael lachte ebenfalls. Aber ich kenne Deinen Sohn. Wenn er auf diese Art lacht, mit so einem gewissen Funkeln in den Augen, ist er gar nicht besonders fröhlich, im Gegenteil.

»Ich würde das anders definieren. Sehen Sie, in grauer Vorzeit gab es nur zwei Arten von Menschen: die Jäger und die Sammler. Natürlich waren die Jäger die geschickteren, klügeren, mutigeren und stärkeren. Die Sammler waren die primitiven. Ich hätte bestimmt zu den primitiven gehört.«

Es klang ziemlich ironisch, aber offenbar hatte Herr Kablinski kein Ohr für Zwischentöne. »Das ist gut«, sagte er. »Das ist sogar sehr gut. Das muß ich mir merken. Jäger und Sammler – phantastisch!«

Der Nachmittag war hin. Herr Kablinski erzählte Jagdgeschichten, trank Kaffee mit Kirsch, aß Käsegebäck (anscheinend fürchtete er überhaupt nicht um seinen Geruchssinn), und um vier kam seine Frau, um ihn abzuholen.

Das dauerte bis fünf.

Danach war Dein Sohn leicht beschwipst und Deine Schwiegertochter erschöpft.

Frau Kablinski ist übrigens eine sehr nette Dame. Sie ist nur ziemlich schüchtern und steht völlig unter dem Pantoffel ihres Mannes. Jedenfalls hat sie in der ganzen Zeit, in der sie bei uns war, nicht viel mehr gesagt als: »Ja, Wilhelm.«

So heißt Herr Kablinski nämlich mit Vornamen.

Tessy meint, der Name passe zu ihm, weil Herr Kablinski ein Herrenmensch ist. Deshalb ginge er auch auf die Jagd.

Natürlich sind nicht alle Jäger Herrenmenschen, aber eine gewisse Sorte schon. Sie lieben es, in Stiefeln herumzulaufen und mit einem Gewehr in der Gegend herumzuballern. Das verleiht ihnen ein Gefühl von Macht, das sie sonst nicht haben.

Sie kompensieren damit ihren Frust, sagt Tessy.

Aber diesmal war sie nicht bereit, Herrn Kablinski wegen seines Frusts zu tolerieren.

Wahrscheinlich wegen seiner Ansichten über Hundehaltung. Und wegen des Käsegebäcks, das er ratzekahl aufgegessen hat.

Woraus man wieder einmal sieht, daß Toleranz meist dort endet, wo die eigenen Interessen berührt werden. Tessy ist da bestimmt kein Einzelfall.

Nun erwarten wir am nächsten Sonntag, wie angekündigt, Frau Bartholmy mit ihrem fünfjährigen Sohn Uwe. Darüber werde ich Dir in meinem nächsten Brief berichten, liebes Frauchen.

Hoffentlich hat Tessy unrecht, und es wird nicht so schlimm, wie sie prophezeit.

Übrigens hat sie mir Grüße an Dich aufgetragen. Ich richte sie hiermit aus und füge die meinen hinzu.

Im Geist schlecke ich Dir die Hand und bin und bleibe
Dein treuer alter Julius.

13

Mein liebes Frauchen!
Heute ist unser letzter Tag in Hinterwiesen. Morgen ganz früh fahren wir nach Düsseldorf zurück, weil Michael um neun in der Redaktion sein muß.

Fräulein Lütjenbrink ist immer noch krank, wie wir erfuhren, als Michael am Donnerstag bei »Blickpunkt der Frau« anrief. Deshalb mußte er auch weiterhin die Leserbriefe für sie beantworten – etwas, das mir gar nicht recht ist, weil Dein Sohn und Deine Schwiegertochter deswegen vorgestern heftig gestritten haben.

Die beiden sind nämlich über die Fragen, die in solchen Briefen angeschnitten werden, häufig geteilter Meinung.

Tessy und ich übrigens auch, wobei ich mehr zu Michaels Ansichten neige, während Tessy wie üblich ihren eigenen Standpunkt vertritt.

Allerdings habe ich mich bemüht, jedem Streit darüber aus dem Wege zu gehen, was mir auch fast gelungen ist.

Da Du Tessys Charakter inzwischen aus meinen Briefen zur Genüge kennst, wird Dir klar sein, warum ich »fast« geschrieben habe. Manchmal bedarf es ja nur eines ganz unbewußten Lefzenkräuselns, um Tessy in eine Kreuzung zwischen Jeanne d'Arc, Klara Zetkin und Pippi Langstrumpf zu verwandeln.

Ich muß gestehen, daß ich Fräulein Lütjenbrink bisher für eine zwar sehr nette, aber etwas naive ältere Dame gehalten habe. Besondere Fähigkeiten habe ich ihr nicht zugetraut. Aber zweifellos muß sie die besitzen, denn Leserbriefe richtig, vernünftig und taktvoll zu beantworten, erscheint mir nach meinen jetzigen Kenntnissen ziemlich schwierig.

Es ist ganz erstaunlich, mit was für Problemen sich die Leute an eine Briefkastentante wenden. Das ist die redaktionelle und leider ein wenig respektlose Bezeichnung für Fräulein Lütjenbrinks Aufgabengebiet. Vornehmer heißt es: Lebensberaterin.

Oftmals ist es auch sehr schwer, einen Rat zu geben, weil man erstens weiß, daß die Leute ihn nicht befolgen, wenn er ihnen unbequem ist, zweitens, daß sie vielleicht sogar beleidigt darüber sind, und drittens, daß man sich unter Umständen dadurch in Gefahr begeben kann.

Immerhin muß man damit rechnen, daß die Schreiberinnen – es sind meistens Frauen – den Antwortbrief triumphierend dem Verursacher ihres Problems zeigten: »Siehst du, jetzt habe ich es schwarz auf weiß, daß du ein Schuft bist!« Und daß dann der also Beschimpfte seinerseits einen wütenden Brief an die Zeitung schreibt:

»Mischen Sie sich nicht in meine Privatangelegenheiten, sonst komme ich in Ihr Büro und breche Ihnen sämtliche Rippen.«

Oder vielleicht schreibt er gar nicht, sondern taucht sofort auf und haut zu.

Das ist sicherlich auch einer der Gründe, warum solche Briefe in der Regel beantwortet werden, ohne daß man eindeutig Stellung bezieht.

Da schrieb zum Beispiel ein Fräulein Elsa B. aus Wuppertal, daß sie seit drei Jahren mit einem um zehn Jahre jüngeren Mann zusammenlebe.

»Da er seit einiger Zeit arbeitslos ist, sorge ich für uns beide. Wir haben viele gemeinsame Interessen – bis auf eine. Karl-Heinz schwärmt für Diskotheken. Zwei- bis dreimal in der Woche ist er dort, aber er hat mir immer versichert, daß alles ganz harmlos zugeht.

Jetzt jedoch bekommt ein Mädchen ein Kind von ihm. Karl-Heinz will sie heiraten, aber er beteuert, daß sich dadurch zwischen uns nichts ändert. An dem Mädchen liegt ihm nichts, er will nur, daß das Kind ehelich geboren wird. Diese Roswitha soll zu uns ziehen, weil er ja kein Geld hat, um eine Wohnung zu mieten. Mir würde sie wie eine jüngere Schwester sein, sagt er.

Er versichert mir auch immer wieder, daß er nur mich liebt – aber kann ich das noch glauben? Bitte, raten Sie mir, was ich tun soll.«

»Den Kerl zum Teufel jagen«, sagte Dein Sohn aufgebracht. »Es ist nicht zu fassen, mit wieviel Dummheit manche Leute geschlagen sind.«

Sabine reagierte mitleidiger. »Mir tut die arme Frau leid. Natürlich mußt du ihr klarmachen, daß sie belogen und ausgenutzt wird – aber mit aller Vorsicht. Sonst dreht sie womöglich durch und tut sich etwas an. Willst du daran schuld sein?«

»Ich?« fuhr Michael auf. »Heiße ich vielleicht Karl-Heinz?«

»Aber du könntest ihr einen Schock versetzen.«

Michael zündete sich eine Zigarette an. Der Aschenbecher war schon voller Kippen. Dabei raucht er sonst nie sehr viel, nur wenn er eine schwierige Aufgabe zu lösen hat. Leserbriefe sind eine!

»Ich vermute, die Dame ist nicht leicht zu schocken. Sonst wäre das schon ihrem Karl-Heinz gelungen.«

Er zog die Schreibmaschine zu sich heran. »So, und jetzt schreibe ich ...«

Er hämmerte auf die Tasten, und Sabine blickte ihm über die Schulter.

Tessy, die bis jetzt neben mir auf der Couch gelegen hatte, rückte ein Stück von mir ab.

»Männer!« meinte sie spitz. »Da sieht man's wieder, wie sie mit uns Frauen umspringen. Und hinterher werden wir noch als die Dummen verlacht.«

»Um Himmels willen, Tessy«, sagte ich begütigend, »das kann man doch wirklich nicht verallgemeinern. Dieser Fall ist eine krasse Ausnahme, und zweitens scheint dieses Fräulein Elsa in der Tat keinen allzu hohen Intelligenzquotienten zu besitzen.«

»Aber Herz, mein Lieber, Herz!« erwiderte Tessy ein wenig theatralisch. »Und das wird ausgenutzt.«

»Nein, Michael!« rief Sabine in diesem Augenblick. »Das kannst du unmöglich schreiben. ›Die faustdicken Lügen Ihres sauberen Bekannten und die Frechheit, mit der er auf Ihre Naivität spekuliert, lassen mir die Haare zu Berge stehen!‹ So etwas muß das arme Ding ja vor den Kopf stoßen.«

»Blödsinn, davor hat sie sowieso ein Brett. Also muß man mit schweren Geschützen auffahren.«

»Du bist herzlos. Hast du denn überhaupt kein Mitgefühl?«

»Doch – mit mir, weil ich diese verdammten Leserbriefe beantworten muß, damit sie Montag in Satz gehen. Und weil in spätestens zwei Stunden deine Freundin Beate hier ist. Dann komme ich nicht mehr zum Arbeiten. Darum rede mir nicht dauernd dazwischen.«

»Beate ist nicht meine Freundin«, erwiderte Sabine. »Wir sind zusammen in die Schule gegangen. Was kann ich dafür, daß sie seit der Zeit hin und wieder anruft oder vorbeikommt? Im übrigen rede ich dir nicht dazwischen, sondern gebe dir gute Ratschläge. Als Mann hast du nicht das richtige Gespür für Frauenprobleme. Deshalb möchte ich dir helfen. Oder willst du dich blamieren?«

»Vor wem?« fragte Michael. Tessy und ich merkten, daß er allmählich wütend wurde. »Vor Fräulein Elsa B. aus Wuppertal? Ha ...«

»Nein. Vor deinen Kollegen und Vorgesetzten. Man wird dich für instinktlos halten.«

Michael trommelte mit den Fingern nervös auf der Schreibtischplatte. »Dann tust du das wohl bereits, wie?«

Sabine zündete sich auch eine Zigarette an. »Nicht allgemein. Nur in diesem speziellen Fall.«

»Sehr tröstlich. Vielen Dank!«

In diesem Augenblick hopste Tessy von der Couch und verschwand zielstrebig und ganz ohne ihr gewöhnliches Hüftschwenken in Richtung Korridor. Das tut sie immer, wenn die Situation brenzlig wird. Sie sucht sich ein ruhiges Eckchen, wo sie abwarten kann, bis die Luft wieder rein ist.

Ich dagegen verspürte, wie immer, wenn sich ein Streit anbahnt, das unbezwingliche Bedürfnis, von einem zum anderen zu laufen und beide anzubetteln: »Vertragt euch doch! Ich kann es nicht haben, wenn ihr zankt. Bitte, bitte, bleibt friedlich!«

Mit einem leisen Winseln sprang ich erst an Sabine, dann an Michael hoch. Aber leider erreichte ich nur, daß mich beide zur Seite schoben und sagten: »Ruhig, Julius!«

Was soll ein guterzogener Hund da machen?

Er zieht den Kopf ein und sich selbst zurück.

Aber ich blieb im Zimmer und legte mich unter den alten Lehnstuhl vor dem Fenster, immer bereit, ohne Rücksicht auf mich selbst noch einmal einzugreifen, falls es nötig werden sollte.

»Also, ich habe kein Herz und keinen Instinkt!« Dein Sohn war aufgestanden und marschierte mit großen Schritten auf und ab. »Fabelhaft, so was von der eigenen Frau zu hören, weil sie sich als Verteidigerin eines sitzengelassenen späten Mädchens mit dem Verstand eines Perlhuhns aufspielt.«

»Ich spiele mich überhaupt nicht auf. Ich kann es nur nicht vertragen, wie du dich über so eine arme Person lustig machst. Sie ist zu bedauern. Natürlich ist sie naiv und sträflich gutgläubig, aber deswegen muß man doch nicht über sie die Nase rümpfen.«

»Tut mir leid. Dummheit hat mich schon immer aufgeregt.«

»Weil du intolerant bist!«

»Bin ich nicht. Ich habe für alles Verständnis. Nur nicht für das da. Und das und das und das!« Damit griff Dein Sohn nach dem Stapel Zuschriften, der ihm von der Redaktion nach Hinterwiesen geschickt worden war, und fuchtelte damit vor Sabines Nase herum.

»Lies nur mal den haarsträubenden Unsinn. Hier: ›Ich bin fünfzehn Jahre alt und unsterblich in Prinz Andrew von England verliebt. Ich sammle alle Fotos von ihm und hänge die schönsten an die Wände meines Zimmers. Fast täglich schreibe ich ihm, aber ich habe noch nie den Mut gehabt, die Briefe abzuschicken. Ich weiß ja, daß meine Liebe hoffnungslos ist – und damit mein ganzes Leben. Oder glauben Sie, daß es noch einen Weg von mir zu ihm gibt?‹«

Michael lachte, und ich muß Dir zu meinem Bedauern mitteilen, daß es gar nicht lustig, sondern ziemlich böse klang.

»Sag mir um alles in der Welt, was ich der Göre antworten soll? Oder dieser Dame hier: ›Mein Sohn (42) hat im Frühjahr geheiratet, obwohl ich gegen diese Ehe war. Jetzt komme ich nicht darüber hinweg, daß die andere Frau mehr Rechte an ihm hat. Deshalb habe ich mich auch geweigert, sie kennenzulernen. Wie kann ich meinem Jungen nur klarmachen, daß ihn niemand mehr liebt als seine Mutter? Schließlich war ich 42 Jahre seines Lebens für ihn da, seine Frau erst ein paar Monate.‹ – Soll ich dieser gequälten Mutterseele raten, sich in psychiatrische Behandlung zu begeben? Oder würde ich sie damit deiner Meinung nach noch unglücklicher machen, als sie schon ist? Du hast doch so viel Fingerspitzengefühl für die weibliche Psyche. Nun beweise es mal.«

»Schrei mich nicht an!« sagte Sabine wütend. »Das verbitte ich mir. Außerdem hast du mir eben noch geraten, mich nicht in deine Arbeit einzumischen. Also sieh selbst, wie du zurechtkommst.«

Damit verließ sie das Zimmer und knallte die Tür hinter sich zu. Es war ein scheußliches Geräusch, das sogar meinen etwas schwerhörigen Ohren weh tat.

»Du willst dich ja nur drücken!« rief Michael ihr nach. »Weil dir selbst keine Antwort einfällt.«

Er starrte ein paar Sekunden auf die geschlossene Tür, dann kehrte er an seinen Schreibtisch zurück, riß das eingespannte Blatt aus der Maschine und warf es zusammengeknüllt in den Papierkorb.

Dabei murmelte er ein Wort, das ich hier nicht wiedergeben möchte.

Ich schnaufte erleichtert auf. Fürs erste war der Krach vorbei; Sabine hatte das Feld geräumt.

Jetzt blieb nur noch zu hoffen, daß sich die beiden möglichst bald wieder vertrugen.

Ich hatte den Gedanken kaum zu Ende gedacht, als sich die Tür wieder öffnete.

»Tessy will zu dir«, sagte Sabine. Wenn saure Milch sprechen könnte, hätte sie genau diesen Tonfall gehabt, schätze ich.

Dann flog die Tür wieder zu.

Tessy kam zu mir unter den Lehnstuhl. Sie hatte alles von draußen mitgehört. »Das hätte ich nicht gedacht«, flüsterte sie.

»Was denn?« fragte ich.

»Na, daß mein Herrchen so autoritär sein kann. Bei mir ist er doch nicht so.«

»Du bist ja auch sein Herzblättchen«, brummte ich.

»Meinst du das vielleicht abwertend?«

»Nein. Ich will damit nur sagen, daß man aus Liebe eben manchmal schwach sein kann ...«

»So wie dieses Fräulein Elsa aus Wuppertal«, hakte Tessy prompt ein. »Willst du damit andeuten, daß du mein Herrchen im Grunde für genauso dumm hältst wie sie?«

Ich schwieg einen Moment, aber dann kam mir die rettende Ausrede. »Natürlich nicht. Schließlich bist du nicht so gemein wie dieser Karl-Heinz.«

»Allerdings nicht!« Tessy schoß einen herausfordernden Blick auf mich ab. »So schuftig können sich nur Männer aufführen.«

»Hast du nicht neulich mal gesagt, daß Pauschalurteile verdammenswert und Ausdruck kleinbürgerlicher Engstirnigkeit seien?« erkundigte ich mich vorsichtig.

»Sind sie auch. Aber das ist kein Pauschalurteil, sondern eine traurige Tatsache. Die nicht emanzipierte Frau bezieht ihr Selbstwertgefühl aus dem Umstand, daß sie einen Mann hat. Deshalb ist sie eine leichte Beute für Heiratsschwindler, Betrüger und andere niedrige männliche Kreaturen. Sie glaubt ihren Lügen, wird von ihnen ausgebeutet, zahlt mit Liebe und Geld, um eine gesellschaftliche Aufwertung zu erfahren und zu erhalten. Das Elend von Fräulein Elsa liegt also nicht in ihrem persönlichen Problem, sondern in unserer soziologischen Struktur, verstehst du?«

»Nein«, sagte ich ehrlich. »Ich denke ganz einfach, daß sie diesen Burschen liebt und grauenhaft enttäuscht sein wird, wenn sie kapiert, daß er sie hereingelegt hat. Im übrigen gibt es ja auch Frauen, die Männern Liebe vorheucheln und sie auspressen wie eine Zitrone. Du wirst doch nicht behaupten wollen, daß solche Männer ebenfalls ein Opfer unserer soziologischen Struktur sind?«

»Doch«, erwiderte Tessy, ohne mit der Wimper zu zucken. »Du vergißt das Leistungsprinzip. Männer, die eine attraktive Freundin haben, die sie eine Stange Geld kostet, müssen in den Augen der Umwelt tolle Kerle sein.«

»Aber dann ist Fräulein Elsa auch ein toller Kerl. Schließlich leistet sie sich einen zehn Jahre jüngeren Liebhaber«, platzte ich heraus und erntete einen vernichtenden Blick von Tessy.

»Wie du dich über das Leid dieses armen Geschöpfes auch noch lustig machen kannst...«

Ich gab es auf, mit ihr über diesen Fall zu debattieren. Es führte zu nichts.

»Aber was hältst du von dem Mädchen, das in Prinz Andrew verliebt ist?« fragte ich statt dessen. »Und von der eifersüchtigen Schwiegermutter?«

Tessy hopste auf den Lehnstuhl.

»Alles Opfer von falschen Verhaltensmodellen. Dem Mädchen ist eingeimpft worden, daß ein Prinz etwas Besonderes, Anbetungswürdiges ist. Und die Schwiegermutter stammt aus einer Zeit, in der man den Frauen vorgeredet hat, daß Mutterschaft die einzige Erfüllung der Frau und Sex etwas äußerst Anstößiges sei, das lediglich zweifelhaften Frauenzimmern Vergnügen bereite. Deshalb sieht sie in ihrer Schwiegertochter solch ein zweifelhaftes Frauenzimmer. Ihre verklemmte Phantasie reicht aus, sich vorzustellen, daß die beiden eine Menge Spaß im Bett miteinander haben – und darüber kommt die alte Dame nicht hinweg.«

Wie immer, wenn Tessy solche Sachen sagte, wurde ich verlegen. Ich deutete mit der Nase auf Michael, der einen neuen Bogen in die Maschine gespannt und zu tippen begonnen hatte.

»Was er jetzt wohl schreiben mag?«

Wir erfuhren es, denn Michael murmelte den Text halblaut vor sich hin.

»Liebes Fräulein Elsa! Sicherlich empfindet Ihr Freund noch

immer große Zuneigung für Sie, sonst würde er Ihnen nicht diesen ungewöhnlichen Vorschlag machen. Trotzdem sollten Sie keinesfalls darauf eingehen. Mit Frau und Kind des Mannes, den Sie lieben, unter einem Dach zusammenzuleben, wäre eine unerhörte Belastung, an der Sie zerbrechen müßten. Bedenken Sie, daß die Mutter des Kindes immer in Ihnen eine Rivalin sehen und unter allen Umständen versuchen wird, Sie auszuschalten. Ihr Bekannter würde ständig zwischen Pflicht und Neigung hin- und hergerissen und die Situation für alle unerträglich werden. Deshalb trennen Sie sich von dem jungen Mann so schnell wie möglich. Machen Sie es ihm und sich selbst leicht, damit nicht unnötiges Porzellan zerschlagen wird – auf Ihrem Rücken.«

Michael holte tief Atem.

»Na, wenn das kein zahmer Brief ist ... Und nun die Göre mit dem Prinz-Andrew-Fimmel. Was schreibe ich der bloß? Daß sie lieber ihre Schularbeiten machen und die Bilder ihres Idols in den Papierkorb werfen soll? Oder ist das auch instinktlos? Guter Gott, wenn die Lütjenbrink wieder gesund ist, kriegt sie einen Blumenstrauß von mir.«

In diesem Augenblick klingelte es an der Haustür. Gleichzeitig hämmerte oder trat jemand mit voller Wucht dagegen.

Tessy schoß aus dem Lehnstuhl und raste laut kläffend zur Tür. »Das schreckliche Kind ist da! Hörst du es, Julius? Das kann nur Uwe Bartholmy sein. Und ich dachte, wir hätten noch zwei Stunden Galgenfrist!«

Natürlich kam Michael nun nicht mehr dazu, die Leserbrief-Antworten zu schreiben. Aber ich habe ihn im Verdacht, daß er ganz froh darüber war. So konnte er die Sache noch ein bißchen vor sich herschieben.

Von Frau Bartholmy habe ich Dir ja schon erzählt, daß ich sie uninteressant finde. Von ihrem Sohn kann ich das nicht behaupten.

Er sieht aus wie ein kleiner blonder Engel, ist fünf Jahre alt und eine Landplage.

Seine Mutter hat ihn nämlich antiautoritär erzogen.

Weißt Du, was das bedeutet, wenn ein solches Kind in ein Haus auf dem Lande kommt, wo zwei Dackel leben?

Da ich nicht mehr so flink wie Tessy bin, erreichte ich sie erst im Korridor und kam gerade dazu, wie Uwe sie am Schwanz festhielt. Sie wollte nämlich ins Wohnzimmer flüchten.

Tessy quietschte auf, schnappte nach Uwes Hand, und er ließ sie los. Allerdings blieb ein Büschel roter Haare in seinen Fingern.

Uwe brüllte wie am Spieß. »Der Hund hat mich gebissen! Der Hund hat mich gebissen! Wo ist mein Stock? Ich will ihn verhauen!«

Dabei hatte Tessy nur in die Luft geschnappt, ich hatte es genau beobachtet.

Ich wollte ihr nach, aber da erblickte Uwe mich, und sein Geschrei brach abrupt ab.

Ich machte einen verzweifelten Quick-Step zur Seite, als er nach mir grapschte. Trotzdem hätte er mich sicherlich erwischt, wenn Sabine ihn nicht festgehalten hätte.

»Willst du mir nicht erst einmal guten Tag sagen?«

»Nein«, antwortete Uwe entschieden. »Du bist doof.«

Diese Äußerung entlockte seiner Mutter ein herzliches Lachen. »Ist er nicht süß in seiner Unbefangenheit? Schon gut, mein Schatz, du brauchst nichts zu tun, was du nicht magst.«

»Tu ich sowieso nicht«, erklärte Uwe. »Und wenn du dich auf den Kopf stellst.« Dann trat er mir auf die Pfote und schrie entzückt auf, als ich ein schmerzhaftes Winseln ausstieß.

Inzwischen war auch Michael auf dem Plan erschienen und begrüßte Frau Bartholmy. Uwe zerrte an seiner Hose.

»Mach doch keine Faxen, Mann. Wie heißt denn der Hund?«

»Julius«, antwortete Michael und nahm mich vorsichtshalber auf den Arm – etwas, das ich ihm nie vergesse. Ich bin ziemlich sicher, daß mich der süße Uwe sonst ein zweitesmal getreten hätte.

»Gib ihn her«, verlangte er, aber Michael schüttelte den Kopf. »Nicht jetzt. Ihr müßt euch erst besser kennenlernen. Julius ist schon ein älterer Herr und an Kinder nicht gewöhnt. Kommen Sie herein, Frau Bartholmy. Und du natürlich auch, Uwe.«

»Der ist auch doof«, sagte der Junge und versuchte, mich an den Ohren zu zerren, was ihm glücklicherweise nicht gelang, da er nicht so hoch hinaufgreifen konnte.

»Aber Uwelein«, protestierte seine Mutter, »das ist doch der nette Onkel Michael. Erinnerst du dich nicht, wie er bei deinem letzten Besuch mit dir Ball gespielt hat?«

»Ich erinnere mich noch sehr gut daran.« Michaels Lächeln wirkte reichlich mühsam. »Der Ball landete meistens da, wo er nicht hinsollte. In der Kompottschüssel, in den Parfümfläschchen meiner Frau im Bad, im Dielenspiegel ...«

»Ja, und beinahe hätte sich Uwe an den Scherben noch verletzt«, ergänzte Frau Bartholmy. »Dabei kann das Kind kein Blut sehen. Es wird ihm sofort schlecht. Bitte, geben Sie heute bloß acht, daß er nicht so wild mit Ihnen herumtobt.«

»An mir soll es nicht liegen«, beteuerte Michael und ging voran ins Wohnzimmer. Als er mich dort absetzte, verkroch ich mich sofort unter der Couch, wo ich Tessy bereits vorfand.

»Na, habe ich zuviel versprochen?« fragte sie mit leicht bebender Stimme. »Das ist doch ein Scheusal.«

»Aber hier sind wir sicher vor ihm«, sagte ich.

»Wer weiß. In Düsseldorf habe ich mich mal vor ihm unter den Betten im Schlafzimmer versteckt, aber er hat mich aufgestöbert und mit dem Besen hervorgescheucht. Außerdem können wir schlecht den ganzen Tag unter der Couch hocken bleiben. Es gibt Rouladen zu Mittag – und zum Kaffee Frankfurter Kranz.«

Uwe trampelte durch das Wohnzimmer. »Wo sind denn die Hunde? Ich will sie haben.«

»Vielleicht sind sie im Garten«, hörten wir Sabine antworten und atmeten erleichtert auf. »Wir suchen sie nachher. Willst du nicht erst mal auspacken, was ich für dich besorgt habe?«

Wohlweislich hatte Sabine für Uwe ein Geschenk gekauft, in der Hoffnung, daß er dann wenigstens eine Zeitlang beschäftigt wäre. Es handelte sich um ein Flugzeug, das mit einer Gummischleuder hochkatapultiert wurde und dann durch die Luft segelte.

Glücklicherweise fand es Gnade vor Uwes Augen – wenigstens fürs erste. Er verzog sich damit nach draußen, so daß seine Mutter, Michael und Sabine eine ruhige halbe Stunde hatten und wir uns unter der Couch hervorwagten.

Übrigens ließen sich weder Michael noch Sabine anmerken, daß sie sich kurz vorher gestritten hatten. Darüber war ich sehr froh. Gerade vor Frau Bartholmy wäre mir auch nur die leiseste Andeutung ehelichen Unfriedens sehr peinlich gewesen.

Michael mixte eisgekühlte Longdrinks, während Frau Bartholmy Sabine von ihrer Scheidung erzählte.

»Du kannst mir gratulieren. Vorige Woche ist sie ausgesprochen worden – und ich bin mit allem durchgekommen, was ich wollte. Das Kind bleibt bei mir, und Detlef muß mir jeden Monat runde zweieinhalbtausend Mark Unterhalt zahlen, dazu dreißigtausend Mark als ehelichen Zugewinnausgleich, oder wie man das nennt.«

Sie lachte. »Na ja, es trifft keinen Armen. Trotzdem ist ihm das neue Scheidungsrecht natürlich verflixt ungelegen gekommen. Früher hätte ich keine müde Mark von ihm gekriegt.«

Tessy stieß mich in die Rippen. »Hör dir das an. Neue Gesetze sind wirklich ein Segen. Wenn man bedenkt, wie viele Frauen noch vor ein paar Jahren unverschuldet in Not geraten sind ... Jetzt werden die Herren der Schöpfung endlich mal zur Kasse gebeten, wenn sie sich scheiden lassen. Das wird manche von ihnen vielleicht zurückhalten.«

»Ach«, sagte ich, »Herr Bartholmy wollte sich scheiden lassen? Nicht sie?«

»Na, das ist doch klar, wenn er jetzt soviel bezahlen muß ... Wahrscheinlich hat er seine Frau betrogen.«

In diesem Augenblick sagte Beate Bartholmy: »Detlef war richtig komisch nach der Urteilsverkündung. ›Und das soll Recht sein!‹ hat er immer wieder gesagt. ›Meine Frau hat mich verlassen. Sie hat seit anderthalb Jahren einen Liebhaber, sie ist schuld an der Zerrüttung unserer Ehe, und trotzdem muß ich noch für sie aufkommen? Das schreit doch zum Himmel!‹«

»Also nimm es mir nicht übel, Beate«, erwiderte Sabine, »aber ganz unrecht hat er nicht.«

Frau Bartholmy schlug die Beine übereinander. »Natürlich nicht. Im Grunde war er immer hoch anständig zu mir. Ein Ehemann, wie er im Buche steht. Oliver ist ganz anders. Seiner ist man nie sicher. Aber das macht ihn ja gerade so aufregend.«

Michael kam mit den Drinks. »So, meine Damen – dann zum Wohl.«

»Zum Wohl«, wiederholte Beate Bartholmy, und ich benutzte die Gesprächspause, während der sie tranken, um nun meinerseits Tessy anzustupsen.

»Du, das klingt aber ganz anders, als du eben behauptet hast.«

Tessy schwieg und ließ die Ohren hängen, etwas, das ganz ungewohnt an ihr war. Wahrscheinlich hatte die Geschichte sie sprachlos gemacht.

Frau Bartholmy hatte ihr Glas in einem Zug ausgetrunken. »Das tat gut. Ich war auch halb verdurstet. Aber wo war ich stehengeblieben? Ach ja, das neue Scheidungsrecht. Wenn es nicht eingeführt worden wäre, hätte ich mir die Trennung von meinem Mann vielleicht noch mal überlegt. Aber so ... Ich habe ja nur Vorteile dadurch. Ich kann jetzt leben, wie es mir Spaß macht.«

»Und dein Mann finanziert es«, sagte Sabine trocken.

Man kann über Frau Bartholmy denken, wie man will. Aber besonders empfindlich ist sie nicht. Sie nickte nur auf Sabines Bemerkung.

»Stimmt. Aber ich habe diese Gesetze schließlich nicht gemacht.«

»Und was sind jetzt Ihre Zukunftspläne?« erkundigte sich Michael nach einer Pause. »Ich meine, werden Sie irgendwann wieder heiraten?«

»Ich würde schon«, antwortete Frau Bartholmy mit einem kleinen Auflachen. »Ich bin wahnsinnig verknallt in Oliver. Aber er will nicht.«

»Ach – und warum nicht?«

»Er sagt, bei den Scheidungsgesetzen kann man das nicht riskieren. Und damit hat er im Grunde recht.«

In diesem Augenblick flog Uwes Flugzeug durch die offen stehende Terrassentür und landete mit Schwung auf dem Tisch. Sabines Glas zerplatzte, und sein Inhalt ergoß sich über Tisch und Teppich.

Uwe tauchte im Türrahmen auf. »Getroffen!« schrie er. »Mann, das ist vielleicht stark!«

Sabine sprang wortlos auf und raste in die Küche nach Putzlappen, Schaufel und Besen.

»O Gott, diese Kinder!« Frau Bartholmy fischte das Flugzeug aus den nassen Scherben. »Uwelein, damit solltest du aber nur draußen spielen.«

»Nö!« sagte Uwe. »Das ist langweilig. Ich werde jetzt hierbleiben.« Dann erspähte er mich, während Tessy schon wieder geistesgegenwärtig unter die Couch gekrochen war.

Ich schaffte es nicht so schnell, und das war mein Unglück, denn diesmal erwischte mich das reizende Kind am Halsband.

Du weißt, liebes Frauchen, ich habe noch nie ein Kind gebissen. Irgendwie steckt das in mir: Es ist eines guten Hundes unwürdig, einem Kind etwas zu tun. Deshalb brachte ich es auch bei Uwe in diesem Augenblick noch nicht über mich, obwohl das sehr dumm war.

Nur meine Lefzen hoben sich wie von selbst. Ich knurrte, in der Hoffnung, Uwe damit abzuschrecken, aber es war vergeblich. Dieses Kind hatte überhaupt keine Angst, sondern beutelte mich unerschrocken hin und her.

Seine Mutter stellte es mit Genugtuung fest. »Uwe ist so herrlich unbefangen. Er fürchtet sich vor nichts, und ich finde, das ist ein unerhört beglückendes Erlebnis. Natürlich kostet es manchmal Nerven, ein Kind antiautoritär zu erziehen, aber das Resultat entschädigt einen dafür, findet ihr nicht?«

»Ich weiß nicht recht«, sagte Michael. »Wir haben uns doch auch anpassen und Rücksicht nehmen müssen, ohne daß wir dadurch seelische Krüppel geworden wären.«

Man merkte ihm an, daß er sich nur mit Mühe beherrschte. Inzwischen hatte mich Uwe nämlich mit dem restlichen Inhalt seines Longdrink-Glases überschüttet, so daß mein ganzer Rükken klebte und Sabine mich im Badezimmer abwaschen mußte.

Anschließend riß er vom Philodendron am Fenster drei Blätter ab und brannte mit dem Feuerzeug seiner Mutter ein Loch in die Tischdecke. Mir hätte er fast die Vorderbeine ausgekugelt, als mich Sabine aus dem Badezimmer zurückbrachte und Uwe mich um jeden Preis auf den Arm nehmen wollte.

Natürlich muß man zu Gästen höflich sein.

Deshalb klopfte Sabine Uwe auch nicht auf die Finger, obwohl sie es liebend gern getan hätte, sondern sagte nur: »Laß Julius jetzt in Frieden. Du siehst doch, daß er nicht mit dir spielen will. Und man darf niemanden gegen seinen Willen zu etwas zwingen, auch Hunde nicht.«

»Na ja«, sagte Tessy, als ich mich humpelnd zu ihr unter die Couch verzog, »es ist ja ganz lieb, daß sie das sagt. Aber beherzigen tut sie es auch nicht immer.«

Woraus Du siehst, liebes Frauchen, daß Tessy fast nie ihren kritischen Sinn verliert, ausgenommen, wenn es sie persönlich betrifft. Da ist sie meist vollkommen unkritisch.

Oben am Tisch entwickelte sich eine rege Diskussion um Für und Wider der antiautoritären Erziehung, während es Uwe offenbar viel Freude machte, x-mal hintereinander auf einen Stuhl zu steigen und mit lautem Krach hinunterzuspringen. Wenn er unten ankam, bebte der Fußboden.

»Ein Kind muß sich frei entfalten können«, sagte Frau Bartholmy. »Strenge, Verbote und Strafen sind dabei der schlimmste Hemmschuh.«

»Übertriebene Strenge«, warf Michael ein. »Aber ich denke, daß ein gewisses Maß ...«

»Falsch! Grundfalsch!« unterbrach ihn Frau Bartholmy. »Natürlich ist es der bequemste Weg, einem Kind etwas zu verbieten und, wenn es nicht gehorcht, mit Strafen aufzuwarten. Aber sagen Sie selbst – ist es eine Kunst, ein kleines Kind zu schlagen? Ich halte es für das Eingeständnis des eigenen Versagens. Man greift zur Gewalt, weil man nicht imstande ist, etwas mit vernünftigen Mitteln durchzuetzen.«

»Gut und schön.« Das war Sabine. Ich linste unter der Couch

hervor und sah, wie sie schmerzlich zusammenzuckte, weil Uwe wieder einmal mit Geschrei und Gepolter vom Stuhl gehüpft war. »Aber was verstehst du unter vernünftigen Mitteln? Wie, beispielsweise, würdest du erreichen, daß Uwe sein wildes Herumspringen bleiben läßt?«

»Uwelein?« fragte seine Mutter. »Möchtest du nicht etwas anderes spielen?«

»Nö!« antwortete das Kind kurz und bündig und kletterte wieder auf den Stuhl.

»Aber du störst uns ein bißchen ...«

»Das ist mir wurst.«

»Und wenn der Stuhl nun kaputtgeht?«

»Ist mir auch wurst. Ist ja nich' meiner!«

Diesmal sprang das reizende Kind mit besonderem Getöse zu Boden, so daß die Gläser im Schrank klirrten.

»Das wäre der Punkt gewesen, wo wir als Kinder Ohrfeigen bezogen hätten«, sagte Michael sehnsüchtig.

»Genau! Also geben Sie mir recht, lieber Doktor«, erwiderte Frau Bartholmy lebhaft. »Prügel sind das Eingeständnis des eigenen Versagens. Und sie richten einen gar nicht übersehbaren Schaden in der Kinderseele an. Besser ist es, einfach abzuwarten. Spätestens in fünf Minuten wird Uwe das Herumhopsen langweilig sein, und er wird etwas Neues beginnen. Die meisten Schwierigkeiten regeln sich auf diese Weise. Man muß nur ein bißchen Geduld aufbringen. Vor ein paar Wochen beispielsweise hat Uwe sich standhaft geweigert, sich waschen zu lassen. Ich ließ ihn gewähren, und was war der Erfolg? Nach ein paar Tagen war er so schmutzig, daß andere Kinder nicht mit ihm spielen wollten. Da kam er von selbst und verlangte, gebadet zu werden. Neulich wollte er nicht ins Bett. Bis zwei Uhr nachts hat er es ausgehalten. Dann ist er im Sessel eingeschlafen.«

»Du zwingst ihn also zu nichts?« fragte Sabine konsterniert.

»Nein. Früher oder später wird ihm selbst klar, was gut oder schlecht für ihn ist.« Frau Bartholmy zündete sich eine Zigarette an. Das war der Augenblick, in dem Uwe zum letzten Mal vom Stuhl hopste und zielstrebig auf seine Mutter zumarschiert kam.

»Ich will auch eine.«

»Beate!« rief Sabine entsetzt. »Du wirst doch nicht ...«

»Warum nicht? Sie wird ihm gar nicht schmecken, und er wird nie wieder eine haben wollen. Findet ihr nicht, daß das eine gute Lehre ist?«

Uwe machte tatsächlich nur zwei oder drei Züge an der Zigarette. Dann bekam er einen Hustenanfall, daß alle ihm den Rücken klopfen mußten, und hinterher wurde ihm übel.

Er hat sich furchtbar übergeben und dabei auf seine Mutter geschimpft. Ein gemeines Biest hat er sie genannt, weil sie ihm die Zigarette gegeben hatte.

Aber nicht einmal darüber ist Frau Bartholmy wütend geworden. Sie hat nur gelacht und hinterher zu Michael und Sabine gesagt, irgendwie müsse das Kind seine Aggressionen abreagieren.

Während des Mittagessens war es Uwe immer noch schlecht, deshalb durfte er in Michaels Arbeitszimmer auf der Couch liegen.

Tessy und ich waren sehr froh darüber, denn so konnten wir ungestört ein paar Fleischhäppchen vom Tisch ergattern.

»Also, ein bißchen antiautoritär könnte Frau Bartholmy auch uns gegenüber sein«, seufzte Tessy, nachdem sie geschlagene vier Minuten erfolglos neben ihrem Stuhl Männchen und Bitte-Bitte gemacht hatte. »Hunde vertragen das nämlich viel besser als Kinder.«

Ich war etwas skeptisch. »Meinst du?«

»Na, hör mal, das ist doch gar keine Frage. Oder glaubst du, unsereins würde Zigaretten rauchen oder derart stumpfsinnig fünfzigmal hintereinander von einem Stuhl springen wollen?«

»Das nicht. Aber bestimmt haben Hunde, denen man alles durchgehen läßt, andere Unarten.«

Tessy runzelte die Stirn. »Meinst du das global – oder willst du damit auf mich anspielen?«

»Aber nein, aber nein«, versicherte ich hastig. »Ich dachte wirklich nur ganz allgemein ...«

»Schwächen hat jeder«, sagte Tessy kühl. »Ich auch – eine

oder zwei. Aber die fallen bei mir kaum ins Gewicht. Bei dir ist es schon schwieriger. Du bist manchmal ein bißchen borniert, hast ausgesprochen spießige Ansichten und einen etwas trägen Geist. Trotzdem glaube ich nicht, daß eine antiautoritäre Erziehung dich verdorben hätte.«

Ich war froh, daß sie mir wenigstens das zubilligte.

»Wahrscheinlich«, fuhr Tessy fort, »wäre sie dir sogar ganz nützlich gewesen. Du hättest gelernt, mehr Initiativen zu entwickeln, und wärest flexibler geworden.«

»Ach Gottchen«, sagte ich, »eigentlich war ich mir immer flexibel genug.«

Tessy warf mir einen schrägen Blick zu. »Selbstzufriedenheit ist Rückschritt. Man ist nicht mehr in der Lage, sich weiterzuentwickeln.«

»Aber du bist doch auch nicht gerade unzufrieden mit dir, oder?« riskierte ich einen kleinen Seitenhieb.

»Das ist etwas anderes. Ich bin im Einklang mit mir selbst, und ich kann mir das leisten, weil ich jung und aufgeschlossen bin. Bei mir besteht überhaupt keine Gefahr, geistig unbeweglich zu werden.«

»Aber bei mir, was?« erkundigte ich mich mißmutig.

Tessy strich mit einem leichten Hüftschlenkern dicht an mir vorbei, um sich neben Michael zu plazieren.

»Darüber mach dir mal keine Gedanken, mein guter alter Julius. Ich sorge schon dafür, daß du nicht einrostest.«

Patsch, hatte ich wieder einmal mein Fett weg. Und das schlimmste war, daß ich Tessy im Grunde nicht widersprechen konnte. Seit ich hier bin, hält sie mich in Atem.

Von Uwe gibt es noch zu berichten, daß er, während seine Mutter ihn noch in Michaels Zimmer vermutete, längst aufgestanden war und auf der Suche nach neuen Beschäftigungsmöglichkeiten durch das Haus schlich.

Oben im Bad entdeckte er Sabines Nagellack und malte damit ein bizarres Muster auf die Tür. Anschließend wollte er es mit Hilfe der Handbrause wieder abwaschen, was ihm natürlich nicht gelang.

Statt dessen lief das Wasser über den Fußboden, zur Tür hinaus und weichte den Teppichboden in der Diele auf.

Natürlich wurde auch Uwe naß, was ihm mißfiel. Deshalb marschierte er in den Garten, um sich von der Sonne trocknen zu lassen. Dabei vergnügte er sich damit, Sabines Dahlien und Rosen abzureißen und woanders wieder »einzupflanzen«.

Zu diesem Zweck besorgte er sich einen Eimer aus der Abstellkammer und füllte ihn fleißig mit Erde, die er auf dem Rasen ausschüttete. Es sah aus, als hätten wir Maulwürfe im Garten.

Die Brause im Bad hatte er natürlich nicht abgestellt, sondern nur in die Wanne gelegt, aber so unglücklich, daß ihr Strahl gegen die Decke gerichtet war.

Tessy hörte das Plätschern – sie hat ja die schärfsten Ohren von uns allen –, lief nach oben, um nachzusehen, und raste bellend die Treppe wieder herunter.

Sie gab keine Ruhe, bis Sabine aufstand und sagte: »Das Tier hat doch irgend etwas!«

Was danach kam, war schrecklich.

Sabine brach in Tränen aus, als sie die Bescherung gewahrte, Michael machte sich auf die Suche nach Uwe, entdeckte ihn im Garten und die Folgen seiner Betätigung dazu – und war so wütend, daß er ihm zwei ordentliche Backpfeifen verpaßte.

Das wiederum war Anlaß für Tessy, Uwe kläffend an die Waden zu fahren und ihn ein paarmal kräftig zu zwicken. Uwe brüllte und trat nach ihr – und das, Sabines Tränen und Michaels Zorn hinzugerechnet – veranlaßte mich, nun endlich auch meine vornehme Zurückhaltung abzulegen.

Es war phantastisch, liebes Frauchen.

Urplötzlich fühlte ich mich in meine jugendlichen Sturm- und Drangjahre zurückversetzt, wo ich Herrn Westermann, unserem Briefträger, die Hosenbeine zerrissen habe. Und sicherlich wirst Du mir recht geben: Tessy ist zwar rechthaberisch, eigensinnig und für einen alten Hund wie mich reichlich anstrengend.

Aber das ist eine Sache, die nur sie und mich angeht. Ein fremdes Kind hat deswegen noch lange nicht das Recht, nach ihr zu treten.

Also machte ich drei Sätze (ich schwöre Dir, es waren wie in meinen besten Tagen wirklich nur drei) und erwischte Uwe am Hosenboden.

Jeansstoff ist viel fester als eine Briefträgerhose, und für einen Moment hatte ich das schreckliche Gefühl, meine Zähne seien der Strapaze nicht gewachsen. Doch im nächsten Augenblick ertönte das für mich so befreiende »Ratsch«, und Uwe hatte ein hübsches kleines Dreieck in seiner Hose.

Im gleichen Augenblick tauchte Frau Bartholmy draußen auf und stürzte auf ihren schreienden Sprößling zu. Sie nahm ihn auf den Arm und rief:

»Weg! Weg da, ihr Mistköter! Laßt mein Kind in Ruhe!«

Allerdings konnte sie Tessy und mich dadurch nicht einschüchtern. Dazu war es viel zu befreiend, kläffend um sie herumzuspringen und so zu tun, als wollten wir aus Uwe Gulasch machen.

Uwe heulte, als hätte man ihm Arme und Beine ausgerissen. »Der Mann hat mich gehauen. Ich will nach Hause, Mami! Ich will weg hier ...«

Frau Bartholmy fuhr zu Michael herum. »Was haben Sie? Meinen Jungen geschlagen?«

»O ja«, sagte der. »Und mit dem größten Genuß.« Dann faßte er Tessy und mich beim Halsband und klopfte uns den Rücken. »Ruhig jetzt, ihr beiden. Es ist schon gut. Ihr seid brave Hunde.«

»Also, das ... das ist ...« Frau Bartholmy gingen die Worte aus, und das wollte bestimmt etwas bei ihr heißen.

»Das ist bestimmt kein Eingeständnis meines eigenen Versagens gewesen«, vollendete Michael ihren Satz. »Höchstens des Ihren. Von mir aus erziehen oder verziehen Sie Ihr Kind, wie Sie wollen. Aber bleiben Sie dann mit ihm in Ihren eigenen vier Wänden. Es auf zivilisierte Menschen loszulassen ist blanker Terror.«

Fünf Minuten später hatte Frau Bartholmy mit ihrem kleinen roten Sportflitzer das Weite gesucht.

Wir blickten ihr nach, wie sie am Ende der Dorfstraße um eine Kurve verschwand.

Sabine hatte immer noch verweinte Augen. »Meine schönen Blumen«, jammerte sie. »Und die Tür vom Badezimmer wirst du neu streichen müssen. Der Nagellack geht mit Aceton ab – aber die Farbe auch. Hoffentlich wird nur der Teppichboden wieder trocken, ohne sich zu beulen.«

»Warten wir's ab.« Michael setzte sich auf die Bank neben der Haustür und kraulte Tessy und mich zwischen den Ohren. »Auf jeden Fall haben wir nun den Nachmittag und den Abend für uns allein, und das, finde ich, hat auch etwas Gutes.«

»Ich bin froh, daß du es so siehst«, meinte Sabine und schob ihren Mann zur Seite. »Laß mich auch mal die Hunde streicheln. Sie haben es verdient – nach *dem* Besuch.«

Es wurde noch ein schöner Tag. Michael verzichtete darauf, seine Leserbriefe zu beantworten, und ging mit uns allen im Wald spazieren.

Tessy und ich gabelten ein Eichhörnchen auf, das wir schrecklich verbellten, und vom Frankfurter Kranz und dem Roastbeef, das Sabine für das Abendessen besorgt hatte, bekamen wir jeder eine Portion ab. Weil man Roastbeef ja nicht lange aufheben kann.

Als wir schlafen gingen, kroch Tessy noch für ein paar Minuten zu mir ins Körbchen. »Das war prima, wie du mir gegen Uwe zu Hilfe gekommen bist, Julius«, meinte sie.

Ich wollte mir nicht anmerken lassen, wie sehr mich ihre Worte freuten. Deshalb knurrte ich nur: »Nicht der Rede wert. Dasselbe hättest du doch auch für mich getan, oder? Man muß schließlich zusammenhalten.«

Tessy knabberte ganz zart an meinem Ohr.

»Ich hätte nicht gedacht, daß du noch so stark und mutig bist ...«

»Das ›noch‹ kannst du dir ruhig sparen«, sagte ich stolzgeschwellt. »Ich bin, finde ich, ein Hund in den besten Jahren.«

Tessy kicherte. »Die besten Jahre sind leider nicht mehr die guten.«

Diese Bemerkung war wieder typisch für sie. Sie kann es einfach nicht lassen, mir hinterrücks eines auszuwischen.

Ich konnte lange nicht einschlafen, auch nicht, als Tessy mich längst verlassen hatte und ich sie in ihrem Körbchen leise schnarchen hörte.

Meine Decke roch nach ihr, und das war sehr angenehm.

Ich blieb noch eine Weile liegen, bis der Geruch immer schwächer wurde, dann stand ich leise auf, um Dir diesen Brief zu schreiben.

Weißt Du, was ich glaube, liebes Frauchen? Daß Tessy inzwischen auch eine Menge für mich übrig hat und es in ihrer stacheligen Art nur nicht zugeben will. Würde sie sich sonst so viel Mühe geben, aus mir eine dynamische und kritische Persönlichkeit zu machen?

Jetzt fallen mir aber wirklich fast die Augen zu. Deshalb sage ich Dir gute Nacht und gebe Dir ein dickes Hundebussi.

Dein gar nicht mehr dynamischer Julius.

14

Mein liebes Frauchen!
Seit vorigem Montag sind wir wieder in Düsseldorf, aber ich muß Dir sagen, daß diese letzten zwei Wochen gar nicht schön waren.

Nicht etwa wegen Tessy – o nein! Diesmal sind wir uns ganz ohne politische oder sonstige Auseinandersetzungen einig. Aber dein Sohn hat von heute auf morgen beschlossen, fünfzehn Pfund abzunehmen – und das schlägt sich nicht nur in Sabines Speisezettel nieder, sondern auch in Michaels Stimmung.

Das heißt – so aus ganz heiterem Himmel kam dieser Entschluß Deines Sohnes nicht. Er hat schon seit einiger Zeit gestöhnt, daß ihm seine Hosen zu eng geworden seien, und als er neulich seine Badehose herausgekramt hatte, um schwimmen zu gehen, stellte er fest, daß er einen Bauch bekommen hat.

Und der müsse weg.

»Du hast zu wenig Bewegung«, sagte Sabine. »Immer nur am Schreibtisch sitzen, das ist nichts. Geh Tennis spielen oder betreibe sonst einen Sport. Dann nimmst du schon ab.«

Michael nickte. »Mag sein. Aber es genügt nicht. Wir essen einfach zuviel.«

»Was heißt hier – wir?« fragte Deine Schwiegertochter gekränkt. »Bin ich für deinen Appetit verantwortlich? Was mich betrifft, so habe ich höchstens zwei Kilo über meinem Normalgewicht, und die bekomme ich leicht runter. Aber wer weiß, was du tagsüber alles in der Redaktion in dich hineinstopfst.«

»Überhaupt nichts. Du kochst zu gut, das ist alles. Ich brauche eine kalorienarme Diät. Keine Kohlenhydrate, kein Fett. Laß doch mal die Soßen weg. Und die Bratkartoffeln und den Nachtisch.«

»Und FdH«, ergänzte Sabine, was unfeinerweise heißt: Friß die Hälfte.

»Natürlich das auch. Was gibt es denn heute zum Abendessen?«

»Selbstgemachte Pizza.«

Michael verdrehte die Augen. »Das ist ja eine Kalorienbombe! Und du willst behaupten, ich allein sei an meinem Übergewicht schuld? Na schön, dann fange ich eben morgen mit dem Abnehmen an. Am besten eine Tausend-Kalorien-Diät. Besorg dir eine entsprechende Tabelle, ja?«

Und so begann es. Wie und wann es enden wird, wissen Tessy und ich nicht.

Nur eines steht inzwischen fest: Wir mögen keine Abmagerungskuren.

Es gibt keine Süßigkeiten mehr, keine Salzmandeln, keine Kartoffelchips, kein abendliches Eis, ja nicht einmal mehr Wurst als Brotaufstrich.

Sabine sagt, sie wolle Michael nichts voressen und ihn durch einen gut gefüllten Kühlschrank auch gar nicht erst in Versuchung führen, irgendwelche Diätsünden zu begehen.

Deshalb kauft sie nur noch Quark, Tomaten und Magerkäse – alles Dinge, die Tessy und ich nicht ausstehen können.

Und die Fleischportionen beim Mittagessen sind so knapp bemessen, daß sich Dein Sohn und Deine Schwiegertochter mit einem ganz unvornehmen Heißhunger darauf stürzen und wir nur noch ein winziges Häppchen abbekommen.

Ich habe Sabine in Verdacht, daß sie von Michaels Abspeckfieber angesteckt worden ist. Sonst würde sie doch wenigstens in seiner Abwesenheit heimlich ordentlich essen. Aber nein – sie hungert mit, und der Erfolg ist, daß beide ziemlich schwache Nerven bekommen haben.

Michael zum Beispiel ärgert sich über die geringste Kleinigkeit.

Wenn Tessy bellt, schreit er sofort: »Ruhe!« Wenn ich seiner

Meinung nach zu lange an einer hochinteressanten Straßenecke schnuppere, zerrt er mich unsanft weiter. Er erregt sich über die Meldungen der Tagesschau, das Musikprogramm im Radio und die Nachrichten in der Zeitung.

»Eine Laune hast du«, sagt Sabine dann. Dabei ist ihre im Grunde nicht besser.

Ich weiß ja aus eigener Erfahrung, wie zufrieden man nach einem guten Essen ist; satt, träge, der ganzen Welt gegenüber von versöhnlichen, rosigen Gedanken erfüllt.

Man kann Menschen und Hunde besser leiden, das Lachen und Rufen spielender Kinder auf der Straße erscheint einem als Äußerung gesunder Daseinsfreude, Autolärm vermittelt den Eindruck pulsierenden Lebens, das schlechte Wetter macht einem nichts aus, und nicht einmal die Katze, die mindestens dreimal täglich in provozierender Langsamkeit von der Nachbarwohnung aus über unser Balkongeländer spaziert, vermag einen zu ärgern.

Mit leerem Magen aber und ohne absehbare Aussicht, ihn sich ordentlich vollschlagen zu können, wird man gereizt, depressiv, umweltfeindlich – mit einem Wort: ganz und gar ein Misanthrop.

Kindergeschrei und Automotoren, quietschende Bremsen und lautes Hupen vereinigen sich zu einer Höllensinfonie, die Mordgelüste weckt. Regen und ein grauer, wolkenverhangener Himmel werden zum I-Tüpfelchen der eigenen Melancholie, und der Katze auf dem Balkon wünscht man aus tiefstem Herzen eine vergiftete Maus.

Tessy und ich haben in der letzten Zeit oft darüber gesprochen, und sie ist derselben Ansicht. Aber wie können wir Michael und Sabine klarmachen, daß sie durch ihre Tausend-Kalorien-Diät ihre Lebensqualität mindern – und unsere mit?

Der Küchenzettel bei uns sieht jetzt so aus: Morgens zwei Scheiben Knäckebrot und hundert Gramm Quark. Mittags zwei hartgekochte Eier und einen Apfel. Und abends gegrilltes Fleisch oder Fisch mit Salat.

Zwischendurch gibt es mal eine Tomate, einen Joghurt oder

wieder eine Scheibe Knäckebrot. Manchmal auch in Magermilch angerührte Weizenkleie.

Du wirst zugeben, liebes Frauchen, daß es sich da für einen Hund nicht lohnt, überhaupt einen Blick auf den Eßtisch zu werfen oder sich in der Nähe des Kühlschranks herumzutreiben.

Natürlich bekommen Tessy und ich unser Dosenfutter und auch mal einen Hundekuchen. Aber was ist das schon im Vergleich zu früher?

Wahrscheinlich werden wir auch abnehmen, obwohl wir das gar nicht vorhatten.

Michael hat nach einer Woche zwei Kilo weniger auf die Waage gebracht, Sabine eines. Sie war damit sehr zufrieden, aber Dein Sohn erklärte, daß er die Diät nunmehr durch geeignete sportliche Betätigung unterstützen werde.

»Vielleicht ißt er dann wieder mehr und besser«, sagte Tessy hoffnungsvoll. »Bewegung macht ja Appetit.«

Aber das war ein Trugschluß.

Zunächst einmal fuhren wir am Samstag in ein vor der Stadt gelegenes Waldgebiet, wo sich ein Trimm-dich-Pfad befindet. Für diesen Zweck hatten sich Michael und Sabine extra Sportanzüge und Turnschuhe gekauft.

Ich freute mich, als wir aus dem Auto stiegen, und dachte: Aha, jetzt machen wir einen schönen Spaziergang, kehren in einem Restaurant ein, wo es sicherlich keine Dreihundert-Kalorien-Menüs, sondern ein anständiges Mittagessen gibt, und wandern dann gestärkt zurück.

Weit gefehlt! Ein Trimm-dich-Pfad ist von einem bequemen Wanderweg so weit entfernt wie Franz-Josef Strauß vom Walzerkönig. Sagt Tessy.

Man kann es natürlich auch unpolitisch ausdrücken. Beispielsweise wie ein Fußball vom Wiener Opernball. Oder wie Lilienthal vom Rosenthal.

Natürlich gibt es Leute, die Lilienthal lieber mögen als Rosenthal, andere, die Franz-Josef Strauß dem Walzerkönig vorziehen, und wieder welche, denen Fußball mehr als der Opernball bedeutet.

Aber wie jemand freiwillig einen Trimm-dich-Pfad statt eines Wanderwegs wählen kann, ist Tessy und mir vollkommen unbegreiflich.

Trimm-dich-Pfade haben etwas mit Foltern zu tun.

Ich weiß nicht, ob man im Mittelalter außer Daumenschrauben, Spanischen Stiefeln und Eisernen Jungfrauen schon Trimm-dich-Pfade gekannt hat. Aber ich könnte mir gut vorstellen, daß man sie dann benutzt hätte, um arme Delinquenten in die totale Erschöpfung zu treiben.

Deinen Sohn und Deine Schwiegertochter kann man noch entschuldigen; sie hatten zuvor noch keinen Trimm-dich-Pfad gesehen. Aber wir begegneten etlichen Leuten, die voller Begeisterung erzählten, daß sie an jedem Wochenende herkämen, um sich fit zu halten.

Leider brach sich einer von ihnen an diesem Samstag den linken Fußknöchel, und ein anderer wurde mit Rippenprellungen, einem angeknacksten Schlüsselbein und einer Gehirnerschütterung ins Krankenhaus gebracht.

Als man ihn abtransportierte, sagte er mit schwacher Stimme, er hätte heute eine schlechte Kondition gehabt.

Sabine hat sich übrigens auch den Knöchel verrenkt und humpelt seitdem mit einem Verband herum.

Daß Tessy und mir nichts passierte, ist ein wahres Wunder, aber wir haben uns auch geschworen, nie wieder einen Trimm-dich-Pfad zu betreten. Lieber bleiben wir allein im Auto.

Ich hoffe, liebes Frauchen, daß Du nach meinem Bericht denselben Entschluß faßt. Es wäre mir sehr schmerzlich, wenn Du Deine und meine Gesundheit so leichtfertig aufs Spiel setztest.

Dabei fängt die Strapaze noch relativ harmlos an, denn zu Beginn entdeckt man lediglich ein paar große Tafeln, auf denen gymnastische Übungen dargestellt sind mit dem Hinweis, jede davon fünf- bis zehnmal durchzuführen.

Kniebeugen, Rumpfbeugen, Armkreisen, den Oberkörper drehen, Liegestütz.

Da Hunde keine Gymnastik treiben, kam dies für uns nicht

in Frage, und uns blieb nichts anderes übrig, als Michael und Sabine mitleidig zu beobachten, wie sie sich mit diesen Übungen abplagten.

Sie waren danach ziemlich erhitzt und kurzatmig; trotzdem nahmen sie unverdrossen den folgenden Teil des Trimm-dich-Pfades in Angriff, der da hieß: dreihundert Meter joggen.

Joggen ist auch so ein Modewort. Früher sagte man dazu rennen.

Die lange Strecke ging bergauf. Danach stieß man auf eine Anzahl langer Balken, die hintereinander in verschiedener Höhe angeordnet waren.

Tessy und ich waren schon durch das Jogging etwas angeschlagen, denn wir waren nach Hundeart die Strecke mindestens dreimal bellend hin und zurück gerannt, so daß wir uns erst mal hechelnd ins Gras legten, um unsere Bäuche zu kühlen.

Aber Deinem Sohn und Deiner Schwiegertochter wurde durch eine neue Hinweistafel befohlen, sich auf die Balken zu setzen und sich jeweils zehnmal nach vorn und nach rückwärts zu beugen.

Sie taten es auch, obwohl mir diese Bewegungsart völlig sinnlos erschien, dient sie doch weder der Fortbewegung noch der Entspannung. Und besser kratzen kann man sich auf diese Weise auch nicht.

Hier trafen wir übrigens auf zwei Industriemanager aus Düsseldorf.

Es waren Herren um die Fünfzig, die, wie sie keuchend gestanden, durch Schreibtischarbeit und häufige Geschäftsessen übergewichtig und gestreßt seien. Dreimal wöchentlich absolvierten sie den Trimm-dich-Pfad in der vergeblichen Hoffnung, sich dadurch in Form zu halten.

Vergeblich deshalb, weil sie sich – so schien es uns – mit letzter Kraft auf den Baumstämmen abstrampelten und Tessy und mich an zwei riesige Käfer erinnerten, die auf den Rücken gefallen waren und nicht mehr auf die Füße kamen.

Außerdem erzählten sie, daß sie anschließend in einem nahegelegenen Restaurant zum Frühschoppen wollten.

»Wenn Sie Lust haben, können Sie gern mitkommen«, sagte der eine zu Michael und Sabine. »Es gibt dort ein gepflegtes Bier und die beste serbische Bohnensuppe von ganz Nordrhein-Westfalen.«

Michael bekam sehnsüchtige Augen, trotzdem erklärte er standhaft: »Sehr liebenswürdig, aber das kommt für uns nicht in Frage. Zuviel Kalorien ...«

Die Herren lachten. »Die verbrauchen wir hier vorab. Dann haben wir was gut.«

Ich glaube allerdings nicht, daß dies der Sinn eines Trimm-dich-Pfades ist.

Übrigens waren meiner Meinung nach diese beiden Herren die nettesten, die wir an diesem Vormittag kennenlernten. Sie waren wenigstens lustig.

Alle anderen, die sich mit Michael und Sabine über die Strecke quälten, machten einen mehr oder weniger verbissenen Eindruck. Von »mehr Lebensfreude durch sportliche Betätigung« – wie es auf einem Schild zu Beginn des Trimm-dich-Pfades als Motto stand – war da nichts zu merken.

»Ich kann das verstehen«, sagte Tessy. »Die Leute müssen ja übellaunig werden, weil man sie alle über einen Kamm schert. Die Geschmäcker sind doch verschieden, und was der eine mag, kann dem anderen zuwider sein. Du, Julius, liebst beispielsweise, durch Regenpfützen zu marschieren und dir deinen Bauch naß und schmutzig zu machen. Ich verabscheue das, und wenn du mir weismachen wolltest, daß mir dadurch eine Menge Spaß entgeht, würde ich nur mitleidig den Kopf schütteln. Ich glaube, wenn du ein Mensch geworden wärest, hättest du Fußballer werden müssen. Die werfen sich ja auch fortwährend in den Dreck und mögen das. Aber kannst du dir mich als Fußballer vorstellen?«

Das vermochte ich nun beim besten Willen nicht, deshalb sagte ich: »Nein, höchstens als Ballett-Tänzerin.«

Tessy wirkte geschmeichelt. »Vielleicht. Aber ich bin nicht sicher, ob mir so etwas auf die Dauer läge. Tanzen artet ja auch in eine übertriebene körperliche Betätigung aus. Und wie du weißt, bin ich darin für Mäßigung. Man kann auch bei totaler Entspannung sehr viel Lebensfreude empfinden. Wenn man in der Sonne relaxt, zum Beispiel. Oder nachts klammheimlich bei Michael und Sabine unter die Bettdecke kriecht, und sie merken es nicht und schlafen weiter.«

Wir hatten keine Zeit mehr, unsere Unterhaltung über dieses Thema fortzusetzen, denn Michael und Sabine waren von ihren Baumstämmen heruntergehopst und rannten auf ein etwa zweihundert Meter entferntes Reck zu.

Hier hielten sie sich an den Holzstangen mit den Armen fest und versuchten, ihren Oberkörper hochzustemmen. Klimmzug nennt man das, wie wir von einer muskulösen Dame erfuhren, die sich gleichfalls am Reck betätigte.

Sie beherrschte die Kunst dieser Übung perfekt, im Gegensatz zu Deinem Sohn und Deiner Schwiegertochter, die leider keine sehr glückliche Figur bei ihren Bemühungen machten.

Nicht, daß es Tessy und mich gestört hätte – nur Michael und Sabine wirkten etwas deprimiert, weil sie so unsportlich waren.

Sie hampelten eine Zeitlang am Reck herum, und die muskulöse Dame sagte: »Sie sind sicher neu hier. Jedenfalls habe ich Sie noch nie gesehen. Na, geben Sie den Mut nicht auf. Ihre Armmuskeln sind verkümmert – aber das gibt sich, wenn Sie regelmäßig trainieren.«

»Bestimmt«, japste Sabine und plumpste zu Boden, wo sie sich erst einmal den Schweiß aus dem Gesicht wischte.

Nächstes Turngerät war – wieder zweihundert Meter weiter, die man sprintend zurücklegen mußte – ein langer Barren. Laut Hinweistafel hatte man sich durchzuhangeln, natürlich mit durchgedrückten, gestreckten Armen und turnerischer Leichtigkeit.

Sabine und Michael hangelten also, aber von der Anstrengung am Reck zitterten ihnen noch so die Glieder, daß sie Mühe hatten, sich überhaupt festzuhalten. Von gestreckten Armen war keine Rede.

Tessy und ich schlichen geduckt unter dem Barren her, weil

wir fürchteten, jeden Moment unter Michael oder Sabine oder beiden zusammen begraben zu werden.

»Jetzt ist bestimmt das Schlimmste vorüber«, meinte ich aufmunternd zu Tessy, als der Barren endlich ohne Unglücksfall bewältigt war.

Aber ich irrte mich. Es kam noch viel ärger.

Wir erreichten eine Treppe, die aus etwa zwanzig Stufen bestand. Sie einfach hinaufzulaufen war verboten. Man mußte sie hüpfend überwinden – und zwar im Schlußsprung, Stufe für Stufe.

Wir kleinen Hunde erklimmen Treppen ja auf ähnliche Weise, indem wir unsere Vorder- und Hinterbeine abwechselnd benutzen. Das geht auch ohne Mühe.

Ein echter Schlußsprung für Hunde wäre es allerdings nur, wenn wir mit allen vier Beinen gleichzeitig eine Stufe hinaufsprängen. Und das erscheint mir unmöglich. Ich hätte auch nicht die geringste Lust, es überhaupt zu versuchen.

Man macht sich ja lächerlich damit.

Ich versichere Dir, liebes Frauchen, es sieht auch bei Menschen reichlich albern aus, besonders, wenn in Gruppen gehüpft wird, wie es an diesem Samstagvormittag der Fall war.

Sabine bestand nach der Strapaze am Barren nämlich auf einer kleinen Verschnaufpause, und dabei wurden sie und Michael von vier Skatbrüdern mit ihren Frauen eingeholt.

Unverdrossen machten sich die acht an die Treppenhopserei, gefolgt von Deinem Sohn und Deiner Schwiegertochter. Dabei kam es zu dem ersten Unfall.

Einer der Herren sprang zu kurz, verlor das Gleichgewicht und stolperte auf die vorherige Stufe zurück. Er knickte mit dem Fuß um, schrie laut auf und landete auf der Kehrseite.

So blieb er erst einmal eine Weile mit schmerzverzerrtem Gesicht sitzen, und Sabine untersuchte seinen Knöchel.

Wie es sich herausstellte, war er gebrochen, und seine Freunde mußten ihn zum nächsten Arzt transportieren.

Man sagt uns Dackeln ja eine Menge Hartnäckigkeit nach –

aber die Deines Sohnes erscheint mir noch viel ausgeprägter. Trotz dieses Unglücksfalls, der ihm eigentlich eine Lehre hätte sein müssen, wollte er sich unbedingt weitertrimmen und sagte zu Sabine: »Du wirst doch wohl nicht kneifen?«

Wahrscheinlich genierte sie sich, zuzugeben, daß sie genau das am liebsten gewollt hätte, und schüttelte deshalb den Kopf. »Natürlich nicht.«

Was Tessy zu der Bemerkung veranlaßte, daß übertriebenes Schamgefühl selten etwas Gutes bringt.

Es gab nur eine kleine Meinungsverschiedenheit zwischen Michael und Sabine, als sie behauptete, sie hätten vorhin mindestens zwölf Stufen zurückgelegt, und Dein Sohn widersprach; es seien nur acht gewesen.

Sieger blieb er. Es wurde von der achten Stufe an gehopst, glücklicherweise ohne daß noch ein Unfall geschah.

Ziemlich atemlos kamen wir alle miteinander oben an und entdeckten als nächste Überraschung eine Leiter, die auf vier hohen Pfählen ruhte.

Man mußte ziemlich hoch springen, um sie zu erreichen, und dann hieß es wieder einmal, sich von Sprosse zu Sprosse weiterzuhangeln. Schaffte man das nicht, fiel man in einen Wassergraben, der sich unter der Leiter befand.

Sag selbst, liebes Frauchen, ist solch eine Konstruktion nicht eine ausgesprochene Schikane?

Bis jetzt waren Tessy und ich ja noch einigermaßen gut weggekommen, aber der Anblick des Wassergrabens verschlug uns den Atem.

»Soll ich etwa da hindurchschwimmen?« empörte sich Tessy. »Niemals!«

Nun gibt es ja bekanntlich Hunde, die dem Badesport eine Menge Vergnügen abgewinnen. Ich habe, wie Du weißt, nicht unbedingt dazu gehört. Deshalb überlegte ich mir ernsthaft, ob ich nicht einen Umweg machen und mich seitlich in die Büsche schlagen sollte, um den Wassergraben zu umgehen.

Ich wollte mich gerade mit Tessy darüber beraten, als Michael Sabine schwungvoll hochhob, damit sie die Leiter erreichte.

Sie lachte und begann sich weiterzuhangeln. Dein Sohn folgte ihr auf dem Fuße. Oder besser gesagt: mit den Händen.

Unten rannte Tessy winselnd hin und her. »Und wir?« rief sie. »Was geschieht mit uns? Guter Gott, sind denn hier alle verrückt geworden? Tu doch etwas, Julius! Halte sie zurück! Sie sollen umkehren!«

Ich versichere Dir, liebes Frauchen, ich versuchte mein Bestes. Ich bellte aus voller Kehle und gebärdete mich so verzweifelt, daß es einen Stein hätte erweichen können.

Aber Michael und Sabine hatten, so unbegreiflich das klingt, plötzlich Vergnügen an diesem entsetzlichen Abenteuer gefunden. Sie lachten und alberten wie zwei Kinder, schaukelten sogar an den Leitersprossen hin und her und besannen sich erst auf Tessy und mich, als sie schon wieder trockenen, festen Boden unter den Füßen hatten.

»Ach du liebes bißchen, die Hunde!« sagte Sabine.

Michael zog sich schon die Schuhe aus. »Ich hole die beiden. Der Graben ist nicht tief. Das Wasser reicht mir höchstens bis zu den Waden.«

»Meinst du nicht, daß sie schwimmen können?« fragte Sabine. »Es ist doch schönes, warmes Wetter. Und sieh nur, wie sie schwitzen. Ein bißchen Abkühlung täte ihnen gut.«

»Schon – aber hinterher würden sie vor Schmutz starren. Lauf du mal mit zwei nassen Hunden durch den Wald.«

Michael hatte sich die Hosenbeine hochgekrempelt und platschte durch das Wasser auf uns zu. Er schnappte sich Tessy, die wie verrückt an ihm hochsprang, und klemmte sie sich unter den rechten Arm.

Dann griff er nach mir.

Ich weiß nicht, wieso, liebes Frauchen, aber in diesem Augenblick war es mir auf einmal peinlich, wie ein zwölf Wochen alter Welpe oder einer von diesen überzüchteten exotischen Zwerghunden getragen zu werden.

Du erinnerst Dich, daß ich trotz meines Alters gelegentlich zu einer gewissen Tollkühnheit neige. Beispielsweise, wenn ich wie in meiner Jugend mit drei, vier Sätzen die Treppe hinunterrenne und nicht bedenke, daß ich mir dabei die Beine brechen kann.

Oder wenn ich mich mit Cesario, dem Afghanen, anlege, der so viel größer ist als ich und, wenn er nur wollte, Kleinfleisch aus mir machen könnte.

Ein Anflug dieser Tollkühnheit packte mich auch jetzt. Ich dachte mir: Nur Mut, Julius, vorwärts! – und sprang, bevor Michael mich hochheben konnte, in den Graben.

Tessy war einen Moment starr vor Schreck. Dann schrie sie: »Julius! Julius! Komm sofort aus dem Wasser! Denk doch an dein Rheuma. O Gott, er kriegt einen Herzschlag! Er wird ertrinken! Julius!«

»Keine Sorge«, rief ich zurück. »Ich bin zwar seit Jahren nicht geschwommen, aber ich habe es nicht verlernt, wie du siehst.«

Und ich paddelte gemächlich zur anderen Grabenseite hinüber, wo Sabine mich in Empfang nahm.

Michael kam gleichzeitig mit mir an und setzte Tessy ab. Sie umsprang mich wie eine Verrückte, und ich muß gestehen, daß mir ihre Aufregung unheimlich wohl tat. Sie hatte tatsächlich Angst um mich gehabt.

Natürlich versteckte sie die wie üblich hinter Schelte, nannte mich einen alten Schwachkopf, der seine Grenzen nicht kenne, und wich mir empört aus, als ich mich schüttelte und sie ein paar Spritzer Wasser abbekam.

Michael und Sabine tätschelten mir allerdings den Rükken und sagten: »Braver Julius!«, und das machte mich sehr stolz.

»Ich gehöre eben noch lange nicht zum alten Eisen«, sagte ich zu Tessy. »Das bißchen Schwimmen macht mir überhaupt nichts aus.«

Allerdings muß ich Dir, liebes Frauchen, unter dem Siegel der Verschwiegenheit anvertrauen, daß es mir doch etwas ausgemacht hat. Mein Rheuma meldete sich nämlich, und ich habe deswegen in der Nacht ziemlich schlecht geschlafen.

Aber am nächsten Morgen ging es schon wieder besser, so daß Tessy nichts gemerkt hat.

Sie hat mich nur einmal gefragt: »Warum schleichst du so komisch herum?«

Aber ich habe ihr geistesgegenwärtig geantwortet: »Wieso? Hast du denn keinen Muskelkater vom Trimm-dich-Pfad?«

»Ein bißchen schon«, gab sie zu, und damit war die Sache für sie erledigt.

Michael und Sabine waren viel schlimmer dran. Kunststück – sie hatten ja auch sämtliche Turnübungen auf dem Trimm-dich-Pfad absolviert, auch die, die nach meinem Bade-Abenteuer noch anfielen.

Da gab es noch abgesägte Baumstämme in verschiedener Dicke, die man stemmen mußte, andere, um darüber zu balancieren, und wieder welche, über die man hinwegspringen mußte.

Dabei hat sich Sabine übrigens den Fuß verknackst, aber da es die letzte Übung war (der Trimm-dich-Pfad führt im Kreis zum Parkplatz zurück), konnte sie bis zum Auto humpeln, wo Michael ihr einen Verband anlegte.

Ach ja, und der Mann mit der Gehirnerschütterung und dem angebrochenen Schlüsselbein ist gestürzt, als er mit einem Seil, das an einem Baum befestigt war, wie ein Affe zum nächsten schwingen wollte.

Das war übrigens auch so ein verbissener Typ, dem man die Lebensfreude durch sportliche Betätigung überhaupt nicht anmerkte. Aber vielleicht konnte er sein inneres Wohlbehagen nur nicht so richtig zeigen.

Tessy und ich haben jedenfalls sehr viel Angst um Michael und Sabine ausgestanden und sind jetzt froh, daß sie mit einigermaßen heiler Haut davongekommen sind.

Sabine meinte auch, daß so ein Trimm-dich-Pfad gewisse Risiken in sich berge, woraus Du siehst, daß ihre sportliche Begeisterung einen Dämpfer erlitten hat.

Dein Sohn gab ihr zwar recht, blieb aber dabei, daß man eine Schlankheitskur durch körperliche Aktivitäten unterstützen müsse. Deshalb hat er sich inzwischen bei einer Bodybuilding-Schule angemeldet, die er zweimal wöchentlich nach Feierabend besucht.

Ich hoffe, daß Tessy und ich einmal Gelegenheit haben, uns dort umzusehen. Dann berichte ich Dir darüber.

Man muß ja allem Neuen und Unbekannten gegenüber aufgeschlossen sein.

Für heute verabschiede ich mich erst einmal von Dir, liebes Frauchen, und bin und bleibe trotz Rheuma und Muskelkater Dein treuer alter Julius.

15

Mein liebes Frauchen!
Bei Bernholds wird weiter gehungert und weiter Sport betrieben. Sabine absolviert neuerdings jeden Morgen eine halbe Stunde Gymnastik, was ja noch angehen mag, und Dein Sohn läßt sich nicht von seiner Bodybuilding-Schule abbringen.

Sabine hat ihn schon damit aufgezogen und gefragt, ob er ein Muskelprotz werden und sich zur Wahl des Mister Universum stellen wolle.

Aber Michael hat ihr erklärt, daß regelmäßiges Muskeltraining vor allem Fettansatz verhindere. »Deshalb gehe ich dorthin. Bei den Übungen, die wir machen, schmilzt jedes überflüssige Fettpolster weg. Es gibt auch Frauen, die solche Kurse belegen, und die wollen sich bestimmt keinen Bizeps anschaffen.«

Vorgestern hat Michael Tessy und mich mitgenommen, weil Sabine ins Konzert wollte und er uns nicht allein lassen mochte.

Auf diese Weise haben wir nun auch eine Bodybuilding-Schule kennengelernt und sind zu der Überzeugung gekommen, daß sie auch nicht besser als ein Trimm-dich-Pfad ist. Eher noch anstrengender.

Als wir hinkamen, mühten sich fünf Herren – alle wohlbeleibt – an verschiedenen Geräten ab.

Einer saß in einer Rudermaschine, ein anderer stemmte Hanteln, ein dritter strampelte sich auf einem feststehenden Fahrrad ab, zwei plagten sich mit einem Expander herum. Sie schwitzten und hatten krebsrote Gesichter vor Anstrengung.

Der einzige, der nicht schwitzte, sondern eine normale Gesichtsfarbe hatte, war der Bodybuilding-Lehrer.

Er heißt Knut Lamprecht und war früher Boxer.

Tessy konnte ihn wegen seiner markigen Sprechweise auf Anhieb nicht leiden, und als sie sah, was er alles mit Michael anstellte, fand sie ihn unausstehlich.

Gleich zur Begrüßung schlug Herr Lamprecht Michael krachend auf die Schulter, was der mit einem gequälten Lächeln über sich ergehen ließ.

»Na, Doktorchen, wie geht's, wie steht's?«

»Danke, ganz gut«, erwiderte Dein Sohn. »Wenn der Muskelkater von der letzten Stunde nicht wäre.«

Herr Lamprecht lachte wie über einen guten Witz. »Sehr gut. Der Schmerz ist die ehrlichste Empfindung des Menschen. Dann wollen wir gleich mal weitermachen. Ziehen Sie sich um. Das Brett ist gerade frei für Sie.«

Er deutete auf eine Apparatur an der Wand, die wie ein schräg angelehntes Bügelbrett aussah. Das obere Ende war im Mauerwerk verankert.

»Ich weiß nicht«, sagte Michael und war etwas weiß um die Nase geworden. »Gerade die Bauchmuskulatur tut so weh. Sollen wir diese Übung heute nicht besser ausfallen lassen?«

»Also, hören Sie mal ...« Herr Lamprecht nahm Michael beim Arm und zog ihn vor einen Spiegel. »Sehen Sie sich an, mein Bester. Sehen Sie sich genau an. Und dann beantworten Sie mir die Frage: Haben Sie einen Bauch oder nicht?«

Wir merkten, daß Michael peinlich berührt war. Herrn Lamprechts markige Stimme schallte durch den ganzen Saal, und ein paar der schwitzenden Herren blickten grinsend zu ihm hin.

»Leider ja«, sagte Michael. »Aber ...«

»Aber den hoffen Sie hier wegzukriegen«, unterbrach ihn Herr Lamprecht und schlug ihm wieder auf die Schulter. »Und das werden Sie auch, dafür verbürge ich mich. Nur – Sie müssen ans Brett. Es gibt keine bessere Übung gegen Bauchspeck. Das Fett verbrennt förmlich dabei.«

Michael resignierte. Vielleicht stärkte ihm auch die Aussicht auf sein verbrennendes Fett den Rücken. »Ja, wenn Sie meinen ...«

»Ich meine, Doktorchen, ich meine!« tönte Herr Lamprecht

und holte zum dritten Schulterschlag aus. Diesmal wich Michael ein wenig zur Seite, und der Schlag ging ins Leere.

»Na schön, dann zieh ich mich um. Und die beiden hier ...« – Michael deutete auf Tessy und mich – »binde ich am besten dort drüben an der Sprossenwand an. Ich hoffe, es stört Sie nicht, daß ich sie mitgebracht habe.«

»Nee, nee«, versicherte Herr Lamprecht. »Solange sie friedlich sind ...«

Fünf Minuten später hing Michael mit dem Kopf nach unten auf dem Brett. Seine Füße steckten in dicken Lederschlaufen.

Herr Lamprecht hatte sich neben ihn postiert. »Und nun los«, kommandierte er. »Oberkörper anheben. Noch mehr, mein Bester, immer weiter. Jammern Sie nicht, das geht schon. Noch ein Stückchen – ja so. Keine Müdigkeit vorschützen. Und jetzt langsam wieder zurücklegen. Danach das Ganze von vorn.«

Von der Sprossenwand aus konnten Tessy und ich Michael genau beobachten. Er war jetzt ebenfalls krebsrot im Gesicht, ächzte und stöhnte, aber er tat, was Herr Lamprecht von ihm verlangte.

»Das ist ja eine Tortur«, flüsterte Tessy entsetzt. »Und so was macht mein Herrchen mit? Nur weil der Schreihals da behauptet, daß dabei der Bauch weggeht?«

»Vielleicht sieht es schlimmer aus, als es ist«, versuchte ich sie zu trösten, obwohl ich selbst nicht daran glaubte. Zu jammervoll war Michaels Anblick, wie er immer wieder auf dem vermaledeiten Brett versuchte, sich aufzurichten, und dann nach hinten zurückfiel.

»Weiter, weiter«, sagte Herr Lamprecht mit Feldherrenmiene. »Das war erst das fünfte Mal. Zwanzigmal müssen Sie es schon schaffen.«

»Was für ein brutaler Mensch«, empörte sich Tessy. »Dabei hat er selbst einen Bauch. Warum gibt er sich denn nicht mit diesem Marterbrett ab?«

»Vielleicht hat er keine Zeit«, erwiderte ich lahm und erntete einen wütenden Blick von Tessy.

»Willst du ihn etwa noch in Schutz nehmen, diesen Leuteschinder?«

»Das nicht. Aber Michael ist doch freiwillig hier. Und die anderen Herren auch. Niemand zwingt sie, sich dieser Prozedur zu unterziehen.«

»Doch«, sagte Tessy düster. »Die Konsumgesellschaft. Erst wird den Leuten so viel an Essen angeboten, daß sie übergewichtig werden, und dann müssen sie es wieder heruntertrainieren.«

»Aber hast du nicht erst neulich gesagt, daß du den Konsumzwang gelegentlich liebst, Tessy?« wandte ich vorsichtig ein.

Wieder einmal brachte sie das Kunststück fertig, mich von oben herab anzusehen, obwohl sie kleiner ist als ich. »Natürlich – für meine Person. Ich bin ja auch nicht zu dick.«

Da hatte ich wieder ein Paradebeispiel von Tessys Logik! Vornehm, wie ich bin, hütete ich mich, sie an die Hundeausstellung zu erinnern, wo man ihren Ansatz zur Molligkeit bemängelt hatte.

Entweder hätte sie das als Modetorheit abgetan, oder sie wäre für den Rest des Tages böse mit mir gewesen. Und das wollte ich um jeden Preis vermeiden.

Außerdem hatte Michael inzwischen seine Übungen am Brett beendet. Er rutschte aus den Lederschlaufen und war so erschöpft, daß er, mit offenem Mund nach Luft ringend, auf dem Fußboden liegen blieb.

Aber Herr Lamprecht gönnte ihm keine Erholungspause.

Er jagte ihn hoch und auf das Fahrrad, wo er boshafterweise den dritten Gang einstellte.

»So, jetzt strampeln wir mal ein Viertelstündchen. Und nicht zu langsam. Achten Sie auf den Tachometer, daß Sie mindestens zwischen zehn und fünfzehn Stundenkilometern fahren.«

Der Herr, der bis jetzt auf dem Rad gesessen hatte, wollte sich ermattet auf eine Bank setzen. Aber auch ihn ließ Herr Lamprecht nicht in Ruhe.

»Wir machen jetzt ein paar Lockerungsübungen. Laufen auf der Stelle, zum Beispiel. Also los: Und eins, und zwei, und eins, und zwei ... Tempo, Tempo, Verehrtester. Sie wollen doch was haben für Ihr Geld, oder?«

Dazu lachte er wieder markig.

Ich muß gestehen, liebes Frauchen, daß es mich sehr verwunderte, wie folgsam alle Bodybuilding-Schüler Herrn Lamprechts Anweisungen befolgten – auch wenn sie ihnen im tiefsten Innern zuwider waren. Sie ließen sich herumscheuchen wie auf dem Kasernenhof.

Oder nein – dieser Vergleich hinkt.

Ich glaube nicht, daß ein Ausbilder bei der Bundeswehr seine Rekruten dermaßen strapazieren dürfte, ohne daß es einen mittelschweren Skandal gäbe.

Dabei bekommt man bei der Bundeswehr den Drill ganz umsonst. Bei Herrn Lamprecht muß man dafür bezahlen.

Nicht, daß ich etwa für Drill wäre. Ich bin schon in meiner Eigenschaft als Dackel total dagegen. Ich wundere mich nur, wie seltsam die Menschen sich oft verhalten.

So habe ich neulich auch gehört, daß es Sanatorien gibt, wo man die sogenannte Nulldiät zum Abspecken durchführt. Michael und Sabine sprachen darüber und kamen zu der Ansicht, daß diese Sanatorien sündhaft teuer seien. Trotzdem gibt es viele Leute, die dort Urlaub machen.

Mir will das nicht in den Kopf. Wieso ist jemand bereit, viel Geld dafür zu zahlen, daß er nichts – oder fast nichts – zu essen bekommt? Ein Hotel mit Vollpension, wo zu jeder Mahlzeit ordentlich was auf dem Tisch steht, müßte doch viel teurer sein.

Das sind Widersprüche, die ich nicht kapiere.

Aber ich will Dir weiter von der Bodybuilding-Stunde Deines Sohnes berichten.

Also: Es bieb ihm nichts erspart. Nach dem Radfahren kam die Rudermaschine an die Reihe, hinterher der Expander, und zu guter Letzt wurde der Ärmste, erschöpft und verschwitzt wie er war, von Kopf bis Fuß in ganz feste Gummibandagen gewickelt.

Er sah aus wie eine ägyptische Mumie und mußte eine halbe

Stunde so liegenbleiben. Dadurch, so behauptete Herr Lamprecht, würde noch mehr Fett verbrennen.

Als wir endlich nach Hause fuhren, war Michael so erledigt, daß er sofort ins Bett ging.

Am nächsten Morgen konnte er sich kaum rühren. Tessy und ich hörten, wie er zu Sabine sagte: »Ich habe das Gefühl, daß meine Arme verkehrt herum in den Schultergelenken hängen und mein linkes Bein ein Stück kürzer geworden ist.«

Die Treppe zur Haustür hinauf hat er sich am Geländer hochziehen müssen.

Sabine wollte ihm das Bodybuilding ausreden – es genüge doch, sich streng an die Diät zu halten. Aber da ist sie bei Deinem Sohn schön angekommen.

»Bodybuilding«, so hat er gesagt, »ist die beste und schnellste Möglichkeit, sein Fett zu verbrennen.«

Woraus Du siehst, daß er Herrn Lamprecht gegenüber eine Art Hörigkeit entwickelt hat. Tessy und ich haben uns nur stumm angesehen.

Inzwischen hat Michael weitere zwei Kilo abgenommen und Sabine gestern triumphierend erklärt, daß sie sich in der Boutique Madeleine ein Kleid in Größe 38 gekauft habe.

Sonst trägt sie Größe 40.

Trotzdem ist eine Anreicherung des Speisezettels immer noch nicht in Sicht. Michael beharrt auf den fünfzehn Pfund, die er abnehmen will, und ich habe Sabine in Verdacht, daß sie in der Boutique Madeleine ein 36iger Kleid entdeckt hat, in das sie sich hineinhungern möchte.

Du wirst verstehen, liebes Frauchen, daß Tessy und ich deshalb ziemlich niedergeschlagen sind. Wir haben auch schon abgenommen. Wenn das so weitergeht, brauche ich eines Tages ein Halsband, das für Zwergdackel gedacht ist. Und eigentlich hatte ich das gar nicht vor.

Nun will ich aber schließen. Tessy hat vorhin eine Andeutung gemacht, die mich zutiefst beunruhigt.

Sie sagte, sie würde beim nächsten Spaziergang heimlich in dem Café an der Ecke verschwinden und die Leute anbetteln, wenn sie zu Hause nicht endlich wieder vernünftige Häppchen bekäme.

Und das wäre doch unsagbar peinlich und eine Schande für die ganze Familie. Ich muß Tessy dieses Vorhaben um jeden Preis ausreden.

Also, leb wohl für heute, liebes Frauchen. Ich schlecke Dir die Hände und bleibe für alle Zeit – ob dicker, ob dünner – Dein treuer Julius.

16

Mein liebes Frauchen!
Gott sei Dank, die mageren Tage sind vorbei. Der Rettungsring und Bauchansatz Deines Sohnes sind verschwunden, Sabine hat sich mit ihrer Größe 38 zufriedengegeben (vielleicht war das 36iger Kleid inzwischen verkauft), und Wurst und Schweinebraten, Kekse und Kartoffelchips haben wieder Einzug bei uns gehalten.

Zwar kontrollieren Sabine und Michael jeden Morgen ihr Gewicht, und wenn sie ein Pfund zunehmen sollten, wird sofort wieder ein Hungertag eingelegt, doch das ist bis jetzt glücklicherweise noch nicht vorgekommen. Tessy und ich haben also allen Grund, vergnügt zu sein – und das sind wir auch wieder.

Ich allerdings bin es erst seit gestern; zuvor, das muß ich Dir gestehen, habe ich ein paar schreckliche Tage verbracht.

Tessy hat nämlich einen Heiratsantrag bekommen.

Das heißt, bekommen haben ihn natürlich Michael und Sabine an Tessys Stelle. Einer der Herren aus der Bodybuilding-Schule hat sie neulich gesehen und meinte nun, daß aus seinem Langhaardackel und ihr eigentlich ein nettes Paar werden könne.

Michael brachte die Neuigkeit mit nach Hause, und Sabine schlug vor, diesen Falko von Falkenried – so heißt besagter Hund – einmal einzuladen.

»Schließlich müssen sich die beiden erst mal beschnuppern«, meinte sie. »Und wenn sie sich mögen – warum nicht? Ein Junges aus dem Wurf können wir vielleicht behalten. Julius bleibt ja leider nicht für immer bei uns, und ich habe mich schon so daran gewöhnt, zwei Hunde zu haben. Für Tessy wäre es auch schöner.«

Das Gespräch fand während des Abendessens statt, und mir blieb vor Schreck fast ein Stück Leberwurst im Hals stecken.

Tessy sollte verheiratet werden – an irgendeinen wildfremden Hund?

Ich betrachtete sie, wie sie neben Michaels Stuhl wie üblich Männchen und »Bitte-bitte« machte, und mein Herz wurde so schwer wie ein großer Kalbsknochen.

Bitte, versteh mich nicht falsch, liebes Frauchen. Natürlich habe ich mir nie eingebildet, daß zwischen Tessy und mir eines Tages mehr sein könnte als eine rein platonische Hundeliebe.

Erstens bin ich wohl wirklich ein bißchen zu alt für sie und zweitens ein Rauhhaardackel. Ich habe deshalb immer damit gerechnet, irgendwann, wenn ich wieder bei Dir bin, zu erfahren, daß sie einem langhaarigen Jüngling Herz und Hand versprochen hat.

Aber daß es so plötzlich geschehen sollte, quasi vor meiner Nase und in solcher für mein Empfinden unanständiger und geschäftsmäßiger Eile – das traf mich hart.

Ich schlich zu Tessy hinüber, stupste sie an und sagte: »Laß doch mal das alberne Betteln. Hast du nicht mitgekriegt, wovon dein Herrchen und dein Frauchen eben geredet haben?«

»Natürlich«, erwiderte sie, ohne den Blick von Michael zu wenden. »Ich soll mich verloben. Aber doch erst in ein paar Tagen, wenn dieser Falko zu Besuch kommt. Warum soll ich mich deshalb heute beim Abendessen stören lassen?«

Und sie schnappte nach einer Scheibe Schinken, die Michael ihr zuwarf.

»Tessy«, flehte ich, »sei doch nicht immer nur auf das Nächstliegende konzentriert. Es geht schließlich um deine Zukunft. Hast du nicht immer wieder gesagt, daß du überhaupt nicht daran denkst, Kinder zu bekommen?«

Tessy schmatzte und leckte sich die Lefzen. »Wer redet denn hier von Kindern? Doch nur mein Frauchen. Du kennst meinen Standpunkt, Julius: Liebe ja – Kinder nein!«

Ich war so entsetzt, daß ich nur noch stottern konnte: »Aber du bist doch noch so jung ...«

»Ha!« machte Tessy. »Schließlich habe ich schon vor ein paar Monaten die Anti-Baby-Spritze bekommen. Deinetwegen – obwohl das natürlich völlig unnötig war.«

Ihre Anspielung schmerzte mich. Das hatte ich nun von meiner Anständigkeit!

»Natürlich bist du theoretisch alt genug zum ... zum ...« Ich brachte das Wort nicht über die Lippen. »... zum Heiraten«, sagte ich schließlich. »Aber auch nur theoretisch. Du kennst noch gar nicht den Ernst des Lebens. Du bist zu verspielt, zu impulsiv, zu vertrauensselig. Du bist ein gefundenes Fressen für jeden, der es ein bißchen raffiniert anfängt – und hinterher sitzt du da und weinst dir die Augen aus.«

»Ich?« Tessy blies sich eine rote Haarsträhne ihrer langen Ohren aus dem Gesicht. »Also, du redest mit mir wie der Alm-Öhmi mit Heidi! Ich bin eine moderne, aufgeklärte, emanzipierte junge Frau.«

»Das möchtest du sein. Deshalb redest du alles nach, was in dieser Richtung an dich herangetragen wird. Deshalb gibst du dich schnoddrig, obwohl du in Wirklichkeit schrecklich leicht zu verletzen bist. Deshalb tust du wer weiß wie unabhängig, obwohl du Schutz und Sicherheit brauchst. Du gefällst dir darin, die ›femme fatale‹ zu spielen, weil du das für ein Zeichen von Emanzipation hältst, aber in Wirklichkeit bist du unschuldig und gefühlsbetont.«

»Unschuldig?« quiekte Tessy. »Ha, das kann man ändern.«

Ich weiß nicht, woher ich die Courage nahm, ihr so energisch meinen Standpunkt auseinanderzusetzen. Sonst hatte ich immer Angst davor gehabt, weil ich ihre spitze Zunge fürchtete.

Aber diesmal ging es um Tessys Wohl und Wehe, und das machte mich mutig.

»Ich kenne dich doch«, sagte ich. »Ich weiß, wie oft du etwas von dir gibst, nur weil es gerade ›in‹ ist. Aber du hast keine Ahnung von den Folgen. Als du mir noch fremder warst, habe ich dich für eine Art Lolita gehalten. Heute weiß ich, daß das nicht stimmt. Es macht dir nur Spaß, dich so aufzuführen. Bitte

– tu's! Aber tu es nur bei mir, bei keinem anderen. Dieser Falko von Falkenried wird in dir ein leichtfertiges Geschöpf sehen, wenn er hört, was du von freier Liebe und so faselst, und sich mit dir amüsieren wollen. Ich kenne doch mein Geschlecht. Emanzen sind so herrlich bequem, weil sie uns von vornherein von jeglicher Verantwortung entbinden. Sie sagen: ›Wir machen Liebe – oder wir machen Sex, weil ich es so will!‹ Und damit brauchen wir keine Ritterlichkeit mehr aufzubringen, keine Zärtlichkeit, nichts, womit wir uns innerlich in Unkosten stürzen müßten.«

Einen Augenblick lang war Tessy still. Aber dann krauste sie die hübsche schwarze Nase und machte: »Phhh, was du so alles redest. Wieviel Emanzen hast du denn schon gehabt, daß du so genau Bescheid weißt?«

»Ich weiß es eben. Ich bin älter und erfahrener als du.«

»Stimmt. Und jetzt fange ich an, meine Erfahrungen zu sammeln.« Da Sabine den Tisch abräumte und es nichts mehr zum Betteln gab, sprang Tessy auf das Fensterbrett, ihren Lieblingsplatz, und blickte nach draußen.

»Mach dir mal keine Gedanken. Ich kann auf mich selbst aufpassen. Im übrigen kennst du Falko ja noch gar nicht. Es ist unfair, daß du ihn bei mir schlecht zu machen versuchst. Vielleicht ist er reizend ...«

Es gab mir einen Stich, daß sie ihn schon Falko nannte. »Oder er ist einer von diesen großspurigen jungen Hunden mit großen Rosinen im Kopf und keinen kleinen zu essen!«

»Wait and see«, sagte Tessy kühl. »Außerdem – dir braucht er ja nicht zu gefallen. Nur mir ...«

Ich begriff, daß es keinen Sinn hatte.

Je mehr ich dagegenredete, um so entschlossener würde Tessy sein, mit diesem Falko anzubändeln. Ich forderte nur ihren Widerspruch heraus.

Also schwieg ich und trottete mit gesenktem Kopf in mein Körbchen. Mir war ganz elend vor Sorge.

Das wurde in den nächsten Tagen auch nicht besser – im Gegenteil.

Tessy war sehr vergnügt, manchmal sogar ein bißchen überdreht. Offenbar schmeichelte es ihr ungeheuer, daß sie einen Antrag bekommen hatte.

Sie war noch eitler als sonst. Wenn Sabine sie bürstete, konnte sie gar nicht genug davon bekommen. Wenn es geregnet hatte, umging sie auf Zehenspitzen jede Pfütze, um sich nur ja nicht schmutzig zu machen, und ich habe sie in Verdacht, daß sie am Samstagvormittag am liebsten noch einen Hundesalon aufgesucht hätte.

Einmal fragte sie mich: »Was meinst du, Julius? Ob Falko auch so neugierig auf mich ist wie ich auf ihn?«

Aber ich brummte nur: »Keine Ahnung. Du kannst ihn ja fragen, wenn er kommt.«

Ein anderes Mal wollte sie wissen, ob ich mich noch an meine erste Liebe erinnern könne. »Ich meine, wer sie war und wie sie war und wo ihr euch kennengelernt habt.«

Natürlich erinnerte ich mich noch. Sie hieß Anuschka und gehörte in den kleinen Zeitungsladen, in dem wir früher, als wir noch in der Goethestraße wohnten, immer unsere Zeitungen kauften.

Du kennst sie auch, liebes Frauchen.

Anuschka war eine Boxerhündin, und wir wußten beide, daß aus uns niemals ein Paar werden konnte. Aber das hinderte uns nicht, sehr verliebt ineinander zu sein.

Allerdings hätte ich mir lieber die Zunge abgebissen, als Tessy davon zu erzählen.

Deshalb sagte ich nur: »Ich denke, du magst keine kitschigen Geschichten aus Opas Schatzkästlein.«

Worauf sie wieder einmal »Phhh« machte und nach einer Weile hinzusetzte: »Also, eine Laune hast du in den letzten Tagen! Wenn ich dich nicht so genau kennen würde, könnte ich fast auf den Gedanken kommen, daß du eifersüchtig bist.«

»Sehr komisch«, erwiderte ich und marschierte aus dem Zimmer, um ihren neugierigen Fragen zu entgehen.

Ja, und dann kam der Sonntag und mit ihm Falko von Falkenried.

Als es klingelte, war Tessy wie üblich noch vor mir zur Tür gerannt. Aber dann überlegte sie es sich im letzten Augenblick anders und witschte ins Wohnzimmer zurück, wo sie – oh, dieses raffinierte kleine Luder – auf den mit grünem Velours bezogenen Fernsehsessel sprang.

Natürlich nur, weil Grün besonders gut zu ihren roten Haaren paßt.

Falko von Falkenried – also, ich finde schon den Namen widerwärtig, weil er so hochtrabend klingt – erschien in Begleitung des Bankdirektors Eduard Fabrizius nebst Gattin.

Die Familie war gut, tadellos sogar.

Sabine wurde mit Handkuß begrüßt und bekam einen Blumenstrauß. Der Herr Bankdirektor hielt mir vorschriftsmäßig die Hand zum Schnuppern hin, tätschelte mir den Kopf, und seine Frau sagte: »Na, du bist aber ein lieber Hund.«

Sie wollte die Zeremonie wiederholen. Doch da drängelte sich Falko dazwischen, hob einmal kurz und arrogant die Lefzen, murmelte: »Hallo, Gent, wo ist denn die Tussi?« und marschierte in Richtung Küche.

»Sie heißt nicht Tussi, sondern Tessy«, verbesserte ich ihn und erntete einen geringschätzigen Blick.

»Weiß ich doch. Mann, du bist vielleicht beknackt. Tussi heißt Mädchen. Noch nie gehört? Ihr lebt wohl hier hinterm Mond?«

»Fräulein Tessy ist im Wohnzimmer«, erklärte ich, so würdevoll ich es vermochte und ohne auf seine Ungehörigkeit einzugehen. »Rechts bitte.«

Natürlich dachte dieser junge Lümmel nicht daran, mir den Vortritt zu lassen, sondern wetzte an mir vorbei durch die halb offene Tür.

Malerisch hingegossen lag Tessy in ihrem Sessel. Mir schienen ihre Augen noch schräger als sonst. Ihre Rute hatte sie so drapiert, daß der lange Behang gut zur Geltung kam, und nur ihre Nase zuckte ein bißchen, was verriet, daß sie nervös war.

»Hey«, sagte der Lümmel. »Ich bin Falko. Mensch – du bist ja riesig.«

»Wieso?« fragte Tessy irritiert. »Hast du einen kleineren Hund erwartet? Einen Zwergdackel vielleicht?«

Falko grinste. »Also, hier versteht jeder nur Bahnhof. Riesig heißt Spitze, Klasse ... kapiert? Schätze, man hat dir die Info zukommen lassen, weshalb ich hier aufkreuze. Meine Regierung meint, ich hätte vielleicht 'nen Schlag bei dir.«

»Bitte – was?« Es war Tessy offensichtlich peinlich, daß sie ihn wieder nicht verstand. Sie nieste dreimal, wie immer, wenn sie verlegen war.

»Na, daß ich dich anturnen könnte ... aufreißen, klar?«

»Ach so«, sagte Tessy gedehnt.

Ich würde Dir jetzt gern berichten, daß dieser Falko von Falkenried außer seinem unmöglichen Benehmen noch andere Mängel hatte. Aber das kann ich beim besten Willen nicht.

Ich hatte ihn die ganze Zeit beäugt, in der Hoffnung, einen Schönheitsfehler zu finden, womit ich ihn bei Tessy madig machen könnte – aber er sah leider Gottes phantastisch aus.

Rotblond, mit ebenso langen Ohren wie Tessy, fabelhaft krummen Beinen, langer Rute, seidig glänzendem Fell und feurigen dunklen Augen.

Besorgt forschte ich in Tessys Gesicht, ob sie auf diese Äußerlichkeiten flog, aber sie hatte ihr Pokerface aufgesetzt, dem man nichts entnehmen konnte.

Allerdings machte sie auch keinerlei Anstalten, von ihrem Sessel herunterzuspringen.

Da jedoch kamen Sabine, Michael und die Eheleute Fabrizius ins Wohnzimmer, und Dein Sohn sagte: »Aber Tessy, das ist doch der Falko. Willst du ihn nicht begrüßen?«

Tessy erhob sich, reckte sich ein paarmal graziös und tat ziemlich langsam, was man von ihr erwartete. Mit hocherhobenem Kopf und leicht angelegten Ohren ließ sie sich von Falko beschnuppern.

Dann wich sie ein paar Schritte zurück und setzte sich auf den Boden.

Frau Fabrizius lachte. »Mir scheint, das ist eine sehr zurückhaltende junge Dame.«

»Eigentlich nicht«, erwiderte Sabine. »Mit anderen Hunden ist sie sonst immer schnell gut Freund. Aber nehmen Sie doch Platz. Michael, bist du so lieb und bietest unseren Gästen etwas zu trinken an? Ich will nur rasch die Blumen ins Wasser stellen. Komm mit, Falko. Dann zeige ich dir gleich, wo der Wassernapf steht. Du wirst sicher Durst haben.«

Wir verzogen uns alle drei in die Küche. Tessy vorneweg, weil sie wußte, daß in ihrem Napf noch ein Rest Futter war, den sie schnell verputzte, Falko hinterdrein – und ich in gebührendem Abstand.

Ich hatte mir geschworen, Tessy und Falko nur allein zu lassen, wenn man es mir ausdrücklich befahl.

Aber das tat niemand, im Gegenteil. Im Hinausgehen hörte ich noch, wie Michael zu den Fabrizius' sagte: »Am besten, wir lassen die Hunde ganz ungestört. Ihr Falko ist doch friedlich und tut unserem guten alten Julius nichts?«

»Aber nein«, versicherte Herr Fabrizius. »Er ist überhaupt nicht bissig.«

Das war eine leichte Übertreibung, wie sich herausstellen sollte.

Aber davon will ich später berichten.

Zunächst war Falko in der Tat friedlich – falls man sein großspuriges Auftreten nicht als Provokation auffaßte. Doch ich glaube, das ist seine Natur. Mich oder irgend jemanden sonst damit herauszufordern lag nicht in seiner Absicht.

Er ist einfach der typische Vertreter dieser jungen Generation, die im Wohlstand aufgewachsen ist und alles bekommt, was sie möchte. Deshalb findet sie alles langweilig, lächerlich, gefällt sich in primitiven Reden und schlechtem Benehmen.

In der Küche schlappte Falko einen ganzen Napf Wasser leer, den Sabine nachfüllte, ehe sie uns allein ließ. Dann schnupperte er in allen Ecken herum, um schließlich zu erklären: »Ganz dufte Bude hier. Aber meine ist auch nicht schlecht. Wart ihr schon mal in Meerbusch?«

Wir verneinten, und Falko erwiderte: »Na, vielleicht bohrt ihr mal hin mit eurem Heizöl-Ferrari.«

»Wir haben keinen Sportwagen. Der ist so unbequem, und ich mag das Rasen nicht«, sagte Tessy. »Mein Herrchen fährt einen Diesel.«

»Sag ich doch – Heizöl-Ferrari. Mensch, du stehst aber auf der Leitung! Wir haben zwei Autos. Und der Sohn von meinen Alten hat noch ein Moto-Schnucki. Aber der liegt gerade im Krankenhaus, weil ihn ein Kumpel vorige Woche umgenietet hat, als er wie irr durch unsere Straße heizte.«

»Aha.« Tessy warf mir einen hilflosen Blick zu. Wahrscheinlich verstand sie, ebenso wie ich, nur die Hälfte von dem, was dieser Falko redete.

Er lauschte in Richtung Wohnzimmer. »Gibt's da Torte zu schmatzen?«

Tessy schüttelte den Kopf. »Ich glaube nicht. Mein Frauchen wollte dein Herrchen nicht in Versuchung führen, weil es doch auch Bodybuilding zum Abnehmen macht. Deshalb haben wir nur Gebäck besorgt. Wenn davon etwas übrig bleibt, ist es ja kein Malheur.«

»Auf Gebäck stehe ich nicht«, verkündete Falko. »Ist mir zu trocken.« Er schlich um Tessy herum und betrachtete sie. »Dein Chassis ist echt einsam. Und wie findest du mich?«

»Ich ... ich weiß nicht«, entgegnete sie zurückhaltend. »Wir kennen uns ja noch kaum.«

»Also, das ist kein Hinderungsgrund. Wenn ich eine Schnecke sehe, weiß ich sofort, ob ich sie angraben will oder nicht. Gibt's hier nicht 'ne Couch, wo man sich ein bißchen rumflözen kann? Ich meine, für's Kennenlernen?«

»Im Wohnzimmer«, erwiderte Tessy steif.

Je länger dieser Falko redete, um so leichter wurde mir ums Herz. Tessy war zwar fürs Moderne, aber so modern war sie wiederum nicht, daß ihr diese Art gefiel. Man merkte es ihr an.

»Das ist nichts«, befand Falko und gähnte. »Da sitzen die Alten und hauen aufs Blech. Wenn wir da 'ne heiße Schau abziehen, sehen die dich schon glatt als meine Kostschachtel, logo?«

»Deine – was?« fragte Tessy.

»Na, Ehefrau. Und das muß ja noch nicht sein, oder? Ich

jedenfalls kann es nicht ab, wenn die Alten sofort spannen, was läuft.«

Er wollte Tessy wieder beschnuppern, aber sie wich zurück.

»He«, fragte Falko, »was ist los mit dir? Stört dich vielleicht der Typ da?« Dabei deutete er mit der Schnauze auf mich. »Dann verklickere ihm doch, daß er abzischen soll.«

In diesem Moment empfand ich, daß es an der Zeit war, mich einzuschalten. »Ich gehöre zur Familie«, sagte ich. »Und überhaupt, mein Herr, sollten Sie sich allmählich eines anderen Tones befleißigen.«

»Ich glaub', meine Oma tanzt mit Elvis!« Völlig unbeeindruckt schüttelte Falko den Kopf. »Der Chaot stammt wohl aus dem vorigen Jahrhundert? Quatscht der immer so geschwollen? Mann, wie hältst du das aus?«

Ich spürte, wie sich mir die Nackenhaare sträubten. »Herr ...«

»Du kannst ruhig Falko zu mir sagen, Opa. Und nun mach Smily und heb ab. Putz die Platte – verschwinde!«

Ich wich und wankte nicht. »Mein Name ist Julius vom Heidegarten. Ich bin nicht Ihr Opa, und darüber können Sie froh sein. Sonst würde ich Ihnen beibringen, was man an Ihrer Erziehung versäumt hat.«

Plötzlich hatte auch Falko einen Kamm. »Was, du willst Terror machen? Dann komm her, du Knalltüte, und hol dir 'nen Satz heiße Ohren ab.«

»Aber nein!« rief Tessy entsetzt. »Um Himmels willen, Falko, Julius – doch keinen Streit.«

Ich unterdrückte mein Zähneklappern, das mich diesmal weniger aus Erregung als aus Zorn überfiel.

»Entschuldige, Tessy, du wirst zugeben, daß ich mich bis jetzt völlig korrekt verhalten habe. Aber ich kann nicht länger schweigen. Du bist doch keine Rockerbraut.«

»Schnauze!« knurrte Falko. »Der Spinner hat wohl selber 'nen Bock auf dich und will mit dir 'nen kleinen Wuschermann machen? Hau dich in die Koje, Opa, das bekommt deiner Gesundheit besser.«

Im nächsten Augenblick hatte ich ihn beim Wickel.

Falko stieß einen Wutschrei aus und warf sich herum. Er bekam mich zu fassen, und es tat höllisch weh, als er mich in den Rücken biß. Ich schnappte zurück, und dann prügelten wir uns, daß es – um mit seinen Worten zu reden – nur so rauschte im Karton.

Natürlich konnte ich auf die Dauer mit einem jungen, kräftigen Dackel wie diesem Falko nicht Schritt halten. Aber wenigstens am Anfang ersetzte meine Wut meine steifen Knochen und meine leichte Kurzatmigkeit.

Ich schaffte es, Falko ein paar schmerzhafte Schrammen beizubringen und ihn in eine Ecke zu drängen. Dann jedoch gewann er die Oberhand, und es gelang ihm, mich zu Fall zu bringen.

Er lag über mir, und ich biß um mich, was das Zeug hielt. Trotzdem hätte er sicherlich gewonnen, wenn sich nicht Tessy plötzlich auf ihn geworfen hätte.

Ich habe sie ja schon oft zornig erlebt – und nicht selten richtete sich dieser Zorn gegen mich. Aber wie sie sich jetzt aufführte, hatte mit unseren kleinen Streitigkeiten so viel gemeinsam wie ein Regenschauer mit einem fürchterlichen Unwetter.

Und dieses Unwetter entlud sich über Falkos Haupt.

Sie kratzte und biß ihn, drückte ihn immer wieder zu Boden, sobald er versuchte, sich aufzurappeln, und schrie dazu:

»O du Flegel! Du ekelhafter Köter! Du mieser Bastard! Was fällt dir ein, meinem Julius weh zu tun! Laß ihn sofort los, oder ich reiße dir ein Ohr aus. Ich ziehe dir die Haare büschelweise und zerkratze dich so, daß du sechs Wochen lang jeden Tag zum Tierarzt mußt. Das ist mein Julius, hörst du, und ich erlaube niemandem, ihn zu beißen. Mach sofort, daß du wegkommst. Ich kann dich nicht mehr riechen!«

Vielleicht hätte sie tatsächlich ihre Drohungen wahrgemacht, wenn nicht, durch unseren Kampfeslärm angelockt, Sabine und Michael, gefolgt von den beiden Fabrizius', in der Küche aufgetaucht wären.

Michael nahm sofort Tessy auf den Arm, Sabine kauerte sich neben mich auf den Fußboden, und Herr Fabrizius ergriff Falko beim Nackenfell und hob ihn hoch.

Da wir nun alle in Sicherheit waren und niemandem mehr etwas Ernstliches passieren konnte, andererseits aber keiner von uns sein Gesicht verlieren wollte, bellten wir uns wie wild gegenseitig an und stießen die fürchterlichsten Beschimpfungen aus.

Sabine, Michael und die Fabrizius' versuchten vergeblich, sich Gehör zu verschaffen.

Und jetzt muß ich Dir etwas gestehen, liebes Frauchen, was mir im Nachhinein doch meiner etwas unwürdig erscheint.

Ich beschränkte mich nicht auf die Verbalinjurien, die ich üblicherweise verwende, wenn ich mit jemandem aneinandergerate, sondern wählte absichtlich die Ausdrücke, die Falko vorhin gebraucht hatte, um ihn mit seinen eigenen Waffen zu schlagen.

»Du Chaot!« schimpfte ich. »Du Knalltüte! Du beknackter Gent! Ich verpasse dir einen Satz heiße Ohren.«

Und Tessy schrie: »Du denkst, du kannst mich angraben? Ha! Du hast überhaupt keinen Schlag bei mir, damit du's weißt. Kommt hierher, haut aufs Blech und macht Terror. Auf so was habe ich gerade gewartet. Und wenn du meinen Julius nur noch einmal anknurrst, du blöder Hund, oder von meinem Frauchen und Herrchen als ›die Alten‹ redest, kannst du mich richtig kennenlernen. Das eben, das war nur eine kleine Kostprobe!«

Falko blieb uns natürlich keine Antwort schuldig. Aber da Tessy und ich zu zweit waren, überschrien wir ihn, so daß ich nur die Hälfte von dem verstand, was er uns an den Kopf warf. Und dafür hätten wir noch einen Dolmetscher gebraucht.

Er drohte uns an, wir würden eine Taucherbrille erben, nannte uns total ausgeflippte Peoples und wurde erst still, als sein Herrchen ihn ins Wohnzimmer bugsierte.

Dort blieb er für den Rest des Besuches, während Sabine Tessy und mich in der Küche einsperrte.

Aber das war uns gleichgültig. Wir hatten sowieso keine Lust, noch einmal mit Falko zusammenzutreffen.

Nach etwa einer Stunde verabschiedeten sich Herr und Frau Fabrizius. Tessy und ich nutzten die Gelegenheit, noch einmal hinter der geschlossenen Tür wie wild zu knurren und zu bellen, worauf Frau Fabrizius sagte:

»Also, ich glaube nicht, daß das zwischen Ihrer Kleinen und unserem Falko noch etwas wird. Offenbar haben sie keinen Gefallen aneinander gefunden.«

Und Michael erwiderte: »Das scheint mir auch so. Schade – die beiden hätten ein hübsches Paar abgegeben. Trotzdem war es nett, daß Sie uns besucht haben.«

Er brachte die Fabrizius' noch bis zum Auto, während Sabine uns aus der Küche befreite.

»Na, ihr beiden«, meinte sie, »das war ja ein aufregender Nachmittag.«

Eine Bemerkung, der ich nur zustimmen kann.

Ja, und das war das Ende von Tessys geplanter Verheiratung.

Ich muß Dir noch erzählen, daß mich Tessy nach meiner Beißerei mit Falko sehr besorgt untersuchte, ob ich nicht Verletzungen davongetragen hätte.

Aber bis auf eine blutige Schramme im Nacken und eine am Ohr war ich unversehrt. Es hat auch gar nicht weh getan, oder ich habe es nicht so gespürt, weil ich viel zu stolz war, daß Tessy meinetwegen ihren Verehrer angegriffen hat.

»Mein Julius«, hat sie mich genannt – das hatte sie vorher noch nie getan.

Natürlich mußte sie, als ich ihr das sagte, mir gleich wieder einen Dämpfer geben – sonst wäre sie ja nicht Tessy. Sie meinte: »Darauf brauchst du dir nichts einzubilden. Ich mußte diesem Knaben schließlich klarmachen, daß du kein herrenloser Hund bist, mit dem er machen kann, was er will. In der Eile ist mir nichts Besseres eingefallen. Im übrigen siehst du jetzt wohl ein, daß deine ganzen Unkereien über meine Naivität und Unerfahrenheit völlig fehl am Platze waren. Ich falle nicht auf den ersten Besten rein – und schon gar nicht auf so einen Angeber.«

Sie rollte sich auf dem Fernsehsessel zusammen. »Du könntest mich ruhig um Verzeihung bitten, daß du mich für ein solches Dummerchen gehalten hast.«

»Ich hatte doch nur Angst um dich«, sagte ich. »Und wenn eines Tages irgend so ein junger Taugenichts kommt, der es geschickter anfängt – mit Komplimenten und weltmännischem Gehabe ...«

Tessy gähnte und blinzelte mich mit einem Auge an.

»Falls er mir gefällt, erziehe ich ihn um. Bei dir ist mir das ja auch gelungen, und das will etwas heißen. Du hast nur noch sehr entfernte Ähnlichkeit mit dem sturen alten Hund, der zu uns kam.«

Sie kicherte. »Wirklich, ich hätte nie gedacht, daß du dich meinetwegen mit einem Typ wie Falko prügeln würdest.«

»Das ist – weil du eben eine riesige Tussi bist«, sagte ich und machte, daß ich in mein Körbchen kam.

Vielleicht habe ich mich wirklich ein bißchen verändert, liebes Frauchen. Aber ich hoffe, daß Dir das nichts ausmacht. Denn ob ich nun – laut Tessy – einige überkommene Verhaltenszwänge abgestreift habe oder nicht, eines bleibe ich immer, solange ich lebe:
Dein treuer, alter Julius.

17

Mein liebes Frauchen!
Heute habe ich furchtbar lange geschlafen, weil wir erst um zwei Uhr nachts nach Hause gekommen sind. Dabei sind Sabine, Tessy und ich schon ganz früh, nämlich um acht Uhr morgens, nach Köln gefahren, um Sabines Kusine zu besuchen.

Wußtest Du, daß Deine Schwiegertochter eine Kusine hat, die Schauspielerin ist? Sie heißt Johanna Eggert, nennt sich aber Jeanette und hatte gestern Premiere in dem Musical »Annie get your gun«.

Eine Theaterpremiere ist eine furchtbar aufregende Angelegenheit.

Deshalb hatte Jeanette schon in der vergangenen Woche angerufen und Sabine angefleht, sich außer der Abendvorstellung auch die am Morgen stattfindende Generalprobe anzusehen.

»Bitte, du mußt kommen! Ich bin so schrecklich nervös. Aber wenn du mir nach der Probe sagst, daß ich gut bin, gehe ich viel beruhigter in die Premiere.«

Sabine hatte es ihr versprochen. Sie wollte mit dem Zug nach Köln fahren, und Michael sollte Tessy und mich in die Redaktion mitnehmen.

Abends hätte er uns nach Hause gebracht und wäre mit dem Wagen nachgekommen, um ebenfalls die Premiere zu besuchen.

Aber dann mußte er ganz überraschend zu Herrn Havasy fahren.

Du erinnerst Dich – der berühmte Schriftsteller, der einen Roman für »Blickpunkt der Frau« schreibt. Die ersten drei Folgen sind schon erschienen – danach hat Herr Havasy nichts mehr von sich hören lassen.

Als Michael anrief, war seine Frau am Apparat und erklärte, ihr Mann sei ganz plötzlich am Blinddarm operiert worden und hätte die nächste Fortsetzung nur zur Hälfte geschrieben. Ob nicht jemand aus der Redaktion das Fehlende hinzufügen könne?

»Bin ich vielleicht ein Havasy?« hat Michael zu Sabine gesagt. »Natürlich kenne ich die Story in groben Zügen – aber das genügt nicht. Es gibt überhaupt keinen anderen Weg: Ich muß zu Havasy ins Krankenhaus und zusehen, daß er mir den Rest diktiert – egal, wie gut oder schlecht.«

Herr Havasy wohnt in München, deshalb ist Michael gestern schon losgefahren und wird erst morgen zurückerwartet.

Normalerweise habe ich es nicht gern, wenn jemand von der Familie verreist. Aber in diesem Falle hatten Tessy und ich doch einen Vorteil davon, denn Sabine hat uns ins Theater mitgenommen.

Natürlich durften wir nicht in den Zuschauerraum, aber in die Garderobe. Dort haben wir über Lautsprecher das meiste von »Annie get your gun« mitgehört und vor allem einen hochinteressanten Einblick hinter die Kulissen eines Theaters erhalten.

Jeanette spielt die Hauptrolle, deshalb hat sie eine Garderobe für sich allein.

Aber glaub ja nicht, daß sie sich dort allein aufhält, um sich auf die Vorstellung zu konzentrieren. Oder damit niemand sehen kann, wie sie falsche Wimpern anklebt, falsche Locken angesteckt bekommt und ihren etwas kümmerlichen Busen ausstopft.

Sie hat die Tür zum Korridor immer weit offen stehen, redet mit jedem, der draußen vorbeikommt, trällert zwischendurch Tonleitern und Kadenzen, um sich, wie sie das nennt, einzusingen, lutscht pausenlos Hustenbonbons und raucht Zigaretten, obwohl an der eisernen Tür, die zum Bühnen- und Garderobentrakt führt, ein Schild angebracht ist: »Rauchen verboten«.

Übrigens rauchten die meisten Schauspieler, Sänger und Tänzer, die in dem Stück mitwirkten, und da die Garderoben und der Korridor klein und eng sind, herrscht überall eine schrecklich verqualmte Luft, vermischt mit dem Geruch von Schminke, Puder und den verschiedensten Parfüms.

»Das ist die berühmte Theaterluft«, versuchte ich Tessy zu erklären, weil sie darüber die Nase rümpfte und sogar ein paarmal nieste. Aber sie hatte nur ein verächtliches Schnauben dafür.

»Mir stinkt sie. Und alles ist so schrecklich laut und hektisch.«

Das war es in der Tat, denn auch in den übrigen Garderoben wurde pausenlos geredet oder gesungen. Und überall standen die Türen offen.

Zunächst hatten wir den Eindruck, daß sich alle Theaterleute auf das innigste zugetan seien.

Sie begrüßten sich mit Küssen auf beide Wangen, nannten sich »Schätzchen«, »Liebling«, »meine Schönste« und machten sich gegenseitig Komplimente über ihre Leistungen auf der Bühne.

Aber das bedeutete nicht viel, wie wir später erfuhren, weil sich schon nach dem ersten Akt ein paar Leute in die Haare gerieten und miteinander zankten wie die Kesselflicker.

Und hinterrücks ziehen sie übereinander her. Sabines Kusine bildet darin keine Ausnahme.

Als wir kamen, unterhielt sie sich gerade mit dem Choreographen, der die Tänze einstudiert hatte. Er lehnte in der Tür, ein schmächtiges Kerlchen mit dunklen, halblangen Haaren. Von hinten hätte man ihn glatt für achtzehn halten können in seiner hautengen Jeans und dem T-Shirt.

Von vorn allerdings nicht.

Seinen Nachnamen kenne ich nicht, weil ihn alle nur Didi nannten. Tessy und ich fanden ihn sehr nett, weil er sich sofort zu uns auf den Boden hockte, mit »Hallo, ihr Süßen« anredete, und hinter den Ohren kraulte.

Jeanette fiel Sabine um den Hals, erklärte, daß sie ihr nie vergessen würde, daß sie gekommen sei, und machte sie mit Didi bekannt.

Der sagte: »Sie werden doch nicht die Absicht haben, sich diese grauenhafte Vorstellung anzusehen? Mir bleibt ja nichts anderes übrig, aber es gibt Augenblicke, wo ich am liebsten weglaufen möchte. Man bekommt Depressionen. Ich habe drei Jahre lang am Broadway gearbeitet – seitdem kann ich das deutsche Theater nicht mehr ertragen.«

Wir waren richtig erschrocken, aber Jeanette lachte nur. »Das sagt Didi immer. Er ist so entzückend destruktiv.«

Sie war fertig geschminkt und frisiert und trug nur ein kurzes Kittelchen.

»Setz dich irgendwohin, Sabine, ich muß mich ein bißchen locker machen. Willst du Kaffee? Dann lasse ich dir welchen aus der Kantine holen. Oder einen Pikkolo? Du kannst auch etwas zu essen haben.«

Während sie redete, ohne überhaupt eine Antwort abzuwarten, legte sie das rechte Bein auf den Schminktisch und wippte ächzend mit dem Kopf in Richtung Knie. Anschließend hielt sie sich am Fensterbrett fest und bat: »Didi, nimm du mal.«

Damit streckte sie ihm das Bein rückwärts hin. Er ergriff es und drückte es nach oben.

»Mehr«, bat Jeanette und beugte sich nach hinten, bis sie mit der Fußspitze den Hinterkopf erreichte. »Jetzt seitlich ...«

Didi umfaßte gehorsam ihre Fesseln und riß ihr wieder das Bein hoch, so daß wir dachten, sie würde ihm gleich eine Ohrfeige geben. Aber sie ächzte wieder nur, ließ Didi mit ihrem Bein wippen und rief zwei jungen Mädchen, die auf dem Korridor vorbeigingen, einen Gruß zu.

»Nun die andere Seite«, sagte sie fröhlich und trällerte, während Didi ihr linkes Bein malträtierte: »Ach, am Schießeisen beißt keiner an ...«

Hinterher drehte sie ein paar Pirouetten.

»Du lieber Himmel«, sagte Tessy ehrfürchtig, »und so was nennt die Lockerungsübungen.«

»Brauchst du mich noch?« fragte Didi, als Jeanette ein paar Verrenkungen mit ihrem Oberkörper machte.

»Danke, nein, mein Engel. Bis später.«

Didi bedachte Sabine mit einem melancholischen Blick. »Wenn sie nur halb so gut auf der Bühne wäre ...« Worauf Jeanette mit einem Schwamm nach ihm warf.

»Raus, du Scheusal.«

»Du hast mich nicht getroffen«, sagte Didi und verschwand.

»Ein netter Mann«, meinte ich zu Tessy.

Sie nickte. »Aber er hat so eine komische Sprechweise, findest du nicht. So weich und schleppend – wie eine beleidigte Frau.«

Das war mir auch aufgefallen, aber es tat meiner Zuneigung für Didi keinen Abbruch. Schließlich kann jeder reden, wie er will, oder?

Draußen ertönte ein langgezogenes Klingeln.

»Himmel, das erste Zeichen!« Jeanette rannte auf den Korridor. »Bayerlein – wo bist du? Komm schnell, anziehen!«

Bayerlein – oder Frau Bayer – war die Garderobiere, eine unheimlich dicke Frau mit lauter kleinen karottenroten Kräusellöckchen auf dem Kopf. Sie kam mit erstaunlicher Behendigkeit hereingewatschelt, begrüßte Sabine und half Jeanette in ihr Kostüm.

»Das gefällt mir aber gar nicht«, flüsterte Tessy mir zu. »Nur Stiefel – und so ein alter Fetzen von Kleid. Und dieser unmögliche Hut ... Also, ich würde mich weigern, damit aufzutreten.«

»Warte nur ab«, bedeutete ich ihr mit einem Blick auf den Garderobenständer. »Da hängen noch eine Menge Sachen. Bestimmt wird Jeanette im Verlauf des Stückes immer schöner.«

Womit ich, wie sich später herausstellte, recht behielt.

Ich muß sagen, mir gefiel es im Theater, trotz des Lärms und der schlechten Luft, besonders als Frau Bayer eine Bügeldecke für mich und Tessy holte, auf der wir uns niederlegen konnten. Einen Aschenbecher voll Wasser bekamen wir auch, und Sabine erklärte, bevor sie in den Zuschauerraum ging:

»Seid schön brav, Frauchen kommt bald wieder.«

»Bald« war natürlich eine der typischen Übertreibungen, mit denen die Menschen uns Hunde gern vertrösten.

Jeanette trat erst später auf, deshalb blieb sie, als die Probe schon angefangen hatte, noch in ihrer Garderobe und hörte mit uns gemeinsam die Lautsprecherübertragung von der Bühne an.

Ein Mann sang, von einem Chor begleitet, ein Lied über einen gewissen Buffalo Bill.

Jeanette wippte den Takt mit den Füßen und murmelte während der zweiten Strophe: »Ach du liebes bißchen, immer einen halben Ton zu tief. Und dieser Knödel ...«

Sie sagte es in so abschätzigem Ton, daß Tessy und ich begriffen, im Zusammenhang mit einem Sänger hat ein Knödel nichts Gutes zu bedeuten, obwohl er sonst ein schmackhaftes, bei vielen Leuten beliebtes Nahrungsmittel ist.

Wenig später kam derselbe Sänger von der Bühne, und Jeanette versicherte ihm mit ihrem reizendsten Lächeln: »Gut warst du heute, René. Wenn du am Abend so bist, kann nichts schiefgehen. Toi-toi-toi, wollte ich sagen.« Wobei sie auf ihren Schminktisch klopfte.

»Hör dir das an«, räsonnierte Tessy. »Eben noch hat sie sich über ihn mokiert, und jetzt lobt sie ihn. Das gehört sich aber nicht.«

Der Meinung war ich auch, aber im Laufe des Tages bin ich dahintergekommen, daß so etwas am Theater üblich ist. Von Didi einmal abgesehen, jedenfalls bei den meisten Leuten.

Ich glaube, sie machen den anderen nur deshalb so viele Komplimente, weil sie selbst welche hören wollen. Von denen glauben sie dann allerdings, daß sie wahr sind, und das hebt ihr Selbstbewußtsein.

Und Selbstbewußtsein braucht man dringend, wenn man beim Theater ist. Sonst könnte man gar nicht auf der Bühne stehen und dem Publikum etwas vorspielen.

Ich zum Beispiel bin, wie Du weißt, eher zurückhaltend und bescheiden. Wenn man von mir verlangte, einen Zuschauerraum voller Menschen zu unterhalten – ich glaube, ich würde mich so schämen, daß ich kein einziges Kunststück fertigbrächte.

Tessy meint, sie hätte da keine Schwierigkeiten, sondern höchstens keine Lust, als Unterhaltungsobjekt zu dienen. Aber sie ist ja auch viel extrovertierter als ich.

Ich glaube, wenn Tessy ein Mensch wäre, hätte sie am Theater

Karriere machen können. Sie bringt viele Voraussetzungen dafür mit.

Beispielsweise kenne ich keinen Hund, der so gern über sich selbst spricht wie sie. Und das tun die Leute am Theater auch (wenn sie nicht gerade über jemand anderen herziehen); was sie gespielt haben, wie gut sie gespielt haben, was sie spielen werden – oder auch, warum sie in dieser oder jener Rolle nicht so gut sind wie in anderen. Das ist aber dann immer die Schuld des Regisseurs oder des Partners.

Am meisten reden die Chorsänger.

Das haben wir mitgekriegt, als Sabine in der langen Pause nach dem ersten Akt, in der die Hauptdarsteller fotografiert wurden, mit uns in der Theaterkantine war. Dort war der ganze Chor versammelt. Manche spielten Karten, andere tranken Kaffee – und alle haben heftig über die Leistungen der Solisten gemeckert.

Tessy sagt, das liegt daran, daß Chorsänger keine wirkliche künstlerische Befriedigung haben, und sicherlich hat sie damit die Pfote auf den wunden Punkt gelegt.

Ich stelle es mir auch nicht schön vor, immer im Verein zu singen, wo einen niemand richtig hört, und niemals ein ganzes Lied, sondern immer nur den Refrain oder zur Untermalung so dumme Texte wie »Budi-bu-badi-ba« und »Lalala, ratatahei!«

Dabei scheinen Chorsänger in der Regel große Künstler zu sein, die bei den berühmtesten Sängern studiert haben und alles viel besser machen könnten als die Solisten, wenn man es ihnen nur gestattete.

Aber wenn überhaupt, gestattet man es offenbar immer nur den Falschen. In »Annie get your gun« waren nämlich zwei kleinere Solopartien an Chorsänger vergeben worden. Da hättest Du mal hören sollen, wie die anderen über die beiden die Nase gerümpft haben.

Von dem einen hieß es, er scheppere wie ein Messingblech, und von dem anderen, er hätte zwar gutes Material, aber überhaupt keine Technik. Außerdem hampele er herum wie der siebente Zwerg aus »Schneewittchen«.

Ich kann das natürlich nicht beurteilen, weil ich leider nicht in den Zuschauerraum durfte, und auf Grund der Lautsprecherübertragung kann man sich ja kein richtiges Bild machen.

Deshalb kann ich nur ganz allgemein sagen, daß mir »Annie get your gun« gut gefallen hat.

Tessy übrigens auch. Sie hat nur eines bemängelt. Nämlich, daß Annie, die Kunstschützin, am Schluß des Stückes bei einem Wettschießen absichtlich danebentrifft, um ihren geliebten Frank endlich zu einer Liebeserklärung zu bewegen. Er kann es nämlich nicht vertragen, daß sie besser schießt als er.

Das, so meint Tessy, sei ein Schlag für alle fortschrittlich denkenden Frauen und eine Ermunterung der Männer, in ihrem Männlichkeitswahn fortzufahren.

Ganz begeistert allerdings war sie von dem Duett zwischen Annie und Frank, wo Annie behauptet: »Alles, was du kannst, das kann ich viel besser«, und es dann auch unter Beweis stellt.

Noch auf der Heimfahrt hat Tessy das vor sich hingesungen, und ich fürchte, ich werde es, als Ersatz-Frank, bei jeder sich bietenden Gelegenheit von neuem zu hören bekommen.

Didi war übrigens auch in der Kantine, zusammen mit dem Damenballett. Sie saßen alle an einem großen runden Tisch, aufgereiht wie die Insassinnen eines Mädchenpensionats.

Überhaupt sieht man Tänzerinnen selten allein. Sie treten nicht nur auf der Bühne gemeinsam auf, sondern stecken auch privat fast immer zusammen. Und ich muß sagen, der landläufigen Vorstellung von einer Tänzerin entsprach eigentlich keine von ihnen.

Natürlich waren es alles junge, gutgewachsene Mädchen. Sie waren auch sehr hübsch geschminkt und kostümiert. Aber über ihren Kostümen trugen sie abscheuliche, formlose Strickjacken oder Bademäntel.

Manche hatten auch noch dicke Wolltrikots an den Beinen, die sie erst auszogen, als der zweite Akt eingeläutet wurde.

Verführerisch sah keine von ihnen damit aus.

Und glaub ja nicht, daß sie einen graziösen, beschwingten

Gang hätten. Ich muß es leider sagen: Außer auf der Bühne latscht eine Tänzerin mit müden, auswärts gestellten Füßen durch die Gegend, so daß man sie eher für eine total gestreßte Kellnerin aus einer Stehbierhalle halten könnte.

Ich dachte an das Chanson von den kleinen Mädchen im Trikot, wo es heißt: »Die kleinen Röckchen, ja, die sitzen fesch – und drunter nur ein Hauch von Spitzenwäsch' ...«

Alles Humbug, liebes Frauchen! Oder es ist eine andere Generation von Ballettdamen in diesem und ähnlichen Liedern verherrlicht worden.

Tessy meint, das sei möglich. Da die Frau es inzwischen ablehne, zum Lustobjekt des Mannes degradiert zu werden, verzichte sie weitgehend auf die Zurschaustellung ihrer Reize.

Du weißt, Tessy legt allem und jedem gern eine gesellschaftskritische Bedeutung unter.

Allerdings hat ihre Theorie erhebliche Lücken. Schließlich bin ich alt genug, um mir ein Urteil über die Veränderungen in der Damenmode zu bilden. Vom Transparent-Look über heiße Höschen bis zur Minimode, von »oben ohne« bis zu nabelfrei und den jetzt modernen geschlitzten Röcken ... Wenn das keine Zurschaustellung ist!

Aber das nennt Tessy wiederum »die Befreiung des weiblichen Körpers von herkömmlichen, unangebrachten Zwängen«.

Da soll sich ein alter Hund noch durchfinden! Am besten, man schweigt und guckt ...

Und zu gucken gab es trotz der so unvorteilhaft verhüllten Ballettdamen noch eine ganze Menge.

Es ist erstaunlich, wie sehr elegante Kostüme, Schminke und falsche Haare einen Menschen verändern. Jeanettes Partner zum Beispiel sah geradezu umwerfend aus.

Er trug ein weißes, silberbesticktes Seidenjackett, einen breiten Patronengürtel und hohe Stiefel mit mächtigen Sporen, dazu einen riesigen Hut. Als er einmal zu uns in die Garderobe kam und ein Weilchen mit Jeanette und Frau Bayer schwatzte, himmelte Tessy ihn ganz verzückt an.

Nach der Probe, als er abgeschminkt und umgezogen war,

hätte sie ihn fast nicht wiedererkannt. Er hat nämlich eine Glatze, schrecklich dünne Storchenbeine und wirkte auf einmal viel älter und recht unscheinbar.

Worauf ich mir die Bemerkung nicht verkneifen konnte, daß man bei Michael und mir auf den ersten Blick weiß, was man hat, und deshalb nie eine Enttäuschung erlebt. Wir kommen ohne künstliche Verschönerungen aus.

Aber jetzt muß ich Dir noch von dem Krach erzählen, der sich in der Pause abspielte.

Sabine wollte uns nach dem Kantinenbesuch gerade wieder in Jeanettes Garderobe abliefern, als die eiserne Bühnentür am Ende des Korridors aufflog und eine Frau herausstürzte.

Es war die Darstellerin der Winnie, und ihr Gesicht war tränenüberstömt.

Noch im Laufen riß sie sich die blonde Perücke ab.

»Dieser gemeine Kerl! Dieser Leuteschinder!« schrie sie. »Dieser Nichtskönner! Soll er doch meine Rolle spielen! Ich gehe nach Hause, ich will nicht mehr. Ich melde mich krank!«

Wumm! knallte sie die Tür zu ihrer Garderobe hinter sich zu.

Gleich darauf rannte ein grauhaariger, ziemlich dicker Herr ihr nach. Er war in Privatkleidung und der Regisseur des Stükkes, wie Tessy und ich aus dem nun folgenden Wortwechsel erfuhren.

»Christa! Komm sofort her! Hergott, diese Weiber. Man wird doch noch Kritik üben dürfen. Schließlich ist es meine Inszenierung! Seit fünf Wochen versuche ich, dir deine falschen Betonungen abzugewöhnen ...«

Die Garderobentür flog wieder auf und dem Regisseur um ein Haar vor die Stirn.

»Ha! Seit fünf Wochen bringst du mir deine falschen Betonungen bei! Aber heute abend stehe ich draußen auf der Bühne! Ich! Ich! Und ich mache mich lächerlich. Aber bitte, ich gebe die Rolle ab. Sieh doch zu, wo du Ersatz herkriegst. Vielleicht diese blöde kleine Anfängerin, die dich nachäfft wie ein Papagei.«

Wumm! flog die Tür wieder zu.

Der Regisseur riß sie auf. »Rede doch keinen Blödsinn. Wenn ich die Rolle mit Fräulein Holsten besetzen wollte, hätte ich es gleich getan. Aber sie ist doch viel zu jung ...«

Christa, die sich gerade die Haare bürsten wollte, legte die Bürste plötzlich ganz langsam und ruhig auf den Schminktisch zurück. »So?« fragte sie ebenso ruhig, aber mit gefährlich vibrierender Stimme. »Zu jung! Willst du damit etwa andeuten, daß ich alt bin? Mit neunundzwanzig Jahren?«

»Herrgott, mach dich nicht lächerlich. Ich bin vier Jahre an diesem Theater. Seitdem wirst du jedes Jahr neunundzwanzig. Und vielleicht ein paar Jahre vorher auch schon. Das hat ja auch gar nichts mit der Rolle ...«

Tessy und ich erschraken so, daß wir uns schleunigst auf unsere Bügeldecke verkrochen. Denn in diesem Augenblick schrie die Dame namens Christa auf, als hätte sie ein Messer zwischen den Rippen stecken.

Sie wollte sich auf den Regisseur stürzen, aber zwei Kolleginnen, die mit ihr in der Garderobe saßen, hielten sie zurück und versuchten sie zu beruhigen.

Wir konnten alles genau sehen, denn der Raum lag Jeanettes Garderobe gegenüber. Und Jeanette dachte natürlich nicht daran, die Tür zuzumachen. Niemand dachte daran, sondern alle, die sich in der Nähe aufhielten, liefen auf dem Korridor zusammen. Er war plötzlich voller Menschen.

»Laßt mich los!« schrie die Dame Christa. »Ich bringe den Kerl um! Ich erweise dem deutschen Theater einen unsterblichen Dienst damit! Dieser Westentaschen-Gründgens! Dieser Schmierenheini! Dieser künstlerische Analphabet!«

Ein paar der Umstehenden lachten – und das war das Signal für den Regisseur, nun seinerseits wütend zu werden. Verständlich – denn schließlich ging es um seine Autorität.

Leider hatte er eine helle Quäkstimme, so daß er halb so eindrucksvoll war, wie er gern sein wollte.

»Ich verbitte mir das!« brüllte er. »Du hysterische Ziege! Wir sprechen uns vor dem Ordnungsausschuß wieder.«

Dann fuhr er einen Mann im weißen Kittel an:

»Was stehen Sie da herum! Die Probe geht weiter, Leuschner, rufen Sie ein! In drei Minuten geht der Vorhang auf. Und gnade Gott, wenn nicht alle auf der Szene sind. Dann mache ich Sie als Inspizienten dafür verantwortlich.«

Er riß die Bühnentür auf und wollte sie krachend hinter sich zuwerfen, aber das klappte nicht, weil sie eine Bremsvorrichtung hatte. Deshalb fiel sie nur mit einem leisen »Plopp« ins Schloß.

Die Dame namens Christa schleuderte die Schuhe von den Füßen. »Ich trete nicht auf. Ich habe einen Nervenzusammenbruch. Ich gehe nach Hause. Jedes Bühnenschiedsgericht wird mich freisprechen, wenn ich unter diesen Umständen dem Tietze den Krempel hinwerfe. Schließlich habe ich Zeugen, wie er sich aufgeführt hat.«

Plötzlich redeten alle durcheinander. Die einen ergriffen für Herrn Tietze, den Regisseur, Partei, die anderen für Christa. Und Herr Leuschner, der Inspizient, lief händeringend dazwischen herum und sagte nur immer wieder:

»Aber meine Herrschaften, Sie haben es doch gehört – die Probe geht weiter. Bitte zur Bühne! Frau Beling, ich flehe Sie an, machen Sie mir keine Schwierigkeiten. Der Tietze sorgt dafür, daß ich gefeuert werde, und ich habe doch drei Kinder. Bitte, Frau Beling, lassen Sie sich die Perücke wieder aufsetzen. Heute abend ist doch Premiere. Was soll denn nur werden?«

Er weinte fast, aber niemand hörte auf ihn.

Tessy fing an, sich den Bauch zu kratzen, wie immer, wenn etwas sie nervös macht. »Der Arme tut mir leid. Er kann doch überhaupt nichts für den ganzen Krach. Was meinst du, Julius, gibt es eine Möglichkeit, ihm zu helfen?«

»Wir können uns da nicht einmischen«, erwiderte ich. »Auf uns hört sowieso keiner.«

»Aber wenn ich nun hingehe und Männchen und ›Bitte-bitte‹ mache? Vielleicht sind sie dann abgelenkt und hören auf, sich zu streiten. Wenn sie erst mal lachen, ist das Schlimmste vorbei.«

»Du kannst es ja versuchen«, sagte ich ohne große Hoffnung.

Doch Tessys Einsatz war nicht mehr nötig, denn im gleichen Augenblick tauchte Frau Bayer auf. Sie hatte die Pause zu ein paar Einkäufen benutzt und wußte deshalb gar nicht, was passiert war.

Trotzdem erfaßte sie die Situation mit einem Blick.

Sie setzte ihre vollen Taschen ab, stemmte die Arme in die Hüften und sagte: »Na, Gott sei Dank!«

Herr Leuschner schoß auf sie zu, als wäre sie seine verloren geglaubte Geliebte. »Wieso? Ach Frau Bayer, Sie haben ja keine Ahnung. Hier ist der Teufel los.«

Sie schob ihn zur Seite und betrat die Garderobe von Christa Beling.

»Sag' ich doch – Gott sei Dank! Ich bin dreißig Jahre beim Theater, und ich spreche aus Erfahrung: Wenn es bei einer Generalprobe keinen Krach gibt, ist die Premiere ein Reinfall.«

Die Beling saß vor dem Schminktisch und heulte. »Die Premiere ist geplatzt. Ich spiele nicht ...«

Aber Frau Bayer war dadurch nicht im geringsten zu erschüttern. »Schön, dann läßt du's. Wetten, daß heute abend trotzdem der Vorhang aufgeht? Die holen sich einen Gast. In Kassel ist ›Annie get your gun‹ in der vorigen Spielzeit gelaufen – mit der Werner in deiner Rolle. Die kommt mit Kußhand.«

Die Beling wischte sich die Tränen ab. »Was? Diese Anti-Schauspielerin? Als sie vor drei Jahren hier wegging, hat der Intendant ›Nun danket alle Gott‹ gesungen.«

»Mag sein. Aber wenn sie die Premiere rettet, wird jeder sie in den Himmel heben.«

Christa Beling schniefte durch die Nase, erwiderte aber nichts. Frau Bayer scheuchte die Umstehenden fort.

»Nun geht mal in eure Garderoben, hier ist kein Marktplatz. Ich helfe der Christa beim Umziehen und rufe ihr ein Taxi. Autofahren kann sie in dem Zustand nicht.«

»Aber Frau Bayer ...« Das war wieder der unglückliche Inspizient. »Was soll ich denn Herr Tietze sagen?«

»Daß er ohne Frau Beling weiterprobieren muß. Und in Kassel anrufen, ob die Werner spielfrei hat und kommen kann. Dann gibt es vor der Vorstellung noch eine Umbesetzungsprobe. Ärgerlich für die Betroffenen, aber nicht zu ändern.«

Sie wollte der Beling das Kleid aufhaken, aber die sagte plötzlich: »Laß ...«

»Nein, du mußt ins Bett, du brauchst Ruhe«, beharrte Frau Bayer, und ihre karottenroten Löckchen zitterten und bebten, so heftig schüttelte sie den Kopf.

»Vielleicht, wenn ein Arzt kommt und mir eine Spritze gibt ...« flüsterte die Dame Christa mit ersterbender Stimme. »Dann halte ich schon durch. Nicht wegen Tietze, wegen der Kollegen. Ich will ihnen die Werner und eine Umbesetzungsprobe vor der Premiere nicht antun.«

»Du bist eben ein echtes Theaterblut«, sagte Frau Bayer ehrfurchtsvoll und sammelte Christas Schuhe auf. »Leuschner, sagen Sie Herrn Tietze, daß Frau Beling weitermacht – wenn der Arzt da war und sie sich ein bißchen ausgeruht hat.«

»Aber er soll sich nicht einbilden, daß es seinetwegen ist«, fuhr die Dame Christa – diesmal wieder mit erstaunlich kräftiger Stimme – auf. »Nur wegen der Kollegen. Mit Tietze rede ich kein Wort mehr, bevor er sich nicht offiziell bei mir entschuldigt hat.«

»There's no business like show business«, sang irgendwo jemand, aber Christa Beling zog es vor, das zu überhören.

Wahrscheinlich hätte sie eine weitere Aufregung nicht verkraftet.

Im übrigen behielt Frau Bayer recht: Die Premiere wurde tatsächlich ein großer Erfolg. Das Publikum lachte und applaudierte am laufenden Band, und der Schlußbeifall wollte kein Ende nehmen.

Es gab eine ganze Wagenladung voller Blumen für die Darsteller, die meisten natürlich für Jeanette als Hauptdarstellerin, und Tessy und ich waren richtig stolz, daß wir ein so gefeiertes und erfolgreiches Familienmitglied haben.

Die Premierenfeier fand im Theaterfoyer statt. Auf diese Weise konnten Tessy und ich sogar noch das Publikum in Augenschein nehmen.

Und sehenswert war das schon, liebes Frauchen.

Tessy hatte natürlich besonderes Interesse für die Aufmachung der Damen, und wir sind beide zu der Überzeugung gelangt, daß wir so viel modische Verrücktheiten auf einmal noch nie angetroffen haben.

Rosa und lila getönte Haare mit farblich dazu passenden Federboas, schwarze Anzüge à la Marlene Dietrich, ältere Damen in wehendem Chiffon, die hofften, ihre faltigen Hälse unter breiten Brillantkolliers zu verstecken, jüngere mit Dekolletés bis zur Taille.

Eine trug eine Art Astronauten-Anzug und Stiefel bis über die Knie in Silber, eine andere war in schwarz-gelbem Tscherkessen-Look erschienen, wieder eine gefiel sich in einer römischen Tunika mit goldenen Schnürsandalen – ach, ich brauchte Seiten, um Dir alles zu beschreiben.

Die Herren waren in der Regel dezenter, abgesehen von einigen, die indische Kaftane oder geblümte Seidenjacketts anhatten. Zwei – und das waren sicherlich die größten Snobs – hatten sich in Smokings aus Breitschwanz geworfen, mit dazu passenden Kapuzenmänteln.

Man hatte das Gefühl, daß alle diese Leute in erster Linie ins Theater gegangen sind, um aufzufallen und sich zu zeigen, und erst in zweiter, um »Annie get your gun« zu sehen.

Im übrigen ging es auf der Premierenfeier ganz ähnlich wie auf der Vernissage von Herrn Hausner zu.

Es gab Sekt mit und ohne Orangensaft und Schnittchen mit der unvermeidlichen Obstgarnierung. Genau wie bei der Vernissage waren zu wenig Sitzgelegenheiten vorhanden, so daß die meisten Leute stehen mußten.

Sie redeten über sich und andere, und auf Tessy und mich wirkte das Bla-bla so einschläfernd, daß wir uns vor Sabines Füßen zusammenrollten und ein Nickerchen machten.

Sabine hatte nämlich eine Polsterbank in einer etwas ruhigeren Ecke des Foyers ergattert, wo sie mit Jeanette, ihrem Partner und Didi saß.

Einmal gesellte sich ein Dr. Sennefeldt zu ihnen. Er wirkte düster und bedeutend, und aus den Gesprächen erfuhren wir, daß er ein Theaterkritiker war.

Deshalb waren alle besonders freundlich zu ihm, und Didi verstieg sich sogar zu der Bemerkung: »Ich habe drei Jahre am Broadway gearbeitet mit Leuten wie Jerome Robbins, Larry Kert und Chita Rivera. Und ich muß sagen, die heutige Aufführung ist ebenso gut wie vieles, was man dort geboten bekommt.«

»Dank deiner großartigen Choreographie«, sagte Jeanette. Aber Didi küßte sie auf die Wange und erwiderte:

»Keineswegs. Dank deiner großartigen Leistung. Und der anderen Kollegen natürlich.«

Herr Dr. Sennefeldt betrachtete die kleine Szene sehr beeindruckt, und ich bin sicher, daß er von der Bescheidenheit der beiden Künstler außerordentlich angetan war.

Nach ein Uhr verabschiedete sich Sabine endlich, und ich muß gestehen, daß ich froh darüber war. Es war zwar ein anregender, aber auch sehr strapaziöser Tag gewesen.

Bevor wir gingen, bekamen wir noch einen Aschenbecher voll Wasser an der Theke, und was soll ich Dir sagen? Dort lehnten in trautem Verein Frau Beling und Herr Tietze.

Herr Tietze hatte den Arm um Christa Belings Schulter gelegt, und während wir durstig unser Wasser schlappten, hörten wir, wie er sagte: »Du warst in keiner Probe so gut wie heute abend. Übrigens – in meinem nächsten Stück bist du auch beschäftigt. Es ist zwar keine große, aber eine sehr wichtige Rolle.«

Die Beling runzelte die Stirn. »Willst du mir damit eine Wurzen schmackhaft machen?«

Herr Tietze legte seine freie Hand auf sein Herz. »Christalein, du kennst mich doch. Ich bin schonungslos ehrlich. Ich gebe dir die Rolle, weil sie eine Schauspielerin von Format verlangt. Das ist der einzige Grund.«

Tessy verschluckte sich fast. »Wetten, daß sie ihn eines Tages wirklich umbringt? Vielleicht schon bei der nächsten Generalprobe.«

So, nun weiß ich aber wirklich nichts mehr von unserem Theaterbesuch zu berichten, liebes Frauchen, außer, daß Tessy heute morgen beim Frühstück sagte, sie an Jeanettes Stelle zöge es vor, zum Film oder Fernsehen zu gehen.

»Warum denn?« erkundigte ich mich.

Tessy betrachtete mich mitleidig. »Daß dir das nicht selbst aufgeht, Julius. Beim Film gibt es nur die Dreharbeiten. Wenn sie beendet sind, kann er überall gespielt werden, ohne daß die Darsteller dabei sind. Jeanette, die Arme, muß jeden Abend selbst auf der Bühne stehen und immer dasselbe machen. Und wenn sie mal etwas verpatzt, sehen es alle Leute. Beim Film wird die Szene einfach noch einmal gedreht, und niemand erfährt etwas von irgendwelchen Pannen.«

Das leuchtete mir ein. »Also ist es im Grunde einfacher, ein Filmstar zu sein. Dabei werden sie meist viel mehr als die Bühnenschauspieler bewundert.«

Tessy schnappte nach einem Stückchen Leberwurst von Sabine. »Die Leute haben eben keinen Durchblick. Sie denken nicht nach – im Gegensatz zu uns. Statt dessen beschäftigen sie sich dauernd mit irgend etwas. Oder hast du schon mal einen Menschen erlebt, der es fertigbringt, wie jeder vernünftige Hund sich mindestens für die Hälfte des Tages in einen Sessel zurückzuziehen und sich über dies und jenes Gedanken zu machen?«

»Doch«, sagte ich, froh, daß ich auch mal etwas wußte. »In Indien, die Anhänger der Gurus. Sie nennen das meditieren.«

»Aber das ist nur eine kleine Minderheit, und sie wird von den anderen über die Schulter angesehen.«

»Klar, weil sie nicht arbeiten und Geld verdienen.«

»Tz, tz, tz«, machte Tessy. »Da hast du's wieder. Und jetzt sieh dir mein Frauchen an. Ist das nicht das klassische Beispiel für die unvernünftige Hektik der Menschen? Kaum hat es den letzten Bissen hinuntergeschluckt, räumt es den Tisch ab. Wenn es statt dessen nur ein kleines bißchen meditieren würde, wüßte es, daß der Rest Leberwurst gerade noch ausreichte, um deinen und meinen Appetit fürs erste zu stillen. Welch eine Sünde, daß der Mensch so wenig nachdenkt.«

Da es draußen regnete, verbrachten wir den Vormittag mit Meditationen, Tessy im Fernsehsessel, ich auf der Couch. Ich muß aber gestehen, daß ich häufig darüber einschlief. Ob das den Guru-Leuten auch passiert?

Nun will ich aber schließen, liebes Frauchen. Eines ist mir bei meinen Meditationen klargeworden: Im Gegensatz zu Tessy habe ich weder Lust ein Bühnen-, noch ein Film- und Fernsehschauspieler zu sein.

Ich bleibe, was ich bin – nämlich
Dein alter, getreuer Julius.

18

Mein liebes Frauchen!

Ich bin ganz durcheinander, halb vor Freude, halb vor Kummer. Heute habe ich, wie Du weißt, Geburtstag. Ich bin jetzt 13 Jahre alt, und Sabine und Michael haben gesungen: »Happy birthday to you« und mir eine große Fleischwurst geschenkt, die ich ganz allein essen durfte.

Einen Zipfel davon habe ich aber Tessy überlassen, weil sie dabeistand und fortwährend sagte: »Wer Geburtstag hat, muß eine Einladung geben. Sei nicht so flegelhaft, Julius! Du kannst die Wurst nicht allein verputzen. Ich bin dein Gast!«

Ja, und dann kam Dein Brief, in dem Du Deine Rückkehr für Sonntag ankündigst.

Am liebsten hätte ich einen Luftsprung gemacht, als Michael Sabine das vorlas. Ich habe ihn nur unterlassen, um meine nun schon 13jährigen alten Knochen zu schonen. Und gleich darauf fiel mir ein, daß Dein Kommen ja gleichzeitig die Trennung von Tessy bedeutet, und seitdem bin ich hin- und hergerissen zwischen Glück und Abschiedsschmerz.

Ich hoffe, Du nimmst mir das nicht übel.

Natürlich bist Du mein Frauchen und seit 13 Jahren das Wichtigste in meinem Leben, wie es sich für einen guten Hund gehört. Aber da ist nun auch Tessy ...

Du wirst sie ja kennenlernen, wenn Du herkommst, und vielleicht wirst Du danach verstehen, daß ich ein großes Stück meines Hundeherzens auch an sie gehängt habe.

Dabei habe ich sie, als ich hier eintraf, eher als eine mir auferlegte Plage betrachtet. Sie hat sich auch gar nicht verändert.

Sie ist eigensinnig und widerspenstig, anspruchsvoll und anstrengend, eingebildet und selbstsüchtig wie eh und je. Und sie ist gleichzeitig ein kleines Wunder, weil sie all diese ärgerlichen Eigenschaften auf so reizende Weise in sich vereinigt.

Ich weiß nicht, wann es passiert ist – aber inzwischen gefällt es mir, von ihr bevormundet, schikaniert und herumkommandiert zu werden.

Bin ich jetzt total vertrottelt?

Es ist für einen Hund in meinen Jahren sicherlich problematisch, eine so junge Freundin zu haben. Da muß man schon Konzessionen machen, vor allem, weil der Generationsunterschied zwischen uns Älteren und den Jungen nie so kraß war wie heute.

Und Tessy ist nun mal schrecklich kompromißlos.

Wahrscheinlich wird sie im Lauf der Jahre reifer und milder in ihrem Urteil werden, aber ich bin nicht sicher, ob ich das nicht sogar ein wenig bedauern werde. Ich habe Tessy lieb, gerade so, wie sie ist. Denn bei aller Stachligkeit nach außen hat sie ja einen guten Kern.

Oder war es vielleicht nicht lieb von ihr, wie sie mich »mein Julius« genannt und gegen diesen widerwärtigen Falko von Falkenried verteidigt hat? Wie sie sich aufregte, als ich in Hinterwiesen mit Lottchen beinahe auf Abwege geriet? Wie sie mich wärmte, als ich Kreislaufstörungen hatte, und zu mir geschlichen kam, weil ich mich vor dem Gewitter fürchtete?

Und immerhin war sie ja sogar schon einmal scheinschwanger von mir …

Es wird schön sein, dich wiederzusehen, liebes Frauchen. Und ich freue mich auch auf unser Haus und den Garten. Sicherlich werde ich sofort auf die Terrasse rennen und mächtig bellen, damit alle Hunde in der Nachbarschaft hören, daß ich wieder da bin.

Ich werde viel zu tun haben, meine Wohn- und Bannmeile von neuem durch kleine Pfützchen zu markieren, alle Zimmer wieder in Besitz zu nehmen und zu kontrollieren, ob auch alles seine alte Ordnung und Richtigkeit hat.

Es wird viele Bekannte zu begrüßen geben, und mit Cesario,

dem arroganten Afghanen, werde ich genußvoll einige Beleidigungen austauschen (er wird sich wundern, wie viele neue Schimpfworte ich dank Tessy auf Lager habe).

Du und ich, wir werden unsere alten Spiele spielen, die wir erfunden haben und die sonst niemand kennt – aber bei alldem werde ich Tessy vermissen.

Niemand mehr wird mich anschnauzen, wenn ich während einer politischen Diskussion im Fernsehen einschlafe oder bei einer Rede des Fraktionsvorsitzenden der Es-pe-deh husten muß.

Niemand mich morgens mit wildem Gekratze aus meinem Körbchen werfen: »Los, steh auf, du fauler Hund, die Nacht ist vorüber!«

Niemand wird mir mein Futter wegessen wollen und mich an der Leine die Haustreppe hinunterzerren, daß ich Mühe habe, nicht zu stolpern.

Ich werde mein altes, geruhsames, schönes Hundeleben bei Dir haben und endlich wieder der unumstrittene Herr im Hause sein – aber ich werde mir ein bißchen amputiert vorkommen.

Und Tessy, das habe ich gemerkt, geht es genauso.

Natürlich würde sie sich lieber die Schwanzspitze abbeißen, als das zugeben. Alles, was sie auf Deinen Brief hin sagte, war nur: »Na, dann sieh ja zu, daß du vor lauter Wiedersehensfreude nicht deine Ehrenurkunde von der Dackelschau vergißt. Und auch nicht die Tabletten von Dr. Specht, falls du mal wieder Kreislaufstörungen bekommst.«

Dann ist sie in ihr Körbchen marschiert und hat mit einem ganz verbissenen Gesichtsausdruck an ihrem Kauknochen herumgeknabbert.

Als ich ihr nachkam, hat sie die Lefzen gehoben. »Laß mich bloß in Ruhe. Man sieht dir ja an, daß du es kaum erwarten kannst, wieder nach Hause zu kommen. Aber bitte, wenn das so ist, werde ich dir keine Träne nachweinen.«

»Du sollst auch nicht weinen, Tessy«, sagte ich, und dabei war mir zumute, als hätte ich einen kleinen heißen Stein im Herzen, der ganz abscheulich piekte und brannte. »Das wäre mir gar nicht recht. Es paßt nicht zu dir. Aber mir wirst du schrecklich fehlen.«

»Huch, wie melodramatisch«, sagte sie ironisch. Doch dann ließ sie den Knochen fallen und drehte den Kopf zur Wand.

»Geh weg, geh weg«, fauchte sie, als ich ihr tröstend einen Schlecker über die Ohren gab. »Ein halbes Jahr lang habe ich mich über dich geärgert. Da brauchst du mir jetzt auch nicht mehr schönzutun.«

Sie blieb den ganzen Vormittag über in ihrem Körbchen und kam nicht einmal zum Mittagessen heraus, um bei Tisch zu betteln. Dabei gab es gegrilltes Hähnchen.

Aber Tessy erklärte, sie hätte Bauchweh und könnte nichts essen.

Vielleicht hatte sie das wirklich; schon die alten Griechen haben ja behauptet, daß der Sitz der Seele der Magen sei.

Und wer da glaubt, wir Hunde hätten keine Seele, der ist gewaltig auf dem Holzweg. Könnten wir sonst Freude und Trauer, Liebe und Abneigung, Sehnsucht und Zorn empfinden, genau wie die Menschen?

Wir sind die kleinen Nächsten, die man lieben soll, weil es oft so schwer ist, seinen großen Nächsten zu lieben mit seiner Unfreundlichkeit, seiner Bosheit – oder einfach nur seiner Gleichgültigkeit.

Einen Hund gern zu haben ist leichter, weil er sein Herrchen oder Frauchen immer zuerst liebt; man kann dann schließlich gar nicht anders, als soviel Zuneigung zu erwidern.

Der einzige wirkliche Kummer, den wir den Menschen machen, ist, daß wir früher sterben als sie es möchten. Aber auch das ist nicht so schlimm, wie es aussieht.

Denn wenn irgendwo ein Hund stirbt, wird woanders ein neuer kleiner Hund geboren. Und der ist genauso lustig, genauso lieb, genauso treu wie seine Vorgänger.

Jetzt bin ich aber wirklich melodramatisch geworden, doch das liegt nur daran, daß ich heute meinen 13. Geburtstag feiere und durch den Abschiedsschmerz von Tessy einen blauen Fleck im Gemüt habe, wie sie es ausdrücken würde.

Übrigens hat sie mich vorhin gefragt, ob ich nicht einfach hierbleiben wolle.

»Nicht meinetwegen – aber weil du mit einer so belämmerten Miene herumschleichst, Julius ...«

Aber ich habe ihr geantwortet, daß das unmöglich ist. Schließlich gehöre ich zu Dir und will daran auch gar nichts ändern. Ein Hund muß wissen, wo sein Platz im Leben ist.

»Aber vielleicht möchtest du zu uns kommen, Tessy?« habe ich meinerseits vorgeschlagen, doch da hat sie mich schön abfahren lassen.

»Ich soll mein Herrchen und mein Frauchen aufgeben? Wo denkst du hin? Die würden sich ja die Augen aus dem Kopf weinen nach mir.«

»Siehst du«, habe ich gesagt, »es ist bei uns beiden das gleiche. Also müssen wir uns in das Unvermeidliche fügen.«

»Iß bloß nie wieder einen Hühnerknochen«, hat Tessy mich ermahnt. »Und wenn du dich mal nicht gut fühlst, geh sofort zum Arzt. Achte darauf, daß du nach einem Regenspaziergang gut abgetrocknet wirst, damit du kein Rheuma bekommst oder dir die Nieren erkältest. Leg dich viel in die Sonne, das ist gesund, und sei nicht so vernascht, damit du nicht dick wirst. In deinem Alter ist Übergewicht sehr gefährlich. Und laß mich ja nicht erfahren, daß du irgendwelche Weibergeschichten anfängst. Das kann dein Tod sein!«

Ich wußte natürlich, wie sie das meinte, aber trotzdem habe ich gefragt: »Wieso? Würdest du mich dann aus Eifersucht umbringen wollen?«

Es hat mich einfach weich gemacht, daß sie so fürsorglich mit mir redete. Ich wollte lieber, daß sie wieder ein bißchen mit mir schimpfte.

Sie ist auch prompt darauf hereingefallen und hat mich einen eingebildeten Dümmling genannt. Trotzdem klang es, so bilde ich mir ein, liebevoller als sonst. – –

Jetzt habe ich diesen Brief für ein Stündchen unterbrochen, liebes Frauchen, denn Michael kam von der Redaktion nach

Hause. Und was ich Dir nun berichten muß, ist so wundervoll, daß mir vor Glück und Aufregung immer noch die Zähne klappern.

Stell Dir vor, Dein Sohn und Deine Schwiegertochter haben beschlossen, Dich und mich über Weihnachten und Neujahr besuchen zu kommen. Danach wollen sie für vier Wochen nach Teneriffa fliegen, und Tessy bleibt in dieser Zeit bei uns.

Ich werde sie also in gar nicht so langer Zeit wiedersehen.

Du kannst Dir gar nicht vorstellen, wie mich das erleichtert. Auch Tessy ist froh darüber, wenngleich sie sagt, daß es natürlich noch besser wäre, wenn wir uns alle in Hinterwiesen träfen und dort gemeinsam Ferien machten. Aber vielleicht klappt das ein anderes Mal.

Tessy hält nicht viel von Badeferien.

Im vergangenen Jahr war sie mit Sabine und Michael in Sizilien, und das hat ihr gar nicht gefallen. Erst die lange Fahrt mit dem Auto und dann den ganzen Tag im Sand unter einem Sonnenschirm liegen – das wäre nichts für sie.

Außerdem hätte sie immer Angst gehabt, daß man sie entführte. In Italien sind ja, wie man weiß, Entführungen an der Tagesordnung. »Und natürlich«, so sagt Tessy, »hätten mein Herrchen und mein Frauchen jede Menge Lösegeld für mich gezahlt. Also wäre ich schon ein lohnendes Objekt für die Mafia gewesen.«

Mir läuft ein Schauer über den Rücken, wenn ich mir das nachträglich noch vorstelle.

Wie es auf Teneriffa ist, weiß Tessy nicht. Aber sie vermutet, daß man dort ebenfalls die Zeit am Strand totschlägt.

»Manche Hunde rennen dann fortwährend ins Wasser. Ich habe den Verdacht, daß sie es hauptsächlich tun, um aufzufallen. In Taormina war eine Pudelhündin – Afra hieß sie – die bekam gar nicht genug vom Schwimmen. Angeblich! In Wirklichkeit wollte sie sich nur den anderen Hunden naß präsentieren, um ihre Figur zu zeigen. Ich würde so etwas nie mitmachen. Und in ein Flugzeug bekommt man mich auch nur gefesselt und geknebelt. Bin ich vielleicht ein Vogel, daß ich fliegen soll?

Nein, nein, da ist es wirklich das kleinere Übel, wenn ich ein paar Wochen bei dir und deinem Frauchen bleibe, Julius.«

Hinterher wollte Tessy wissen, ob Du denn auch nett seist.

Da habe ich mich aber in die Brust geworfen. »Nett ist gar kein Ausdruck. Und außerdem ist mein Frauchen schließlich Michaels Mutter.«

Das hat sie beruhigt, und meine Freude auf Dein Kommen ist nunmehr fast ungetrübt.

Die Zeit bis Weihnachten wird mir schnell vergehen.

Versprich mir nur eines, liebes Frauchen: Schalte jeden Abend den Fernseher ein, damit ich die Tagesschau und alle sonstigen politischen Sendungen sehen kann. Auch möchte ich, wenn möglich, keine Bundestagsdebatte versäumen, damit ich immer auf dem laufenden bin.

Ich will mich doch vor Tessy nicht blamieren.

Und nachträglich zu meinem Geburtstag wünsche ich mir von Dir eine Doppelleine für Tessy und mich, damit alle Leute, wenn wir spazierengehen, auch sehen, daß wir zusammengehören.

Dafür nehme ich sogar Tessys Zerren in Kauf.

Übrigens läßt sie dich vielmals grüßen, liebes Frauchen. Sie ist wieder ganz obenauf und völlig mit sich und der Welt zufrieden.

Ich bin es nun auch. Wenn ich es recht betrachte, bin ich sogar ein sehr glücklicher alter Hund.

Tessy liegt im Wohnzimmer auf der Couch. Ich werde mich ein bißchen zu ihr setzen. Ich mag es, wenn sie mich mit einem Auge anblinzelt und fragt:

»Na, bist du schon wieder da? Du mußt mir doch immer und überall nachlaufen.«

Dann werden wir gemeinsam dösen, bis das Abendessen fertig ist. Vorhin habe ich mir ausgerechnet, daß es noch viermal Abendessen gibt, bis Du kommst. Zählst Du jetzt auch schon die Tage?

Ich habe, glaube ich, ein paar graue Haare mehr bekommen. Aber das wird Dich hoffentlich nicht stören, liebes Frauchen.

Vor dreizehn Jahren sahst Du auch jünger aus als heute, und mir macht das gar nichts aus.

Ich finde Dich immer schön.

Nun will ich meinen Brief beenden und anfangen, auf Dich zu warten. Ein Hundeleben besteht zu einem großen Teil aus Warten: auf das Essen, auf den Spaziergang, auf das Nachhausekommen.

Früher hat mir das oft zu lange gedauert, und ich war ungeduldig. Aber seit ich alt bin, weiß ich, daß das Warten auf eine Freude genauso schön sein kann wie die Freude selbst.

Deshalb übe ich mich in Geduld bis zu unserem Wiedersehen. Vier Tage mußt Du noch allein auf Dich aufpassen, liebes Frauchen, dann aber übernimmt das wieder
Dein guter alter Julius.

PS: Eben hat Tessy mich gefragt, ob Du etwas dagegen hast, wenn sie ab und zu bei mir im Körbchen schläft. Sie müßte mich wärmen in den kalten Winternächten.

Dann hat sie mir einen Schmatz auf die Nase gegeben und gesagt: »Ich kann verstehen, daß du dich auf meinen Besuch freust, Julius. Immerhin bin ich eine sehr wesentliche Bereicherung deines Lebens.«

Ich habe ihr wieder einmal nicht widersprochen, dieser eitlen kleinen Person.